国家出版基金项目
NATIONAL PUBLICATION FOUNDATION

话说世界

TALKING ABOUT THE WORLD

14

一战时代
WWI Age

吉 喆◎著

主 编：陈晓律 颜玉强

人民出版社

主　　编：陈晓律　颜玉强
作　　者：吉　喆

编　　委：

高　岱
北京大学世界史教授

梅雪芹
清华大学世界史教授

秦海波
中国社会科学院世界历史研究所
研究员

黄昭宇
中国现代国际关系研究院研究员
《现代国际关系》副主编

任灵兰
中国社会科学院世界历史研究所
《世界历史》编审

姜守明
南京师范大学世界史教授

孙　庆
南京晓庄学院外国语学院
世界史副教授

策　　划：杨松岩
特邀编审：鲁　静
　　　　　杨美艳
　　　　　陆丽云
　　　　　刘可扬

图片提供：
中国图库
广州集成图像有限公司
视觉中国

《话说世界》目录

① 《古典时代》

② 《罗马时代》

③ 《王国时代》

④ 《封建时代》

⑤ 《宗教时代》

⑥ 《发现时代》

⑦ 《扩张时代》

⑧ 《启蒙时代》

⑨ 《革命时代》

⑩ 《民族时代》

⑪ 《工业时代》

⑫ 《劳工时代》

⑬ 《帝国时代》

⑭ 《一战时代》

⑮ 《主义时代》

⑯ 《危机时代》

⑰ 《二战时代》

⑱ 《冷战时代》

⑲ 《独立时代》

⑳ 《全球时代》

《话说世界》出版说明

希望与探索

为广大读者编一部普及世界历史的文化长卷

今日世界植根在历史这块最深厚的文化土壤中。要了解世界首先要从学习世界历史开始。学习世界历史不仅有助于我们借鉴外国历史上的成败得失，使我们在发展的道路上少走弯路；而且还有助于我们养成全球视野，自觉承担起作为大国对人类的责任；同时还有助于我们更深入地理解和贯彻构建人类命运共同体理念。人类文明发展5000多年来，各地区和各民族国家的文明差异性很大，都有自己独特的发展轨迹和文化，在交往日益密切的今日世界，我们更要努力学习世界历史与文化。因此我们策划出版这套《话说世界》。

世界史方面的读物出版了不少，但一般教科书可读性不强，专题类知识读物则不够系统全面，因此我们在编撰这套《话说世界》时，主要考虑普及性，在借鉴目前已有的世界历史读物的基础上，进行了新的尝试：

首先，史实准确。由著名世界史专业教授和研究员组成的编委会保证学术性，由世界史专业教授和博士为主的创作队伍保证史实的准确性。

其次，贯通古今。从史前一直到2018年12月，目前国内外尚没有时间跨度如此之大的历史读物。本套书内容丰富，传奇人物、探险故事、艺术巨作以及新思潮、新发明等无所不包，以独创的构架，从政治、经济、文史、宗教、思想、艺术、科学、生活等多维度地切入历史，从浩瀚庞杂的史料中，梳理出扼要明晰的脉络，以达到普及世界史知识的作用。

再次，图文并茂。采用新颖的编排手法，将近万张彩图与文字形成了有机组合。版面简洁大方，不失活泼，整体编排流畅和谐，赏心悦目。

最后，通俗易懂。作者秉持中肯的观点，采取史学界主流看法，立论中肯、持平、客观，文字深入浅出，绝不艰涩枯燥，流畅易懂。

这套书总计 20 卷，各卷书名分别为：《古典时代》《罗马时代》《王国时代》《封建时代》《宗教时代》《发现时代》《扩张时代》《启蒙时代》《革命时代》《民族时代》《工业时代》《劳工时代》《帝国时代》《一战时代》《主义时代》《危机时代》《二战时代》《冷战时代》《独立时代》《全球时代》。

十几年前，上海锦绣文章出版社出版的《话说中国》，以身体作为比喻说还缺少半边身子，缺失世界历史的半边，因此《话说世界》的策划项目在七年前孕育而生。经过近七年的努力，这套图文并茂的普及性世界史《话说世界》（20 卷）陆续出版。今年又适逢新中国成立 70 周年，这套书被列入国家出版基金资助项目，作为一个从事 36 年出版工作的出版人感到由衷的喜悦。

在本套书行将付梓之际，特别感谢陈晓律、颜玉强、秦海波、刘立群、黄昭宇、任灵兰、鲁静、杨美艳、陆丽云、刘可扬等十几位世界史专家的辛勤劳作，感谢所有参与《话说世界》（20 卷）本书的作者、专家、学者、编辑、校对为此作出的贡献。最后，谨以两位世界史专家对本套书的点评作为结束：

徐蓝（中国史学会副会长）：首先要说这套书使得我眼睛一亮。这不是我们通常说的以政治经济为全部内容的世界历史，而是多维度的世界历史解读，其内容涵盖了政治、经济、文史、宗教、思想、艺术、科学、生活等，使世界历史更加充盈饱满、相生相成。特别是将其每卷书的类别单独合在一起，相当于一部部专题史。这在国内世界历史读物中是仅见的，具有很高的出版价值。《话说世界》又是一套通俗读物。全套书 5000 篇左右的文章，通过人文地理、重回历史现场、特写、广角、知识链接等拓宽了内容的容量，增强了趣味性。可以说这是一套具有"广谱"特性的世界历史普及读物。这套书的社会效益不仅会普及国民的世界历史知识，也拓宽了国际视野，将世界历史作为基础知识之一，才能具备大国的胸怀和责任担当。

　　吴必康（中国社会科学院世界史所，国家二级研究员）：历史题材类的通俗读物一向是热门读物，富有意义。但其出版物主要是中国史，世界历史通俗读物出版甚少。而且，这些不多的世界历史出版物也多为受众少的教科书式作品。《话说世界》可以说弥补了这方面的缺憾。今天，中国正处于民族复兴之时，作为世界第二大经济体，其世界影响越来越大，责任也更大。广泛了解世界，具有国际视野成为大势所趋。广大人民需要了解世界，知晓世界历史，已是必不可少之举。世界历史虽然内容浩如烟海，但作为文明历程有规律可循，有经验教训可资借鉴。《话说世界》的专业作者梳理千古，深入浅出，从容不迫地娓娓道来，使世界历史清晰明了，趣味盎然。这套丛书应该说是一套全民读物也不为过，可谓老少咸宜，可谓雅俗共赏。尤其是其文体具有故事性，很适合青少年阅读。也望通过这套书能激发青少年阅读世界历史的广泛兴趣，兴起热潮，为我国的各类国际人才打下知识基础，更好地立足祖国走遍世界。知晓天下，方可通行天下。

人民出版社编审　杨松岩

2019 年 8 月 27 日

《话说世界》序一

读史使人明智

在世界历史的洪流中寻找人类的智慧

不知不觉，现在已经是 2019 年了。在人类几千年有文字记载的历史中，这个时间点或许并没有什么特别之处，但对于处于改革开放进程中的中国而言，这样一个年代显然具有不同寻常的意义。那就是，历经磨难成立新中国以后，中华民族在对外开放的过程中，重新找到了一个与自己国力吻合的位置。

中国是一个历史悠久的国度，创造了十分丰富的物质与精神的财富。尤其是在东亚这一范围，中国几乎就是文明的代名词。然而，在近代以来，中国却被自己过长的衣服绊倒了，结果从鸦片战争开始，中华民族经历了一段屈辱的历史，不仅使天朝上国的心态遭受沉重打击，也迫使我们重新认识外部世界。

从历史的角度看，中国人如何看世界，并不是什么新问题。古代中国人对周边"蛮夷"的看法千奇百怪，但无论是否属实，对自己的生活似乎影响不大。不过近代以来情况有所变化，自 1840 年始，中国人想闭眼不看世界也难。然而，看似简单的中国人应该如何睁眼看待外部世界，尤其是西方国家，却并不简单，因为它涉及"华夷"之间的重新定位，必然产生重大的观念与思想碰撞，所以它经历了一个几起几落的变化。

从传统的中国视角考察，以中国为天下中心的历史观一直在我国的史学领域占主导地位。因此，在 1840 年以前，中国还没有今天意义上的世界史，有的只是《镜花缘》一类的异域风情书，或是一些出访周边国家的记录，严肃的史书则只在中国史的范畴内。鸦片战争之后，中国被迫接受中国之外还存在一个世界这一事实。但对外部世界，主要是西方的研究是以急功近利的原则为出发点，缺少系统的基础研究。直到新中国成立前夕，我国的高校中，世界史都还不能算是能与中国史相提并论的学科，一些十分有名望的老先生，也必须有中国史的论文和教中国史的课程才能得到承认。这一事实反映出一种复杂的民族心态和文化背景。人总是从自己已有的知识基础上去发现和分析外部世界的，没有对外部世界知识的系统了解，要正确地看世界的确不易。

实际上，早在100多年以前，张之洞就认为，向西方学习应该是学习西艺、西政和西史。但是如何以我为主做到这一点，则是至今尚需继续解决的问题。

在一个开放的时代，任何一个试图加入现代化发展行列的国家都必须尽量地了解他国的情况，而了解他国最主要和最基本的途径，除开语言外，就是学习该国的历史。就笔者所接触的几所学校看，美国一些著名大学的历史系往往都是文科最大的系，而听课的学生也以外系的学生居多。我的体会是，出现这样的现象无非两点原因：通识教育的普及性与本科教育的多样性，以及学生的一种渴望了解和掌控外部世界的潜意识。相比西方，我们的教育课程设置显然还有许多需要完善的地方。

按北大罗荣渠老师的看法，中国在向西方学习的过程中经历了三次大的起伏。一次是鸦片战争前后，中国是在战争的威胁中开始了解西方的，这种了解带有表面的、实用主义的性质，对西方的了解和介绍都十分片面，社会的大部分人对此漠不关心，甚至国家的若干重要成员对此也十分冷漠。与此相反，日本却密切地关注着中国的情况，关注着中国在受到西方冲击后所作出的反应，以致一些中国介绍西方的书籍，比如《海国图志》，在中国本身尚未受到人们重视时，日本已在仔细地阅读和研究了。尽管如此，第一次学习还是在中国掀起了洋务运动。

由于甲午战争的失败，中国开始了第二次向西方的学习，即体用两方面都要学。但不想全面改革而只想部分变革的戊戌变法因各种原因失败了，最终是以辛亥革命作了一次总结。从此以后，中国的政治实践大体上是在全面学西方，但是又由于历史的机遇不好，中国的这种学习，最终也未成功。尽管我们不能完全说它是失败的，但要成为一个强国的愿望却始终未能实现。

新中国成立以后，由于西方的封锁和我们自己的一些政策，中国经历了一个主动和被动地反对向西方学习的过程。直到改革开放以后，我们才再次开始了向世界强国——主要是西方国家学习的第三次高潮。而这次持续的时间显然要长得多，其内涵也要丰富得多。其中一个最重要的标志也许是，在沉默了几十年以后，中国的学术界终于开始出版一批又一批的世界史教材和专著，各种翻译的世界史著作也随处可见。这是一个令人欢欣鼓舞的现象。在这个意义上，中国人重新全方位看世界是改革开放的产物。

从中国人看世界的心态而言，也先后经历了三种变化：最初是盲目自大式地看世界，因为中国为中央之国，我们从来是当周围"蛮夷"的老师，尽管有时老师完全打不过学生，但在文化上老师终归是老师，我们从未丧失自信心。所以，对这些红毛番或什么其他番，有些"奇技淫巧"我们并没有真正放在心上。然后面临被列强瓜分的危机，我们的心态第二次变化，却是以一种仰视的方式看世界——当然主要是看西方国家，这种格局直到新中国成立后才开始逐渐改变。而改革开放后，中国重回世界舞台中心，成为 GDP 第二大国，自信心再次回归，看世界的态度又一次发生了变化——中国人终于可以平视外部世界了。

心平气和地看外部世界，需要的是一种从容和淡定，而这种心态，当然与自己的底气有关。随着物质生活的丰富和对外交流的日渐频繁，国人已经意识到，外国人既不是番鬼，也不是天使，他们是与我们一样，生活在这个地球上的人类。当然，由于历史、文化、地域、宗教乃至建国的历程各不相同，差异也是明显的，甚至是巨大的。如何客观地认识外部世界，对有着重新成为世界大国抱负的国人而言，已经具有了某种紧迫性。而互联网时代的信息爆炸，对较为靠谱的学理性知识的需求，也超过了任何一个时代。因此，无论于公于私，构建一个起码的对外部世界认识的合理框架，都成为一门必修课而非选修课了。

应该说，国内学界为此做了大量的工作，从学术论文到厚重的专著，从普及型的读物到各类期刊，乃至各种影视作品，有关西方的介绍随处可见，一些过去不常见的国家和地区的研究成果也开始出现。同时，为了增进国人对这些问题的了解，国内出版界也做了很好的工作，出版了很多相关的著作。

大体上看，这些著作可分为以下几类：第一类是关于西方国家、政府等有关政治机构的常识性著作。这些现象我们虽然十分熟悉，但并不等于我们已经从理论上了解了它们。因此很多国内的著作对一些概念性的东西进行了提纲挈领的解析，有深有浅，大致可以满足不同人群的需求。第二类是关于各个国家的地理旅游的书籍。这类书籍种类繁多，且多数图文并茂，对渴望了解国外情况的人群，读读这些书显然不无裨益。第三类是各国的历史著作。这些著作大多具有厚实的学术根基，信息量大，但由于篇幅原因，或许精读的读者不会太多。最后一类则是对各种国际组织和机构的介绍，包括各国概况一类的手册。写作的格式往往是一条一款，分门别类，脉络清晰，这类知识对于我们了解外部世界尤其是西方世界应该也很有帮助。

然而，总体上看，在我国历史学教育中，严格意义上的"世界历史"还是属于小众范畴，由此，这个领域的普及出版物相对较少，这与现在的我国国情和日益全球化的国际形势很不契合。

对于这种不合拍的情况，原因很多，但学界未能及时提供合适的历史读物，尤其是世界史读物，难免是一种遗憾。这不是说目前没有世界史普及读物，而是说我们的学者和出版界未能完全跟上时代对世界史知识的需求，尤其是广大普通民众对世界史知识的需求。随着我国经济实力的不断增强，出国求学和旅游对普通中国民众而言已经不是一种可望而不可即的事情。而踏出国门，中国人通常会有一个共同的感受：在各种聚会或是宴请的活动中，只要有"老外"在，哪怕是一个人，气氛就很难避免那种浓厚的"正式"味道；而一旦没有"老外"，都是华人，气氛会一下轻松起来，无论是吃喝还是交谈，人们的心态转瞬之间就已经完全不同。我常与一些朋友讨论这一现象，大家的基本看法是，中外之间，的确有一种文化上的隔膜。这种隔膜十分微妙，甚至并非是相互不能沟通的问题，而只是一种"心态"。

这种心态往往是只可意会，却难以言传。其难以言传的根源在于，人是生活在一个由文化构筑起来的历史环境中的，这种长期浸润，会不知不觉地对一个人的行为方式、心态产生巨大的、具有强烈惯性的影响，这种影响往往也不是通过一两本学术著作就能轻易加以归纳的东西。

因此，要体验这种微妙的文化隔膜，最好的方式就是对世界的历史文化有一种"全景式"的了解，除了去所在国进行深度体验外（当然，这对很多人而言有些奢侈），读一些带有知识性、系统性和趣味性的世界史读物，应该也是一种不错的选择。而这类读物恰好是我们过去的短板，有必要尽快地将其补上。

为了满足国人对这类读物的迫切需求，本套丛书的策划编辑团队怀着强烈的家国情怀和对中华民族特有的忧患意识，一直在积极地筹编这样一套能满足时代需求的世界史读物。他们虽然是在筹编一套普及性读物，却志存高远，力图要将这样的一套读物做成精品，那就是不仅要使普通读者喜欢，还要经得起学界的检验。历经数年，颜玉强主编总算在全国的世界史学界找到了合乎他们要求的作者团队。这些作者当中，既有早已成名的学术大家，也有领军一方的中青年学者，更有留学归国的青年博士群体。而尤为重要的是，这些学者都长期在我国的高校从事世界史的教学和科研工作，他们对我国学子乃至一般民众对世界史知识的需求有着更深的感受，因此，由这样的一支作者队伍来完成这样的一部大型作品，显然是再合适不过了。

历经数年的讨论和磨合，几易其稿，现在《话说世界》总算问世了。以我的一管之见，我觉得这套书有这样一些特点值得关注。

首先是体例方面的创新。历史当然是某种程度上按照时间顺序发展的，但作为一种世界历史的视野，人们的眼光当然不可能横视全球，而是自然地落在一些关键性的区域和事件上。这样，聚焦和分类就是一个基础性的工作。作者对历史的分类不仅显示出作者的学术功力，也会凸显作者的智慧。本套丛书的特点是将"时代"作为历史发展的主轴，比如古典时代、罗马时代等等。这样的编排，读者自应一目了然。然而，作者的匠心就此展现：因为一些东西并不仅仅是纵向而是横向的，所以，王国时代、宗教时代、民族时代、主义时代这样的专题出现了。

这样的安排十分精巧，既照顾了历史的时代顺序，又兼顾了全球性的横向视野。相对于一般教科书的编排，比如在人类起源部分，从两河文明到尼罗河文明，再到希伯来、印度和中国文明，然后再到古典时代的希腊罗马文明、希腊化文明，固然十分系统，但对于非专业的读者恐怕也有点过于正规，索然无味。所以，丛书的安排看似随意，却有着精心的考虑和布局，在目前的类似书籍中，应该是不可多得，别具一格的。

而对有着更多需求的读者，《话说世界》则又是一种趣味盎然的教科书，因为它将各个时代的内容分门别类，纵向来读，可以说是类别的世界通史。比如可以将政治、经济、文化等串联下来的就是该类别的世界通史，这样读者能够全景式地看到每个历史切面，还能了解整个历史线索和前因后果。

其次是《话说世界》为了达到可读性强的效果而采取了图文并茂和趣味性强的杂志书编撰方式，适合以各种休闲的方式阅读。《话说世界》的图片不仅与文章内容结合紧密，还有延伸文字内容的特点，特别是每本书都有数张跨页大图呈现了历史节点的宏大场面或艺术作品的强烈感染力。这样的布局，显然能使读者印象深刻。实际上，国外的历史教科书，往往也是图文并茂，对学生有着很强的吸引力，使学生即便不是上课也愿意翻阅。我们目前的教科书尚达不到这一水准，但《话说世界》能够开此先河，应该是功德一件。

第三则是强烈的现场感，这是为了增进读者真正理解国外历史文化所做的一次有价值的尝试。从这套丛书的内容看，其涉及面很广，并不单单是教科书式的历史，而是一部全景式乃至百科全书式的历史：从不同文明区域之间的人员交往到风俗习性，从军事远征到兵器工艺，从历史事件到地标和教堂，从帝国争霸心态到现代宣传套路，从意识形态到主义之争，可以说林林总总，斑驳杂陈，十分丰富，具有很强的可读性。一个也许对编辑并不十分重要，但对读者而言却十分重要的事实是，这些读本的作者都是"亲临视察"了所写的对象的，所以除去知性之外，还多了难得的感悟。因为这套丛书的作者，都是亲临所在对象的国家和地区进行过求学乃至工作的。他们对这些对象的了解，或许还做不到完全学理意义上的深刻，但显然已经早就超越纸上谈兵的阶段了。因此，在这个意义上，他们是真正的"中国人看世界"。这种价值，在短期内或许并不明显，但随着时光的流逝，它肯定会越来越闪烁出学术之外的瑰丽光芒。

值得指出的是，今天移动互联的势不可挡，知识碎片化也日益严重，需要学者和出版社联袂积极面对，克服互联网内容的不准确性，做到价值恒定性；克服互联网知识的碎片性，做到整体性。《话说世界》于上述的三个特点，显然是学者和出版社共同合作的成功范例。

如果你是一个依然保持着好奇心，对问题喜欢打破砂锅问到底的人，那么，请阅读这套匠心独具的丛书吧！它既能增加你的知识，又能丰富你的生活，也或许能在紧张的工作与生活中给你带来一丝和煦的清风。

当你拿到这套书，翻开第一页的时候，我们衷心地希望你能够从头至尾地读下去，因为这是在一个全球化时代，使你从知识结构上告别梦幻童年、进入一个绚丽多彩的成人世界的第一步——读史使人明智。

愿诸君在阅读中获得顿悟与灵感。

南京大学历史学院教授、

博士生导师　陈晓律

2019 年 2 月 15 日

《话说世界》序二

立足学术　面向大众

献给广大读者的具有国际视野的世界历史全景图书

　　我国的经济总量超越日本，正式成为世界第二大经济体，我国的社会经济文化都日益成为地球村重要的一部分，了解世界成为必要。正如出版说明所言，了解世界首先要从了解世界历史开始，我们不仅可以从外国历史的成败得失中得到借鉴，而且还能从中培养国际视野，从而承担起作为大国对人类的责任。人类文明发展5000多年来，各地区和各民族国家的文化差异性很大，都有自己独特的发展轨迹，在日益融为一体的今日世界，我们在世界历史知识方面也亟须补课。

　　我国史学界编撰世界史类图书内容有不包括中国史的惯例，加之上海锦绣文章出版社已经在2005年出版了取得空前成功的20卷《话说中国》，所以我们这套《话说世界》就基本不包括中国史的内容，稍有涉及的只有为数几篇中国与外国产生交集的内容。

　　《话说世界》共20卷，分别是20个时代，时间跨度从史前一直到2018年。基本囊括了各个时代的政治、经济、文史、思想、宗教、艺术、科学和生活娱乐等。

　　参与《话说世界》编写的作者有教授和博士共30多人，都是名校或研究所的世界史专业学者。学有专攻的作者是《话说世界》质量的保证。我们还邀请了一些世界史的著名专家教授作为编委，确保内容的准确性。

　　今天读者阅读的趣味和习惯都有变化，业界称为"读图时代"。所以我们在文章的写法和结构都采取海外流行的"杂志书"（MOOK）样式。我曾经为台湾地区的出版社主编过300本杂志书，深得杂志书编撰要领。杂志书的要素之一是图片，《话说世界》以每章配置 3—4 幅图的美观标准，共计配置了 10000 张左右的图片，有古代的历史图片，也有当今的精美图片。在内容的维度上也进行拓展，引入地理内容，增加了历史的空间感；每本书基本都有"重回历史现场"，以增强阅读的现场感；同时每篇文章都有知识链接，介绍诸如人物、事件、术语、书籍和悬案等，丰富了文章内容，使文章更流畅、可读性更强。

当然，不能说《话说世界》就十全十美，但是不断完善是我们的追求。

启动编撰《话说世界》工程之时，我们就抱定了让《话说世界》成为既有学术含量又有故事可读性的优秀著作这个目标，使世界史知识满足大时代的需要。

结笔之际，感蛰居七年，SOHO 生活，家人扶助，终成书结卷。这里要感谢各位作者的辛勤笔耕，特别感谢人民出版社通识分社社长杨松岩慧眼识珠以及编辑们兢兢业业、精雕细刻的工作。"幸甚至哉"！

资深出版人　颜玉强

2019 年 10 月 28 日

《一战时代》简介

　　第一次世界大战是帝国主义国家两大集团——同盟国与协约国之间为重新瓜分殖民地和势力范围、争夺世界霸权而进行的非正义的争霸战争。这场战争历时四年零三个多月，先后有30多个国家、15亿人口被卷入，是人类历史上首次全球性战争。

　　1914年6月28日的萨拉热窝事件成为此次大战的导火索，随后，欧洲列强纷纷全国总动员，不顾一切地投入到这场空前的残酷厮杀中。战线主要分西线、东线和南线，其中西线的欧洲战场是主战场。此次大战利用了当时人类社会最先进的科技力量，使人们深刻体会到了文明的负能量。各种新式武器如飞机、潜艇、毒气弹、坦克、远程大炮等相继投入战争，完全改变了战争的形式，战况空前惨烈。1918年11月11日，德国投降，战争以协约国的胜利告终。

　　第一次世界大战不仅造成了难以统计的人力物力损失，也给全世界人民带来了深重的灾难，对人类历史发展的进程、对全球政治经济格局、对人们的思想以及生活方式等，都产生了极其深远的影响。首先，改变了帝国主义力量对比，以欧洲为中心的世界格局受到挑战。俄罗斯帝国、德意志帝国、

奥匈帝国和奥斯曼帝国被摧毁；英法虽取得胜利，但元气大伤；美日迅速崛起，美国成为世界头号经济强国，争夺世界领导权，日本国力和国际地位迅速上升；建立在掠夺战败国和宰割弱小国家基础上的"凡尔赛-华盛顿体系"，没有消除帝国主义国家间的根本矛盾，为第二次世界大战的爆发埋下了祸根。其次，引起了一系列的无产阶级革命和民族解放运动。俄国建立了世界上第一个社会主义国家；在十月革命影响下，德国和匈牙利等国也先后爆发革命；殖民地半殖民地民族解放运动风起云涌，资本主义世界殖民体系初步瓦解。再次，军事的研发和实践带动了工业生产、科技理论、政府组织的进步，进而促进科技水平的整体提高，客观推动了科技的发展。最后，深刻改变了人们的思想观念，和平主义、人道主义思想兴起。

重温那段血与火的历史，不仅可以丰富知识，更可以吸取历史教训，深刻反思世界的和平与发展问题。本书以丰富的史料、图片以及当事人的传记为基础，以政治、军事、经济、人物等十三个篇章为视角，全方位解读前因后果，客观评价政治经济，中肯点评历史人物，为读者还原交织着血与泪、罪与恶、生与死的"一战时代"。

目录

25 势如水火，帝国争霸

26 从玩八个球到只玩一个球——德国外交的转变

28 千方百计对德国复仇——卧薪尝胆的法国

30 不求局部战争，只求全面战争——沙皇俄国

32 收缩战线，全力对德——深感危机的英国

34 风雨飘摇的哈布斯堡家族——奥匈帝国

36 崛起的东方列强——日本

38 阵营分化，势如水火——欧洲两大军事集团形成

42 挑战"海上霸权"——两次摩洛哥危机

44 西亚病夫——奥斯曼帝国

46 欧洲火药桶——动荡的巴尔干

48 一战的火种——两次巴尔干战争

50 一战导火索——萨拉热窝事件

52 跨页大图：萨拉热窝

54 战争还是和平——各国的抉择

56 弱肉强食——帝国主义间的不义之战

58 一个无法完成的神话——施里芬计划

60 不屈小国——比利时

62 东方普鲁士——保加利亚参战

64 见风使舵——意大利参加协约国

66 扭转战局——美国参战

70 痛下决心——中国北洋政府对同盟国宣战

72 退出一战——俄国十月革命

75 楚河汉界，战场厮杀

76 拯救巴黎之战——马恩河战役

78 东线奇迹——坦能堡战役

80 战争的僵持——堑壕战

82　惨无人道的战场——三次伊珀尔战役

84　英国皇家海军受辱之战——达达尼尔海峡战役

86　抢滩登陆——加里波利半岛战役

88　跨页大图：1917 年拍摄的凡尔登战场全景图

90　人间炼狱——凡尔登战役

94　没有赢家的阵地战——索姆河战役

96　俄军的辉煌之作——布鲁西洛夫攻势

98　一战中最大的一次海战——日德兰海战

100　出其不意的"地道战"——阿拉斯之战

102　愚蠢的作战行动——尼维尔攻势

104　史上最大的坑道爆破——梅西讷之战

106　俄国最后一攻——克伦斯基攻势

108　孤注一掷——德军米夏埃尔作战行动

112　美军初试身手——贝洛森林战役

114　同盟国解体——奥匈帝国投降

116　最后的战役——默兹河–阿尔贡战役

118　俄土争夺亚美尼亚——高加索战线

120　圣城之战——中东战场

122　石油争夺战——美索不达米亚战场

124　孤军奇迹——东非地区的战争

126　非洲殖民地的抢夺——西非地区的战斗

128　远东的争夺——中国和太平洋地区战场

130　德国投降——大战结束

133　**划时代的军事革命**

134　军事思想的进步
　　　　——"大步兵"到多兵种联合作战

136　从无到有——一战中的空军

138 风光不再——没落的骑兵

140 视觉上的欺骗——军事伪装

142 作战神经系统——军事通信

145 隐秘的谍战风云

146 谍海女王——玛塔·哈丽

148 传奇谍王——卡纳里斯

150 英国情报机构的"开山祖师"——军情六处

152 克格勃之父——捷尔任斯基

155 科技文明的负能量

156 陆地巡洋舰——坦克

158 屠杀利器——机枪

160 潘多拉魔盒的开启——毒气弹

162 海上巨无霸——航空母舰的诞生

164 最常规的武器——步枪和手枪

166 制空权的争夺——空中武器

168 水下超级杀手——潜艇

170 攻坚利器——火炮

173 风云人物，各领风骚

174 点燃一战导火索的青年——加夫里洛·普林西普

176 狂妄自大的君主——德国皇帝威廉二世

178 "统帅是天生而不是任命的"——小毛奇

180 护国之神——保罗·冯·兴登堡

182 将"总体战"进行到底——埃里希·冯·鲁登道夫

184 水手国王——英国国王乔治五世

186 "索姆河的屠夫"——道格拉斯·黑格

188　"流血的公牛"——艾伦比

190　狡猾的狐狸——英国首相劳合·乔治

192　和平主义者——威尔逊

194　美国特级上将——约翰·约瑟夫·潘兴

196　法国的"老虎"总理——克里孟梭

198　第一次世界大战的终结者

　　　——协约国统帅斐迪南·福煦

200　"法兰西的救星"——菲利普·贝当

202　"法国的镇静剂"——约瑟夫·霞飞

204　俄国悲惨的末代皇帝——尼古拉二世

207　**战后世界新秩序——凡尔赛-华盛顿体系**

208　人类的浩劫——第一次世界大战的后果及影响

210　美丽的童话——威尔逊"十四点计划"

212　大国的分赃大会——巴黎和会

214　播下战争的种子——凡尔赛体系

216　重回历史现场——巴黎和会中国代表团全记录

218　列强的工具——国际联盟

220　危机再起——美英日三国争夺远东

222　世界秩序的最终确立——华盛顿体系

227　**科学技术日新月异的发展**

228　颠覆性革命——对物质结构的新认识

230　20世纪的神话——爱因斯坦

232　时空究竟是什么？——狭义相对论与广义相对论

234　探究微观粒子——量子力学

236　探寻生命的起源——遗传学

239 战后世界经济领导权的交接

240 由盛转衰——欧洲的没落

242 世界新的领导者——美国

244 从云端到谷底——畸形繁荣的日本

247 西方现代主义思潮的兴起

248 才华横溢的大师——伯特兰·罗素

250 精神分析学创始人——西格蒙德·弗洛伊德

252 西方历史的先知——奥斯瓦尔德·斯宾格勒

254 意大利的卓越学者——贝奈戴托·克罗齐

256 社会学创始人之一——埃米尔·涂尔干

258 百科全书式的学者——马克斯·韦伯

261 西方现代主义文学的兴起

262 迷惘的斗士——海明威

264 融会传统与创新的诗人——托马斯·艾略特

266 现实主义剧作家——萧伯纳

268 生活中不是缺少美，而是缺少发现美的眼睛
　　　　——罗曼·罗兰

270 美国现代小说先驱——西奥多·德莱塞

272　"小资"的最爱——詹姆斯·乔伊斯

274　西方现代主义文学先驱——弗兰兹·卡夫卡

276　暴风雨中的海燕——高尔基

278　杰出的社会主义现实主义作家

　　　——米哈依尔·肖洛霍夫

280　"诗圣"——泰戈尔

282　无声的控诉——雷马克与《西线无战事》

285　**现代化生活的时代**

286　风靡全球的即兴音乐——爵士乐

288　跨页大图：好莱坞

290　女人半边天——妇女地位的提高

292　上帝对人类的惩罚——1918年大流感

294　交通工具的又一次革命——汽车时代的到来

296　一战期间的天使——国际红十字会

势如水火，帝国争霸

第一次世界大战，是 1914 年至 1918 年帝国主义国家两大集团——同盟国与协约国之间进行的首次世界规模的战争。战争先在德国、奥匈帝国及其敌对国英国、法国、俄国等之间展开，后来逐渐有 38 个国家、15 亿人卷入战争。这场战争爆发的根源是由于资本主义经济、政治发展的不平衡，德国等新兴帝国主义国家与英、法等老牌殖民帝国在争夺资源和殖民地上矛盾激化以及国内尖锐的阶级矛盾，于是纷纷扩军备战、寻找同盟，企图通过对外发动侵略战争获得世界霸权来解决一切问题。

在第一次世界大战爆发之前，欧洲列强就已经分化成了两大对立的政治军事集团，这使得每个国家都有理由相信其邻国可能会对自己产生威胁。德法之间的阿尔萨斯和洛林领土矛盾，英德之间海上霸权和殖民地争夺矛盾，奥匈帝国与俄国之间的巴尔干半岛领土矛盾等，围绕着各自的利益，列强之间威逼利诱，互相拉拢，签订各种秘密协议。最终，1914 年 6 月 28 日的萨拉热窝事件引爆了欧洲的火药桶，随着奥匈帝国向塞尔维亚宣战，欧洲列强纷纷全面动员，倾其全国之力，投入这场前所未有的残酷血战。绵延千里的铁丝网和堑壕阵地，成为列强厮杀拼搏的角力场。数以百万计的军人在枪林弹雨、血流成河的泥泞战场，试图打出一个世界新秩序。

从玩八个球到只玩一个球
德国外交的转变

德国过去曾有那样的时期，把土地让给一个邻国，把海上让给另一个邻国，而自己只剩下纯粹在理论上主宰着的天空，可是这种时期已经一去不复返了，我们也要为自己要求在日光下的地盘。

——德皇威廉二世

19世纪中后期，在"铁血宰相"奥托·冯·俾斯麦（Otto von Bismarck，1815—1898年）的领导下，普鲁士通过与丹麦、奥地利和法国的三次王朝战争完成了德意志的统一，建立起了强大的德意志帝国。德国的崛起彻底打破了欧洲维持将近半个世纪的维也纳体系，对所有的欧洲大国都造成了巨大的冲击，引起了它们的警惕。

俾斯麦的大陆联盟外交

从地缘战略上讲，德国可以说是欧洲列强中最差的，其处于欧陆中部的地理位置使得其无论在哪个方向上都有着强大的对手：西边是世仇法国，东边是羸弱但是巨大的俄国，西北是最强大

俾斯麦外交上纵横捭阖，使他成为19世纪下半叶欧洲政治舞台上的风云人物。著有回忆录《思考与回忆》。

的英国。德国在其诞生的同时就陷入了巨大的战略危机中。所以统一之后俾斯麦就制定了两大基本外交战略：一是避免欧洲大陆出现一个反德阵营，特别是避免两线作战状况的出现；二是竭尽全力孤立法国。

德国维持着与俄国的传统友好关系，与奥匈帝国则建立密切的联盟关系。为防止俄、奥两国因为巴尔干问题矛盾激化，俾斯麦先后通过1873年、1881年《德俄奥三皇同盟》，1879年《德奥秘密军事条约》和1887年《俄德再保险条约》加以约束，防止俄国和奥匈两国脱离德国的外交轨道而自行其是。为转移法国对阿尔萨斯和洛林的注意力，俾斯麦刻意推动法国积极开展海外殖民活动，为的是让法国和英国去争个你死我活。果然，法国在东南亚和非洲与英国争夺得不可开交，在突尼斯又和意大利剑拔弩张。法国因此不能在对德复仇战争中获得英意两国的援助，这正中俾斯麦的下怀。

威廉二世的"世界政策"

俾斯麦的外交策略把最大的精力放在欧洲大陆，极力维护欧洲大陆的均衡，避免过多地参与世界事务而导致与英国的利益相冲突。但是德国自统一后，其经济迅猛发展，对原材料产地和商品销售市场的需要与日俱增。因此在俾斯麦去职之后，新

布尔人纪念铜牌。布尔人是虔诚的加尔文教徒，自视为上帝的选民，上帝派他们来统治南非这片土地。因为反对英国对其土地的吞并，布尔人和英国人一共爆发三次战争。

兴的制造业利益集团一直鼓噪建立强大的海军，重新瓜分殖民地。德皇威廉二世顺应了这一要求，开始推行争霸全球的"世界政策"，俾斯麦稳健自制的外交政策被抛弃。

德国还尝试与英国正式结盟以减少海外扩张的阻力，却不管英国有无这样的现实需要和是否符合英国的外交传统。而且最要命的是，当英国恪守其"光荣孤立"传统不愿意和德国正式结盟的时候，德国竟然试图通过武力恫吓和施加外交压力的方式来逼迫英国结盟。例如英布战争期间，德国通过支持布尔人来对英国施加压力，却适得其反。同时，德国扩建海军的行为，严重威胁着英国的海上霸权，这是作为"日不落帝国"的英国最不能容忍的。英国开始与法国和俄国调解在殖民地上的冲突，一致对付德国。而德皇威廉二世在屡次遭英国拒绝之后，恼羞成怒，更加坚定了要把英国拉下马来取而代之的决心。

德国外交的继任者们缺乏俾斯麦那种"在空中同时玩八个球的能耐"，对德、奥、俄三国之间错综复杂的关系以及这三国与英国的微妙互动关系无法把握，因此只能推行一种相对简单的外交政策，

海权论

19 世纪末，美国人阿尔弗雷德·赛耶·马汉（Alfred Thayer Mahan，1840—1914 年）创立了"海权论"，概述了制海权理论。他的理论适应了帝国主义海外扩张的需要，受到热捧。他的著作《海权论》在英国被视为"国家的福音书"；在日本，被列为每个海军军官的必读书；德皇威廉二世更是说："我不只是在阅读这本书，我简直想把它一口吞食下去。"

那就是将德奥同盟固定下来，放弃在俄奥之间协调和制约的高难度义务。同时，因为推行争霸全球的"世界政策"，最终也与英国交恶。

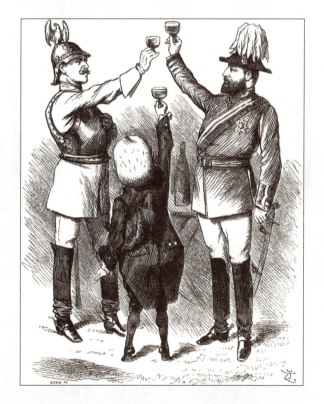

1890 年，已经登基两年的德国皇帝威廉二世正式主政，并令俾斯麦辞职。他认为俾斯麦的同盟政策过于反复，故此废除了《再保险条约》，专注维持与奥地利和意大利的1882年以德奥为核心的三国同盟。德奥同盟从1879年开始，一直到1918年第一次世界大战结束、双方都战败投降为止。

千方百计对德国复仇
卧薪尝胆的法国

复仇！复仇！复仇！
重要的事情说三遍。

1870 年普法战争的溃败引起了巴黎人民的革命，推翻了法兰西第二帝国，成立了法兰西第三共和国。随后法国经济逐渐恢复发展，重新强大起来的法国的头等国事就是对德复仇，收回被夺走的阿尔萨斯和洛林地区。

阿尔萨斯和洛林位于法国东部地区，普法战争后法国于 1871 年割让给德国，成为法德两国领土争议的焦点。两次世界大战期间这块土地在法德两国间几次易手。

法国恢复大国地位

1900—1913 年，法国的垄断组织相继出现，银行资本的集中尤为突出，成为仅次于英国的资本输出国，同时通过建立世界殖民帝国牢牢地占据了世界强国的地位。虽然法国的欧洲本土只有 4000 万人口，远远少于德国的 6700 万，但法兰西殖民帝国却拥有 9000 万的总人口，而且由于其内部实行严格的中央集权统治以及没有种族歧视（这是法国文化的传统），其内聚力远远大于实施分而治之政策的内部松散的大英帝国，这也使法国在法德外交较量中重新获得了某种均势。

虽然战败了的法国还是欧洲强国和世界强国，但是高卢人轻浮傲慢，富于幻想和冲动的民族性格，决定了法国不可能安于现状，不可能忘记对德复仇。不管付出什么样的代价，都要洗刷耻辱和收复失地。第一次世界大战前，法国总理

路易十四雕像。阿尔萨斯在 17 世纪以前属于神圣罗马帝国的领土，以说德语的居民为主，后成为哈布斯堡家族统治的领地，法王路易十四时将其吞并。当地居民不断抵制法国统治者强加于他们的语言与习俗。

克里孟梭曾疾呼："我第一是复仇，第二是复仇，第三仍是复仇。"虽然阿尔萨斯和洛林的居民绝大多数讲德语，其并入法国版图是波旁王朝对德扩张政策的产物，但法国人却一直念念不忘德国人的侵略行为。阿尔萨斯和洛林就像绳索，同时捆绑住了法德两国，使两国在外交上失去了弹性和选择余地。

寻找同盟，孤立德国

法国要寻找对付德国的盟友，在欧洲大陆只有两个，第一是奥匈帝国，第二是俄国。在传统上，自从波旁王朝的路易十五决定与特蕾莎女皇统治下的奥地利通过联姻建立友好关系以来，奥地利帝国从来没有对法国产生过地缘政治上的威胁，即使两个拿破仑帝国与奥地利发生战争，更多的是因为两个拿破仑都认为奥地利妨碍了他们的扩张意愿。在德国统一后，奥匈帝国继续有可能成为法国反对德国的盟友，因为俾斯麦的德国是通过损害奥地利和法国的利益才获得统一的，两者都有联合起来向德国报复的必要。

法奥联合虽然有很多优越性，但是两国都要面临一个问题，那就是意大利统一后，欧洲地缘政治格局发生了变化，法国在海外殖民竞争中又多了一个对手，奥匈帝国与意大利之间还有领土争端。法奥联盟反对德国的时候，不得不考虑背后还有一个平衡因素，意大利到底会不会在德国的支持下对法奥两国造成威胁？从德意两国长期友好的历史来看，这完全是可能的。其次，奥地利同时面对德国、俄国甚至还有意大利威胁的时候，法国的援助是否还那么有效及时也是值得怀疑的。

战败后的法国因为在实力上已经无力抗衡德国，所以想到必然需要依靠其他的力量来遏制德国，特别是当时的德国依然处于战略攻势。法国除了要复仇之外，更多的是要保障自身的安全，防止

德国的再次攻击。而俄国和法国矛盾深厚，奥地利已经是德国的盟友，放眼之下就只剩下了英国，而英国也对德国不断增长的实力抱有很大的疑虑，因此，英法迅速接近，形成了事实上的联盟。法国为了对德复仇，与宿敌英国协调了殖民地冲突，与君主专制的俄国成为盟友，花大价钱争取到了意大利的中立，同时选择了与传统盟国土耳其和奥地利反目成仇。

1860年萨瓦人民为并入法国挥舞法国国旗。1858年意大利的撒丁王国和法国缔结反奥军事同盟，约定法国出兵协助撒丁王国把奥地利帝国势力逐出伦巴第和威尼斯，撒丁王国则将萨伏依（萨瓦）和尼斯割让给法国。

不求局部战争，只求全面战争
沙皇俄国

它是资本主义国家中最黑暗的一环，同时也是最薄弱的一环。

　　20世纪初，俄国大体同西方资本主义国家同时进入帝国主义阶段，但是由于俄国资本主义改革的不彻底，在欧洲诸强中较为落后，而且国内矛盾重重。然而，俄国地大物博，人力资源充足，为了转移国内社会矛盾，俄国不断向外发动侵略。

内忧外患

　　进入帝国主义阶段的俄国，保存着大量封建残余，广大农民在大地主土地占有制和沙皇专制制度下，仍然受着封建剥削，人民群众没有任何政治权利和政治自由。在当时的条件下，沙皇政府需要垄断资本家的财政支持，垄断资本家也需要依靠沙皇政府的军事力量，对内镇压人民和向外侵略，他们还要依赖政府的订货和保护关税等

扶植政策。

　　由于俄国政府力图通过野蛮的剥削和掠夺弥补其财政的不足，俄国广大劳动群众和少数民族受到极其严重的压榨，国内矛盾重重。沙皇政府为了转移国内人民的斗争矛盾，同时为了掠夺资源，俄国更加疯狂地对外发动侵略战争，向中国、波斯、土耳其和巴尔干国家输出资本。为了扩大殖民势力范围，同日德等国的矛盾日趋尖锐，积极筹划战争。日俄战争失败后，失去了中国东北和朝鲜，巴尔干地区的利益对俄国来说就显得尤为重要。

深陷巴尔干问题

　　俄德两国在两百年来一直保持着友好关系，虽然俄国对普鲁士从一个受俄国庇护的弱国成长为欧洲大陆首屈一指的强国抱有一丝嫉妒和不快，但总的来说，俄德两国并无根本的利害冲突。相反，奥匈帝国对巴尔干斯拉夫地区的扩张，挑战了俄国泛斯拉夫主义旗手和斯拉夫人保护者的虚荣心，而俄国鼓动的泛斯拉夫主义浪潮则使得奥匈帝国境内的斯拉夫民族人心思变，危及了奥匈帝国的生存。因此，俄奥矛盾是不可调和的。1890年，德国拒绝延长《俄德再保险条约》，这等于是把德国对外关系的一根支轴给抽走了。德、俄、奥三国间之所以能长时期保持和平，靠的就是德国既和奥匈有军事同盟，又和俄国有秘密协约的暧昧关系所导致的外

旅顺电岩炮台俄军大炮。旅顺是俄国太平洋分舰队的主要基地。整个日俄战争期间，始终贯穿着双方对这一战略要地的争夺，最后以俄国的失败而告终。

奥匈帝国当年修筑的链子桥，是匈牙利首都布达佩斯连接多瑙河两岸最著名的大桥，桥西就是城堡皇宫。链子桥于 1839 年开工，1849 年建成，全长 380 米，是一座链索式三孔铁桥，成为当时世界上跨度最大的桥。

交制衡。俾斯麦之后的德国外交决策者，轻率地采取了对奥一边倒政策，迫使俄国与法国接近，而德法之间的矛盾又是不可调和的。这样，虽然俄德两国并无重大的地缘政治、经济和殖民地冲突，却均受制于本国的盟国而互相对立。

着大国间结盟与敌对的对象已经固定，欧洲大国协调外交开始走入了死胡同。

俄国在巴尔干的扩张屡屡在外交上遭受德奥两国的遏制，而法国对俄国在巴尔干的野心也不积极支持，俄国最终丧失了一切耐心，外交界和军

塞尔维亚古城兹雷尼亚宁市（Zrenjanin City），有丰富的文化和历史遗产。巴尔干半岛的国家与俄国同属斯拉夫种族，南斯拉夫人最大的国家是塞尔维亚。奥匈帝国长期染指南斯拉夫的国家，一直引起俄国的不满。

面对德国在欧洲大陆上的咄咄逼人之势，处于欧洲两端的法俄两大国逐渐关系紧密起来。1879年俄德之间爆发经济战，导致俄国的农产品出口受阻，财政状况恶化。这时来自法国的巨额资本源源不断地投入，给了俄国经济复苏的机会，这样法俄接近已经水到渠成。1891 年法俄之间缔结了外交协定，1893 年，法俄军事协定正式生效。这意味

方根本不打算在小规模的、可控的外交冲突中耗费精力，只打算进行全面战争，把所有的大小盟国和对手全部拖进来。这一转变最终导致了一个奇特的外交格局，奥地利的外交被塞尔维亚牵制，德国的外交被奥地利牵制，俄国的外交被德国牵制，法国的外交被俄国牵制，英国的外交被法国牵制，最终欧洲的各大国统统被巴尔干局势所左右。

收缩战线，全力对德
深感危机的英国

它曾是世界的领导者，是"日不落帝国"，为了维护海上霸权，卷入欧洲大陆的外交风波。

"我们是世界第一的民族"是每一个英国人的信条，他们简直无法想象这一信条遭到质疑。但是，德国强势的崛起，并大力发展海军、在全球范围抢占殖民地的行为，严重刺激了英国，它开始对德国实行遏制政策。

"日不落帝国"

自 1588 年击败西班牙无敌舰队后，英国取代西班牙，成为海上新兴的霸权国家，并开始不断扩张海外殖民地，最终成为强大的"日不落帝国"。19 世纪末，英帝国达到了发展的巅峰，拥有近 2000 万平方公里的土地和 4.3 亿人口。英国经济学家威廉姆·斯坦利·杰文斯（William Stanley Jevons，1835—1882 年）曾这样描述英帝国的伟大："北美和俄国的平原是我们的玉米地，加拿大和波罗的海是我们的林区，

澳大利亚是我们的牧场，秘鲁是我们的银矿，南非和澳大利亚是我们的金矿，印度和中国是我们的茶叶种植园，东印度群岛是我们的甘蔗、咖啡、香料种植园，美国南部是我们的棉花种植园。"

随着德国的迅速崛起，强烈要求按照新的实力对比重新瓜分世界。1900 年，德皇威廉二世趁英国在南非发动布尔战争期间，拉拢法国和俄国，对英国施加压力，让英国在海外殖民地的瓜分中做出让步。英国被迫将太平洋上的萨摩亚群岛中的两个岛屿让给德国。法俄两国绕开英国，偷偷地瓜分了在土耳其的势力范围。布尔战争是英帝国发展史上的一道分水岭，从此英国开始把注意力从扩大帝国转到巩固帝国上来，以应对其他列强的挑战。

寻求结盟，遏制德国

德国崛起，使欧洲大陆无可挽回地分裂为两大政治军事集团。英国已经无法保持"光荣孤立"来捍卫本国的世界霸权，毕竟大英帝国的统治中心在不列颠，归根结底还是欧洲的一部分，英国的世界霸权地位是建立在英国优越的地缘政治和

弗雷德里克·罗伯茨（Frederick Roberts）雕像。英军最后一任总司令，陆军元帅。生于印度，早年加入驻孟加拉炮兵部队，参加了英国侵略埃塞俄比亚战争和第二次阿富汗战争。称号"坎大哈的罗伯茨伯爵"，1885 年任英驻印度武装部队总司令。1895 年后任驻爱尔兰英军司令。1900 年平定第二次布尔战争后任英军总司令直到这一职务废止。

1904 年爱德华七世访问奥匈帝国。耄耋之年的英王在剩下的有生之年里，唯一感兴趣的工作就是和不同的新旧敌人或盟友谈判、订立条约，在维也纳、在巴黎、在里斯本、在马德里，这些条约针对的目标就是他的外甥——德皇威廉二世。

欧洲大国联合统治世界的基础上，不可能在欧洲大国内部的均势失去平衡后还能长久维持。尤其是当德国过于强盛，其拥有的实力能够同时打败法俄两国，并进而终结大英帝国世界霸权的时候，大英帝国的掌权者不可能对此局势泰然处之。英国是一个岛国，海权对英国来说是一个非常敏感和至关重要的问题，它不仅意味着国家安全，更意味着殖民地，意味着资源、财富和势力范围。欧洲大陆任何一国的海军建设和扩充，大英帝国都将其视为对自己海上霸主地位的挑战。德国大肆扩充海军，并推行"世界政策"，这是英国绝对不能容忍的。

对英国决策层来说，如果德国不愿意自我约束，那么，英国将会建立反德同盟以求彻底消除这种威胁，就像当年建立反法联盟一样。于是，英国改变"光荣孤立"的外交政策，开始在全球范围内调整与各个列强的关系，寻找同盟。1902年，英日同盟缔结后，英国在远东地区找到了一个遏制俄国，又不给英国造成额外战略负担的盟友。在美洲又与美国订约，给予美国在中美洲开

凿、使用运河的方便。1904 年，英国和法国在英国伦敦签订友好协约，调整了两国在瓜分非洲等殖民地问题上的矛盾。1905 年俄国在日俄战争中失败，其扩张势头受挫，英国便不再把俄国看作全世界的头号敌人。此后，英国又主动协调了同俄国的利害冲突，在 1907 年英俄签订协定，划分了双方在波斯和阿富汗的势力范围。至此，英国和法俄解决了殖民冲突，进而把国家力量全部聚焦在对德关系上。

巴拿马运河中立化。英国的全球势力扩张，也涉及拉美。1850 年英美签订条约承诺，当缔约双方发生战争时，任何一方不能向对方封锁运河，运河完工时，双方将保护它。双方共同保证运河的中立，以使该运河永久自由开放。通过这一条约，英美共同控制了巴拿马运河。

风雨飘摇的
哈布斯堡家族
奥匈帝国

一个国家两个政权，
民族矛盾不可调和。

奥匈帝国是当时仅次于俄罗斯帝国的欧洲大陆的第二大国，人口仅次于俄罗斯帝国和德意志帝国，居于第三位，却是一个二元帝国，而且随着民族主义运动兴起，国内民族问题尖锐。

效率低下的二元帝国

奥匈帝国是匈牙利贵族和奥地利哈布斯堡家族在争取维持原来的奥地利帝国时所达成的一个折中解决方法，有各自的首府，奥地利的首府在维也纳，匈牙利的首府在布达佩斯。奥匈帝国有三个不同的政府：匈牙利政府、奥地利政府和一个位于皇帝之下的中央政府。匈牙利和奥地利有各自的议会

奥匈二元帝国国徽。1496年，奥地利王子腓力一世迎娶西班牙公主，他们的子嗣同时获得了西班牙、荷兰、奥地利的继承权。1521年，斐迪南一世迎娶波希米亚公主安妮，妹妹玛利亚嫁给匈牙利兼波希米亚国王拉约什二世。皇室联姻加上现实的需要，1867年奥匈二元帝国正式成立。

和首相。皇帝的权力理论上是至高的，但实际上是有限的。皇帝的中央政府负责陆军、海军、外交和对外贸易。

奥匈帝国是一个二元帝国，匈牙利王国境内享有很大程度的立法、行政、司法、税收、海关、铸币等的自治权，但外交、国防、汇率等对外事务方面则与奥地利协同一致，统一由帝国的中央政府处理。奥匈帝国还是一个多民族国家，民族问题极其严重，内政主要由组成它的12个民族之间商议所决定。这种安排产生了一些问题，使得决策过程变得极为复杂，重要的决定不仅需要获得维也纳的批准，也需要获得匈牙利首府布达佩斯的批准，而匈牙利总是寻找理由反对任何有可能削弱其在帝国内部地位的变革。

1848年欧洲革命波及奥地利，哈布斯堡家族被迫推举年轻的弗兰茨·约瑟夫一世（Franz Josef I，1830—1916年）出任皇帝。约瑟夫一世执政期间，奥地利再次走向繁荣。当时欧洲各地民族独立思想不断发展，虽然奥匈帝国在其成立期间不断有民族主义起义和其他纠纷，但在约瑟夫一世在位的约50年间，整个国家的经济不断发展，国家实现了现代化，许多开明的改革措施得以施行。

民族矛盾尖锐

奥匈帝国成立之后，国内多民族纷争和对外

一话一说一世一界一

美泉宫是坐落在奥地利首都维也纳西南部的巴洛克艺术建筑，曾是神圣罗马帝国、奥地利帝国、奥匈帝国和哈布斯堡王朝家族的皇宫，如今是维也纳最负盛名的旅游景点，美泉宫及其花园被联合国教科文组织列入《世界文化遗产名录》。

战争的失败令哈布斯堡王朝的势力再次被削弱。1859 年的意大利独立战争使奥匈帝国失去了在意大利的所有领地，1866 年的普奥战争迫使奥地利退出德意志联邦，结束了哈布斯堡家族统领德意志各城邦的时代。内政方面，匈牙利对维也纳的统治也非常不满，国内其他许多地区民族主义思想也不断加强。随着在萨多瓦的战败，奥匈帝国恢复在德意志区域的影响力的希望化为泡影，之后开始努力向东南巴尔干方面扩大影响力，企图攫取奥斯曼帝国退出东欧后留下的以斯拉夫人为主体的地区。

民族问题是奥匈帝国最尖锐的问题，奥匈帝国统治者极其害怕和仇视民族主义的发展，害怕境内其他民族起来反抗，更害怕境内外的异己民族联合一致。俄国介入巴尔干地区，利用民族主义扩大自己的势力和影响，鼓励和支持"大塞尔维亚主义"运动，煽动奥匈帝国境内的塞尔维亚血统的各民族独立。这就使得奥匈帝国与俄国水火不容，矛盾尖锐到无法调和的地步。由于自身力量的薄弱，奥匈帝国不得不把自己绑到德国的战车上来对抗强大的俄国。

1914 年，奥匈帝国的皇储斐迪南大公在萨拉热窝被刺，导致了第一次世界大战的爆发。由于二元体制带来的低效以及民族问题造成的国家混乱，使得奥匈帝国在一战中不断惨败。第一次世界大战最终使风雨飘摇的奥匈帝国解体，1918 年末代皇帝卡尔一世（Karl I，1887—1922 年）也被驱逐出境，哈布斯堡家族自 1278 年以来的统治至此寿终正寝。

匈牙利国会大厦位于匈牙利首都布达佩斯市内拉约什广场上，始建于 1896 年，到 1904 年建成完工并正式使用，是奥匈帝国时代匈牙利立法机构所在地。今天是布达佩斯最显著的地标之一。

崛起的东方列强
日本

它一度是亚洲国家的榜样，
但是强大之后又在亚洲发动殖民战争。

日本通过"明治维新"，打破了封建的闭关锁国状态，迅速发展资本主义，较快地摆脱了半殖民地化的危机，成为当时亚洲唯一独立自主的资本主义国家。日本的改革保留了浓厚的封建性，而且具有强烈的军事侵略性，因此崛起的日本成为极具侵略性的帝国主义国家。

日俄战争

甲午战争前后，日本实现了以轻工业为中心的第一次工业革命，日俄战争后至第一次世界大战期间，完成了以重工业为中心的第二次工业革命，并过渡到垄断资本主义。为了抢占海外原料产地和商品销售市场，日本迅速走上对外侵略道路。

日本和俄国为了争夺在朝鲜和中国东北的统治权，矛盾日益尖锐，无法调和。1902年，日英两国缔结了针对俄国的《英日同盟条约》。有了英国的支持，日本更敢于向俄国发动战争了。

1904年2月8日，日本不宣而战，海军偷袭旅顺俄国舰队，同时在仁川登陆。10日，日俄两国正式宣战。4月下旬，日军渡过鸭绿江。5月，另一支在辽东半岛登陆的日军占领了金州，围困旅顺口。8月9日，日军对旅顺发起总攻，1905年1月1日，旅顺俄军投降。1904年8月下旬，在辽阳会战中，俄军战败。9月4日，日军攻占辽阳。1905年3月，日俄两军在奉天（今沈阳）附近决战，日军再次获胜。

在海战方面，1904年8月10日，日俄双方舰队在旅顺东南海面交战，俄军大败。1905年5月27日，俄国从欧洲增派的第二太平洋舰队（波罗的海舰队）驶抵对马海峡，与设伏已久、以逸待劳的日本海军展开决战，28日俄军舰队全军覆没。

旅顺口失陷和波罗的海舰队被歼灭之后，俄

1904年2月8日，日本联合舰队主力驶达中国旅顺港，偷袭了驻旅顺港的俄国太平洋舰队，使俄国舰队受到重创。1904年8月7日，俄国舰队迅速突围，遇到日本舰队拦截，俄国舰队的各艘舰艇各自逃命，溃不成军。

伊藤博文（1841—1909 年），日本近代政治家，四次组阁，任内发动了甲午中日战争，将朝鲜变为日本殖民地，使日本登上了东亚头号强国的地位。他最大的贡献是草拟明治宪法和组织两院制议会。1909 年 10 月，伊藤博文在哈尔滨遭朝鲜爱国义士安重根刺杀身亡。

 知识链接：伊藤博文

伊藤博文是日本的第一个内阁首相，第一个枢密院议长，第一个贵族院院长，首任韩国总监，明治宪法之父，立宪政友会创始人。四次组阁，任期长达 7 年，任内发动甲午中日战争，使日本成为东亚头号强国。伊藤博文为了日本的利益，坚决反对日朝合并，主张保留朝鲜王室及政府。

军败局已定，加之国内爆发革命，更是难以为继。日本虽取胜，但也是拼尽国力，精疲力竭。1905 年 9 月 5 日，在美国的调停下，双方签订了《朴次茅斯和约》，日本获得了在朝鲜和中国东北的统治权力。

日本战胜了欧洲强国俄国，从此跻身于世界列强行列，更加增强了其称霸东亚的野心。日俄战争后不久，日本便加紧了吞并朝鲜的活动。

吞并朝鲜

侵占、奴役朝鲜并将其变成殖民地是日本帝国主义长期的扩张侵略目标。20 世纪初期，日本帝国主义加快了吞并朝鲜的进程。1904 年 2 月 23 日，朝鲜被迫与日本签订不平等的《韩日议定书》，其主要内容是：朝鲜承认日本在朝拥有军事行动自由权；日本有权干涉朝鲜内政；未经日本同意，朝鲜不得同第三国签订与前述内容相悖的任何条约。同年 8 月 22 日，日本强迫朝鲜签订了第一个《韩日协约》。协约使朝鲜的财政、外交大权实际上落入日本人之手。

1905 年 11 月 9 日，日本特使伊藤博文赶赴汉城，逼迫朝鲜表态。11 月 18 日，朝鲜被迫签订《日韩保护协约》。1907 年 7 月，日本又迫使朝鲜与之

韩国景福宫，朝鲜半岛历史上最后的统一王朝李氏朝鲜（1392—1910 年）的正王宫，李氏朝鲜社会后期的政治中心。1926 年，日本在景福宫前建造朝鲜总督府。1995 年韩国光复50 周年之际，韩国以"清除日本统治时期象征"为由拆除日本占领时期建筑，原址开始大规模复建景福宫及其附属建筑。

签署了第二个和第三个《韩日协约》（分别又称为《乙巳保护条约》和《丁未七款条约》）。依照条约，朝鲜内政、外交大权均直接由日本人负责，各国外交官员均须从朝鲜撤离，日本在汉城设立"总督府"，等等。

1910 年 8 月 22 日，日本政府迫使朝鲜政府签订《日韩合并条约》。条约的签署标志着日本正式吞并朝鲜，朝鲜最终沦为日本的殖民地。日本帝国主义开始对朝鲜进行了长达 35 年的极为残暴的殖民统治。

阵营分化，势如水火
欧洲两大军事集团形成

欧洲大国纷纷结盟，
达摩克利斯之剑已高悬在欧洲上空。

19世纪末20世纪初，第二次工业革命促使了德国、美国、日本等后起国家的发展，它们与老牌殖民帝国英国、法国、俄国在争夺资源和殖民地上产生了不可调和的矛盾。同时，资本主义国家周期性的经济危机和国内阶级矛盾的尖锐也使各国内部政权统治不稳，于是纷纷扩军备战、寻找同盟，争夺世界霸权。

各国经济政治发展不平衡

19世纪70年代以后，由于资本主义经济、政治发展不平衡，各列强实力发生了重大变化。1870年，英、美、德、法四国工业生产在资本主义世界所占的比重分别是31.8%、23%、13.2%、10%；到1913年，四国所占比重发生了很大变化，

分别为14%、38%、16%、6%，美国由原来的第二位升至第一位，德国由原来的第三位升至第二位，英国则由原来的第一位降至第三位。从1891年至1900年，英、美、德、法四国工业生产的年平均增长速度德国最快；而从1901年至1914年，美国最快，美、德、法三国的工业年平均增长速度都比英国要快。在对外贸易方面，1870年英、美、德、法四国在资本主义世界所占的比重分别为英法居前两位；1913年英国虽然仍保持第一位，但是被德国紧紧赶上。英、德两国在海外市场的竞争十分激烈，英国虽然能够在其他殖民地保持优势，但是在拉丁美洲、中东和远东地区却输给了德国商人。

20世纪初，世界已被瓜分完毕。英国占有的

1914年的殖民帝国

格陵兰
加拿大
美国
英国
法国
西班牙
德国
俄罗斯
中国
日本
印度
澳大利亚

英国	意大利	葡萄牙	比利时
法国	俄罗斯	日本	美国
德国	荷兰	西班牙	丹麦

1914年大英帝国仍然拥有世界上几乎1/4的领土。英国知道，在战争时期它不得不依赖于殖民地的支援。俄罗斯地域辽阔，但是，亚洲的大部分却属于无人地区。欧洲人已经瓜分了非洲。随着战争的不断发展，已经有迹象表明昔日无比辉煌的大英帝国已经日薄西山了。

这幅宣传画描绘了同盟国四个成员国，即奥匈帝国、德国、土耳其、保加利亚。

美国成为世界头号经济大国

进入 20 世纪，美国经济取得更加强劲的发展，工业增长了 1 倍以上。1913 年钢铁产量达到了 3100 多万吨，占世界总产量的 41%。是年，美国工业生产占世界工业生产的 38%，比英、德、法、日四国的总和还多。成为世界头号经济大国的美国开始通过门户开放、大棒政策、金元外交等一系列海外扩张战略，力求控制加勒比海、中南美洲以及太平洋地区。

殖民地面积是俄国的 2 倍、法国的 3 倍、德国的 11 倍。在俾斯麦时代，鉴于德意志帝国初立，故对殖民地的争夺较少参与。后来，国内商人势力兴起，便要求政府争取海外资源和市场。威廉二世即位，俾斯麦被免职后，德皇认为德国殖民地太少，原料产地及商品市场不足，便实行"世界政策"，要求重新划分全球势力范围。这触犯了老牌殖民大国——英国和法国的利益。对于德国经济的强烈竞争和要求重新瓜分殖民地的咄咄逼人的姿态，英国深感恐惧且不能容忍。英德矛盾遂成为帝国主义国家之间的主要矛盾。

1894 年法俄同盟协约签订后的标志性事件是舰队访问。法国舰队到达俄国波罗的海海军基地喀琅施塔得。这张法国纪念卡宣扬法俄两国亲密关系，法俄两个孩子穿着各自国家的海军服手挽手举着旗子，法国孩子举着法国国旗，俄国孩子举着俄国海军旗帜。

同盟对立

帝国主义列强在激烈的竞争中，都在寻找同盟者，以壮大自己的力量并压倒对方，于是在欧洲便逐步形成了对立的两大帝国主义军事集团："三国同盟"和"三国协约"。

普法战争后，德国总理俾斯麦担心法国报复，因此采取结盟政策，以孤立法国。他本来让德意志帝国、奥匈帝国及俄罗斯帝国结成三帝同盟，可是后来在1878年的柏林会议上，俄国因巴尔干半岛问题，与奥匈帝国发生利益冲突。1879年，德国选择与奥匈缔结了秘密的德奥同盟。此外，意大利在与法国争夺北非突尼斯的战争中失败，为了争取支援，意大利跟德国和奥匈帝国结盟，是为"三国同盟"。三国同盟的主角是德国，奥匈帝国是依附德国的伙伴，意大利则是暂时的和动摇的同盟者。

俄国得知德奥两国签订了德奥同盟后，十分不满。但俾斯麦是一个老练的政治家，为了保持与俄国的良好关系，于1887年与俄国签订了《再保险条约》。可是俾斯麦下台后，德皇威廉二世不想维持俾斯麦定下的同盟制度，任由条约终止，而选择只与奥匈帝国为盟。法国向俄国提供资本，助其实现工业化后，在1894年与俄国结下军事同盟，是为法俄同盟。

鉴于法国在埃及、俄国在巴尔干的日益扩张，威胁着英帝国前往远东的贸易航道，英国故在1887年2月12日和意大利达成《地中海协定》，互相保证维持地中海、亚德里亚海及黑海的现状，而意大利则支持英国在埃及的行动。在德国总理俾斯麦的支持下，奥匈及西班牙均加入协定，是为《第一次地中海协定》。同年12月，英、奥、意三国商定共同维持近东现状，对抗俄国对

1881年德国路德维希港巴斯夫化工厂。随着自然科学研究取得重大进展，1870年以后，由此产生的各种新技术、新发明层出不穷，并被应用于各种工业生产领域，人类进入了电气时代。第二次工业革命，使得欧洲各国争夺市场和世界霸权的斗争更加激烈。

知识链接：超级无畏战列舰

20世纪初各海军强国竞相建造的一类先进的主力战舰。其主要特征为：取消以往战列舰上的二级主炮，改装为同一口径和型号的主炮，仅保留用于防御轻型军舰的小口径副炮，以及使用高功率蒸汽轮机做动力，排水量2.5万吨以上。它是现代战列舰的始祖，确立了其后长达35年世界海军战列舰火炮与动力的基本模式。

无畏舰是20世纪初各海军强国竞相建造的一类先进的主力战舰的统称。

土耳其的影响，是为《第二次地中海协定》。不过两次协定没有明确规定英国承担具体的军事义务，故英国并未放弃其"光荣孤立"政策。直至德国海军的日益扩张，威胁了英国的制海权，英国才着手在欧陆寻求盟友。1904年英国终于与法国签订《英法协约》，但此协定并非军事同盟，而是一项解决两国有关殖民地纠纷的协定；相对于德奥同盟或法俄同盟，英法之间的合作无疑是较为松散。不过在第一次摩洛哥危机中，此协定充分反映了英法坚定的合作伙伴关系。受到法国鼓励，英俄双方终于在1907年结束其殖民地纠纷，签订了《英俄条约》。同年，法国、英国和俄国感受到德国在土耳其扩张的威胁，是以组成三国协约。欧洲从此分为两大阵营，因此只要有任何风吹草动，都有演变为世界大战的可能。

扩军备战，剑拔弩张

两大军事集团在战前进行了激烈的军备竞赛。各国的军备开支都十分庞大。以1913年为例，德国的军备开支已达21亿马克，法国的军备开支13亿马克，英国的军备开支15亿马克，俄国的军备开支20亿马克，奥地利的军备开支7.2亿马克。

德国于1900年制定海军法，将海军规模大加扩充。英国为保持海上力量优势以维护安全，在1905年开始建造无畏舰，并在1907年德国开始建造无畏舰时采取以二对一海军政策，即保持自身无畏舰数为德方之2倍以相应付。在第二次摩洛哥危机后，更连同法俄两国实施三国海军联防，即英国在北海、法国在地中海、俄国在波罗的海分别对付德奥两国海军。

在陆军方面，1880—1913年，德国常备军由42万人扩充至87万人，法国则由50万人扩充至80万人，俄国也准备将常备军由80万人增加到230万人，最后虽未达标，唯其陆军已有140万人，乃全欧之冠，不过其素质甚为低下，无法和德法两国之陆军相比；奥匈的军队由27万人扩张至80万人，意大利的军队由20万人扩张至35万人，而奥意两国的陆军素质皆不及德、法，最后美国也响应欧洲紧张局势将军队人数由3.4万人扩张至16万人。

挑战"海上霸权"
两次摩洛哥危机

争夺地中海门户，
德国挑战英国海权地位。

摩洛哥北临地中海，西接大西洋，扼守着大西洋进入地中海的门户直布罗陀海峡，具有极其重要的战略地位，是欧洲列强争夺的要地。1905年和1911年爆发的两次摩洛哥危机，是德国挑战英法殖民利益的外交危机，几乎使英法与德国发生战争。

第一次摩洛哥危机

第一次摩洛哥危机又称为丹吉尔危机，发生在1905年3月至1906年5月。德皇威廉二世于1905年3月31日访问摩洛哥的丹吉尔，表示支持摩洛哥独立，公然挑战法国在摩洛哥的影响力，从而引发了这次危机。1904年，英国与法国达成协定，

丹吉尔港（Tangier）。摩洛哥的重要港口丹吉尔扼大西洋进入地中海的门户直布罗陀海峡，具有重要战略地位，成为欧洲国家争夺的要地。进入20世纪以来，法国迅速向摩洛哥扩张势力，并同西班牙划分在摩洛哥的势力范围，与德国发生冲突，导致两次国际危机。

法国承认不干涉英国在埃及的行动，英国则承认摩洛哥是法国的势力范围。1905年2月，法国要求摩洛哥苏丹在法国的监督下进行改革，企图使摩洛哥成为法国的"保护国"。此举令德国的利益受损，故威廉二世以此外交途径挑战法国。于是，威廉二世想邀请欧洲各国举行会议，企图借此摸清三国协约的实力。

德皇的言论令法国民众普遍震怒。在得到英国的支持下，法国外长泰奥菲勒·德尔卡塞（Theophile Delcasse，1852—1923年）提倡在摩洛哥设立一个保护国，并促请政府采取强硬立场；但法国恐怕德国会开战，所以反对他、迫使他下台。危机在6月达到高峰，德尔卡塞下台后，由温和派法国总理莫里斯·鲁维埃（Maurice Rouvier，1842—1911年）兼任外长。7月时，德国已受到孤立，所以法国同意以和平方法解决问题。然而，法德之间仍然剑拔弩张，德国在12月调动后备军队，而法国也在1906年1月派兵到与德国接壤的边境。

为解决上述纠纷，1906年1月16日至4月7日在西班牙举行会议。在13个与会国当中，只有奥匈帝国支持德国；法国得到英国、俄国、意大利、西班牙与美国的支持。最后，德国在5月31日接受一项协定：法国撤回部分对摩洛哥实施的管制，但依然控制部分重要地方，并与西班牙保持对摩洛哥的警察控制权。

阿加迪尔是摩洛哥西南部港口城市，临大西洋。第二次摩洛哥危机又称阿加迪尔事件，是德国威廉二世挑衅而引起的国际危机。1911 年 7 月到 11 月，德国派炮舰"豹号"向法国提出领土要求。"炮舰外交"一词即由此而来。

虽然会议暂时解决了摩洛哥问题，然而由于德国的不满，又引起了 1911 年的第二次摩洛哥危机。

第二次摩洛哥危机

第二次摩洛哥危机又称为阿加迪尔危机。随着法国在摩洛哥势力的日益扩大，引起了当地人民的强烈抵抗。1911 年春，摩洛哥古城非斯爆发反对苏丹和法国侵略者的人民起义，当年 5 月，法国以保护侨民为由，趁机占领了非斯及其他城市，1912 年宣布摩洛哥为其保护国。德国认为法国侵犯了自己在摩洛哥的殖民利益，德国向法国提出德国在摩洛哥海岸的大西洋沿海地段一个港口及其腹地拥有巨大的利益。当年 7 月 1 日，德国派出"豹号"战舰到摩洛哥港口阿加迪尔，宣示德国在摩洛哥的利益。

当法国发现德国军舰到达阿加迪尔后，误以为德国想把该港转为德军在大西洋的军港。结果，双方关系更为紧张，而英国则根据英法协约倾向支持法国。

7 月 9 日，法德两国开始谈判，最后在 11 月 4 日达成协议。在英法的联合施压下，德国承认法国在摩洛哥的地位，并把喀麦隆北部部分领土

知识链接：直布罗陀

直布罗陀是欧洲目前唯一的一块殖民地，至今主权问题仍未明确。直布罗陀是欧洲伊比利亚半岛南端的城市和港口。在直布罗陀海峡东端的北岸，扼大西洋和地中海交通咽喉，南对西班牙的北非属地休达市，战略地位十分重要。直布罗陀海峡长 90 公里，宽 12—43 公里，是大西洋和地中海之间唯一的海上通道。

让与法国（今乍得南部）；法国则把法属赤道非洲辖下的刚果中南部（今刚果共和国北部）及邻近地区转让给德国，以作赔偿。得到德国的同意后，法国于 1912 年 3 月 30 日把摩洛哥正式转为其殖民地。

英国在危机时支持法国，强化了英法协约以及三国协约的紧密关系。由于它们对德国的扩张更为敏感，所以"三国协约"渐渐从殖民地协定变为军事联盟。

1911 年，第二次摩洛哥危机期间。法德各自派出了自己的军队，德国战舰到达摩洛哥港口阿加迪尔，法国炮兵到达摩洛哥首都拉巴特（1912 年兴建新城，并成为首都至今）。图为法国军队卸载大炮上岸。

西亚病夫
奥斯曼帝国

它曾经是辉煌的地跨欧亚非的帝国，20世纪初却沦为"西亚病夫"，任人宰割。

奥斯曼帝国，是土耳其人建立的一个帝国，创立者为奥斯曼一世（Osman I，1258—1326年），定国教为伊斯兰教，帝国极盛时地跨欧亚非三大洲。到了20世纪初，帝国没落，沦为殖民地，被西方的殖民者称为"西亚病夫"。

自救失败，江河日下

自消灭东罗马帝国后，奥斯曼帝国就定都于君士坦丁堡，改名伊斯坦布尔，且以东罗马帝国的继承人自居，故奥斯曼帝国君主苏丹视自己为天下之主。奥斯曼帝国同时位处东西文明交汇处，并掌握东西文明的陆上交通线达6个世纪之久。但奥斯曼帝国于17世纪趋于衰落，在与俄国、奥地利、英国等西方强国的作战中败下阵来。

国势日衰的奥斯曼帝国也曾试图进行改革，建立君主立宪制政府，虽几经折腾，但改革收益

意大利王国与奥斯曼帝国的战争。1911年9月28日，意大利政府以其在的黎波里和昔兰尼加的利益受到侵犯为借口，要求土耳其同意其进驻的黎波里，遭拒绝，于是在次日向土耳其宣战，其后土耳其战败，双方签订了《洛桑条约》。条约使得意大利得到了北非的的黎波里及昔兰尼加的领土。

帝国守夜人阿卜杜勒·哈米德二世（1842—1918年）从1876年至1909年为奥斯曼帝国的苏丹，他反对西方国家干涉内政，但收效甚微。

甚微。一度称霸欧洲的奥斯曼帝国，到19世纪上半期迅速衰落，中央政权不断削弱，被其长期统治的地区处于四分五裂的状态之中，已成为昔日帝国的"遗产"，这为觊觎帝国已久的欧洲列强打开了争夺的方便之门。尽管欧洲列强都企图利用奥斯曼帝国的衰落为自己攫取更多的利益，但是它们都清楚，一旦奥斯曼帝国崩溃，谁都没有足够的力量拿到全部遗产。由于列强特别是英俄两国在奥斯曼帝国的利益难以相容，无法就瓜分帝国遗产达成一致。所以保持奥斯曼的存在并使有关大国在进攻的势力上保持一定程度的平衡，便成为它们都能接受的权宜之计。

沦为列强的"盘中餐"

进入 20 世纪初，面对奄奄一息的奥斯曼帝国这块肥肉，意大利首先下手了。意大利向奥斯曼帝国在非洲的最后一块土地——利比亚提出了领土要求。1911 年 7 月发生的摩洛哥危机为意大利的进攻提供了有利的时机。1911 年 9 月 28 日，意大利政府以其在的黎波里和昔兰尼加的利益受到侵犯为借口，向土耳其发出最后通牒，要求土耳其政府同意其进驻的黎波里，但却遭到拒绝，于是在次日向土耳其宣战。意大利 2 万多人的部队分别于 10 月 1 日和 10 月 12 日两次登陆的黎波里，但是遭到了 4000 多人的土耳其部队，特别是柏柏尔骑兵的猛烈抵抗。登陆本格哈兹时，双方发生了激烈的战斗，600 多名意大利士兵战死。入侵的意大利部队迅速增加到 10 万人，与 2 万名利比亚人和 8000 多名土耳其人作战。10 月 29 日，意大利海军开始炮击土耳其伊庇鲁斯地区海岸城市普雷韦扎，并击沉了数艘土耳其鱼雷艇。11 月 5 日，意大利海军登陆占领了的黎波里和图卜鲁格。11 日，意军进驻的黎波里，并在胡姆斯、德尔那和班加西登陆，至月底占领利比亚重要的海滨城市，但是遭到了阿拉

伯部落部队和来自埃及、突尼斯等地阿拉伯志愿军的有力抵抗，向腹地的进攻推进缓慢。战争到了第二年的 10 月，迫于巴尔干地区战争的威胁，奥斯曼帝国与意大利在瑞士洛桑签订了合约，将利比亚割让给意大利，同时割让多德卡尼斯群岛和罗德岛。

趁意土战争之际，巴尔干地区同盟向奥斯曼帝国宣战，经过两次巴尔干战争，除了色雷斯和埃迪尔内，奥斯曼帝国丧失了在欧洲的全部领土。1914 年 10 月，德国送给土耳其的战舰"戈本号"突然袭击了俄国在黑海的港口塞瓦斯托波尔和敖德萨，揭开了土耳其参战的序幕，土耳其最终倒向了同盟国。

的黎波里建城已有 3000 年，历经劫难。罗马人、汪达尔人、拜占庭人、阿拉伯人、西班牙人、土耳其人、意大利人和英国人先后占领的黎波里，在这里留下了众多风格各异的古建筑和文化遗存。它们同现代化的建筑物和生活设施融合，的黎波里成为一座"跳动着古老心脏的现代城市"。

欧洲火药桶
动荡的巴尔干

相互仇视的民族混杂在一起，大国势力激烈角逐造就了巴尔干半岛的动荡。

巴尔干半岛处于欧洲的东南部，地处欧、亚、非三大洲的汇合处，既控制着地中海和黑海的门户，也控制着通往印度洋的航路，战略地位十分重要，而且有着丰富的自然资源，自古以来就是强国必争之地。19世纪以来，民族矛盾以及大国干涉交织在巴尔干地区，斗争非常激烈，使其有了"欧洲火药桶"之称。

盘根错节的民族问题

在漫长的历史长河中，众多民族、各种文化在巴尔干地区冲突、交融，形成了历史上极其复杂的民族和宗教问题。自14世纪以来，这一地区一直处于奥斯曼帝国殖民统治和奴役之下。在奥斯曼帝国长达500年的残酷统治中，巴尔干各国人民进行了英勇的斗争。进入19世纪后，奥斯曼帝国衰落成为"西亚病夫"，逐渐失去了对帝国的

控制力。巴尔干半岛各省一个接一个地宣布民族自治，或者脱离土耳其独立：1817年塞尔维亚取得自治权；1829年瓦拉几亚与摩尔达维亚也争取到地方自治权；1832年希腊独立；1878年塞尔维亚完全独立，而瓦拉几亚与摩尔达维亚也在同一年独立；保加利亚则于1878年取得自治权，并于1908年独立。尽管如此，在20世纪初，包括阿尔巴尼亚、马其顿、色雷斯、克里特、爱琴海诸岛等，巴尔干地区仍有很大一部分领土处于奥斯曼帝国的控制下。随着奥斯曼帝国的日益衰落，其统治下的巴尔干半岛，逐步成为各国瓜分的重要目标。

各国的独立，使巴尔干半岛变得极不稳定。它的两个邻近的帝国——奥匈帝国和俄国——无法置身事外，都希望在瓦解的奥斯曼帝国取得新的附属国、新的贸易伙伴甚至新的领土，这就使得它们经常爆发冲突，互不相让，在巴尔干半岛展开了长达40年的明争暗斗。以德国为首的其他列强，则利用"利益均沾"的方式卷入这场地区冲突。1911年意大利为了得到奥斯曼帝国控制的利比亚，发动了意土战争。奥斯曼帝国在面对意大利的挑战时，充分暴露了它在军事上的软弱无力。同时，巴尔干国家也意识到，在分割奥斯曼帝国在巴尔干的领土方面，又多了意大利这个竞争者，于是他们开始寻求结盟。俄国也担心巴尔干地区被别

乔治·戈登·拜伦（1788—1824年），他不仅是一位伟大的英国诗人，还是一个为理想战斗一生的勇士，参加了希腊民族解放运动。1824年病逝。他的去世使希腊人民深感悲痛，希腊的独立政府宣布拜伦之死为国丧，全国哀悼三天。

1878 年柏林会议，欧洲强国希望重建巴尔干半岛秩序的会议，与会国家签订了《柏林条约》。罗马尼亚、塞尔维亚与黑山获得独立；保加利亚得到自治；波斯尼亚和黑塞哥维那划归奥地利管理。

的列强抢占，便竭力促使巴尔干地区的斯拉夫国家结盟。1912 年 3 月至 8 月，保加利亚、塞尔维亚、希腊、门的内哥罗结成反对奥斯曼帝国的巴尔干同盟。

独立小国背后的大国角力

20 世纪初，欧洲各列强之间以及列强和殖民地之间矛盾不断加深，斗争愈演愈烈。由于各列强在巴尔干地区有着重要利益之争，所以巴尔干各国背后，都有大国的插手和较量。其中，以俄国和奥匈帝国最为突出。俄国自 15 世纪以来就一直打着解放斯拉夫人的旗号，在巴尔干地区争夺势力范围。19 世纪中期，奥匈帝国也开始将巴尔干的西北部地区纳入自己的统治之下。1878 年的柏林会议削减了俄国的新附属国保加利亚的领土，奥匈帝国得到了对塞尔维亚王国拥有强大的间接影响力，以及管理半自治的波斯尼亚与黑塞哥维那的权力，而这些地区又正是塞尔维亚想要的。由于错综复杂的历史原因，巴尔干地区的历史遗留问题难以解决，特别是领土问题，各个民族都想建立单一的民

 知识链接：波斯尼亚危机

1908 年 10 月 7 日，奥匈帝国以保护侨民为理由派兵吞并了原由其托管的波斯尼亚和黑塞哥维那，这激起了想获得波黑（因有较多塞尔维亚人）的塞尔维亚的强烈反奥情绪。塞尔维亚政府宣布战争动员，并向俄国求援。由于德国出面进行了干涉，塞尔维亚政府在俄国的劝告下屈服承认。

族国家，扩大自己的领土范围。1912 年，趁着意土战争之际，在沙皇俄国的支持下，黑山率先对奥斯曼帝国采取军事行动，巴尔干同盟的其他国家也随后向奥斯曼帝国宣战，从而爆发了第一次巴尔干战争。

波斯尼亚危机。1908 年，奥匈帝国吞并了奥斯曼帝国遗产波斯尼亚和黑塞哥维那，引发奥匈帝国与塞尔维亚冲突。塞尔维亚一直都希望取得波黑作出海口，但奥匈帝国的单方面行动令塞国梦碎。此事件种下两次巴尔干半岛战争的祸根。

一战的火种
两次巴尔干战争

没有人会对欧洲东南角爆发战乱感到奇怪，也没有人会对塞尔维亚是动乱的中心感到意外。

　　独立后的巴尔干国家都想建立民族国家，同时扩大领土范围，在俄国、奥匈帝国等外部列强的干涉下，巴尔干国家和奥斯曼帝国之间、巴尔干各国之间爆发了激烈的战争。经过两次巴尔干战争，处于不同利益和命运格局下的巴尔干各国分道扬镳，分别加入了同盟国和协约国这两个敌对阵营，并为即将爆发的第一次世界大战提供了火种。

第一次巴尔干战争

　　1912年趁意土战争之际，巴尔干同盟向奥斯曼帝国提出了给予马其顿和色雷斯自治权的要求，遭到了拒绝，巴尔干同盟以此为借口发动了针对奥斯曼帝国的第一次巴尔干战争。

　　在民族解放旗号的鼓舞下，巴尔干同盟军节节胜利，奥斯曼帝国被打得狼狈不堪，处境危险。巴尔干同盟军一连串的军事胜利并不符合一些大国的

第一次巴尔干战争，保加利亚国王斐迪南踏过被缴获的奥斯曼帝国旗帜。巴尔干同盟总兵力达到75万人，超过了奥斯曼帝国。战争结果是奥斯曼帝国几乎丧失了在欧洲的全部领土。

利益，俄国在支持巴尔干国家的同时，又担心保加利亚进抵伊斯坦布尔不利于自己解决黑海海峡问题；德国和奥匈帝国认为塞尔维亚和希腊是站在协约国一方，因此不希望它们强大，把奥斯曼帝国看作潜在的盟邦，因此竭力防止奥斯曼帝国覆灭。

　　在各大国的压力下，1912年底巴尔干同盟与奥斯曼帝国签订停战协定，在伦敦召开和谈会议。在会议上，协约国支持巴尔干同盟，同盟国支持奥斯曼帝国。1913年5月，巴尔干同盟与奥斯曼帝国签订合约，同盟四国取得了大片领土，奥斯曼帝国几乎丧失了全部欧洲领土，仅保存了伊斯坦布尔及海峡北面的狭小地区。通过第一次巴尔干战争，巴尔干半岛各民族终于摆脱了奥斯曼帝国的统治。

克罗地亚人
阿尔巴尼亚人
保加利亚人
库尔德人

奥斯曼帝国统治区域的族群。数百年以来，巴尔干地区的大多数国家都处于奥斯曼帝国统治之下，但是这些国家又拥有不同的民族、文化和语言，因此造成冲突。

巴尔干半岛战争频仍，城堡和防御工事仍然历历在目。图为贝尔格莱德城堡。

中华民国成立

1911 年爆发了推翻清朝统治的辛亥革命，1912 年元旦孙中山在南京就任中华民国临时大总统，具有资产阶级共和国性质的南京临时政府成立。1912 年 2 月 12 日，溥仪宣告退位。至此，中国两千多年的帝制历史终结。在袁世凯的威逼下，南北双方进行和谈，最终袁世凯在北京就任临时大总统。中国进入北洋政府的统治时期。

第二次巴尔干战争

《伦敦和约》的签订，虽然结束了第一次巴尔干战争，但却加深了巴尔干同盟各国之间的矛盾，在对战果的分配问题上发生了严重分歧。在协约国集团支持下，希腊、罗马尼亚和黑山与塞尔维亚缔结了反保同盟。在奥匈帝国和德国的唆使下，保加利亚在 1913 年 6 月 29 日向在马其顿的塞、希两国军队发起进攻，挑起了第二次巴尔干战争。

对于保加利亚的先发制人，塞尔维亚、希腊和黑山三国早有准备，很快便动员了 60 万军队，全力应战。紧接着罗马尼亚趁机向其宣战，奥斯曼帝国也卷土重来，出兵东色雷斯，保加利亚很快战败。奥匈帝国曾准备进攻塞尔维亚，来援助保加利亚，但是德国鉴于发动一场世界大战的军事准备尚未完成，拒绝支持奥匈帝国的军事行动。保加利亚孤立无援，只好求和。1913 年 8 月，交战双方在罗马尼亚首都布加勒斯特签订和约，保加利亚被迫同意马其顿由塞尔维亚、希腊两国瓜分。保加利亚只保留了马其顿的一小部分。南多布罗加则划给罗马尼亚。9 月 29 日签订了保土和约，亚得里亚堡划归土耳其。

第二次巴尔干战争的结果是巴尔干半岛力量的重新改组，巴尔干各国事实上分成两个集团：一方是塞尔维亚、希腊和罗马尼亚，站在其背后的是俄国；另一方是保加利亚和奥斯曼帝国，站在其背后的是奥匈帝国，奥匈帝国的背后是德国。获胜的塞尔维亚势力和威信大增，波斯尼亚和黑塞哥维那两地的人民因要求摆脱奥匈帝国的统治而与塞尔维亚合并，这就使奥匈帝国对塞尔维亚更加恐惧和仇视，决心吞并塞尔维亚。奥塞的冲突必然引起奥俄的冲突，并最终引起同盟国与协约国的冲突。一年后，奥匈帝国皇储斐迪南大公在萨拉热窝被刺，直接引发了第一次世界大战。

1913 年，保加利亚、罗马尼亚、塞尔维亚、黑山、希腊的代表们共同签署了《布加勒斯特和约》，第二次巴尔干战争结束。

一战导火索
萨拉热窝事件

山雨欲来风满楼的欧洲，
萨拉热窝事件的发生成为导火索。

巴尔干战争胜利后，塞尔维亚民族解放运动日益高涨，被奥匈占领的波斯尼亚和黑塞哥维那，企图摆脱帝国的控制，同塞尔维亚合并组成南斯拉夫，塞尔维亚和奥匈帝国的敌对情绪日益高涨，同时奥匈帝国背后的德国和塞尔维亚背后的俄国也摩拳擦掌，此时的巴尔干半岛俨然一个随时都会爆炸的火药库，而 1914 年刺杀奥匈皇储斐迪南大公的事件，成为点燃这个火药库的火星，更是引爆欧洲两大对立集团的导火索。

斐迪南大公遇刺

1914 年，奥匈帝国皇储弗朗茨·斐迪南大公参加指挥一次军事演习，演习在奥匈帝国控制的波斯尼亚举行，时间选定在 6 月 28 日，因为历史上这一天是塞尔维亚被土耳其征服的日子（1386 年 6 月 28 日），是塞尔维亚人民的国耻日，而且奥匈帝国这次演习还以塞尔维亚为假想敌，出动了两个兵团，斐迪南夫妇决定亲自前往萨拉热窝巡视。奥

匈帝国此举极大地刺激了塞尔维亚人民的民族情感。塞尔维亚的一个秘密组织"黑手社"派出了多名杀手，埋伏在萨拉热窝市内，准备行刺。演习结束后，斐迪南夫妇乘坐敞篷汽车进入市区，一个刺客向汽车扔了一个炸弹，但仅仅擦伤了斐迪南。当斐迪南夫妇的汽车行驶到一个拐角处时，另一个秘密组织成员，年仅 17 岁的普林西普立刻冲上前去，向斐迪南夫妇开枪射击。结果斐迪南夫妇双双毙命，普林西普被捕。这就是著名的"萨拉热窝事件"。

奥匈帝国向塞尔维亚宣战

瓜分塞尔维亚，甚至全部吞并塞尔维亚，粉碎"大塞尔维亚主义"是奥匈帝国的既定国策，奥匈帝国决定利用萨拉热窝事件对塞尔维亚采取行动。德皇威廉二世于 1914 年 7 月 5 日向奥匈大使保证，趁俄国尚未做好战事准备，德国决心一战，对塞尔维亚的军事行动不应再有延迟了。在得到德国的支持下，奥匈帝国决心利用此次事件把战争强加给塞尔维亚。7 月 23 日下午 6 时，奥匈政府向塞尔维亚发出最后通牒：立即审判参与萨拉热窝阴谋的活动者，并由奥匈帝国派出官员一同会审；取缔一切反奥宣传活动和组织，开除赞助反奥的学校教师，清洗反奥的官员，这些官员名单由奥国提供；允许奥匈帝国派人员协助塞尔维亚

弗朗茨·斐迪南大公夫妇。弗朗茨·斐迪南大公是奥匈帝国皇储，他主张通过兼并塞尔维亚王国将奥匈帝国由奥地利、匈牙利组成的二元帝国扩展为由奥地利、匈牙利与南斯拉夫组成的三元帝国。

图为普林西普袭击斐迪南大公夫妇。萨拉热窝事件导致 7 月 28 日奥匈帝国向塞尔维亚宣战，成为第一次世界大战的导火线。

政府镇压反奥运动，塞尔维亚政府须在政府公报中发布宣言和对军队的文告，表示反对有碍奥匈领土完整的一切宣传与行动，违者无论任何官民或者团体，一律严惩。最后限令 48 小时，即 25 日下午 6 时前给予满意的答复。

奥匈帝国的最后通牒把谋杀事件的责任强加在塞尔维亚政府身上，是没有根据的。最后通牒更是任何一个主权国家都难以接受的。塞尔维亚政府采取了克制的态度，25 日下午 6 时前塞首相亲赴奥匈使馆面交复照。除了某些保留外，塞政府几乎全部接受了奥匈的要求，只有奥匈官员一同会审谋杀案一项被认为违反了塞尔维亚的宪法被拒绝。但是奥匈帝国坚称没有得到满意答复，拒绝和平解决和所有调停，于 7 月 28 日向塞尔维亚宣战。7 月 30 日，奥匈帝国开始炮击塞尔维亚首都贝尔格莱德，

知识链接：黑手社

黑手社 1911 年成立于贝尔格莱德，其目的是实现"团结所有的塞尔维亚人"。它规定："该组织宁愿采取恐怖行动也不愿进行理性宣传，因此必须对非组织成员绝对保密。"该组织吸收新成员非常神秘，在一个阴暗的房间里面对一张小桌子进行；房间里只点一根蜡烛，桌子上铺一块黑布，上面放着一个十字架，一把匕首和一支左轮手枪。

并把它的军队开进了塞尔维亚境内。与此同时，德国警告俄国，如果俄国动用军队支持塞尔维亚，德国将会不惜一战。当时的各国都未曾认识到，奥匈帝国和塞尔维亚之间的危机最终引发了第一次世界大战。

哈布斯堡王朝的奥地利与德国巴伐利亚有着长期的历史和文化纽带，奥匈帝国向塞尔维亚宣战后，得到德国巴伐利亚州的声援。在德国慕尼黑声援奥匈帝国宣战的集会上，希特勒也在人群中。

第 52—53 页：萨拉热窝

波斯尼亚和黑塞哥维那的首都和经济、文化中心。民族矛盾和历史问题使它在整个 20 世纪数次成为冲突的旋涡。

战争还是和平
各国的抉择

与其在无休止的恐惧中度过，不如在战场上决一雌雄，即使结局是悲剧的。

萨拉热窝事件不仅是奥匈帝国和塞尔维亚之间的危机，更牵动着欧洲同盟国和协约国这两大对立集团的神经，随着1914年7月28日奥匈帝国向塞尔维亚正式宣战，整个欧洲进入了拐角。是走向台前全面开战，还是躲在幕后斡旋和谈，最终德、英、俄、法等列强还是选择了在战场上一决雌雄。

大国战争动员

奥匈帝国对塞尔维亚宣战，严重地损害了俄国在巴尔干半岛的利益，它不能容忍奥匈帝国通过战争吞并塞尔维亚，于是在7月30日，俄国开始全国总动员，增加90万名现役兵力，同时征召400万名后备兵力，俄国本意是想借此威吓德奥，阻止大战的爆发。与俄国宣布总动员的同一天，法国也开始了军事动员，但法国不愿承担首先发起进攻的责任，反而命令边防军队后撤10公里避免与德国发生冲突，使德国无所借口。

德国曾希望奥塞战争可以维持局部化，就如同另一次巴尔干战争，但是面对法俄的武力威胁，德国选择了以硬碰硬，决心一战。7月31日，它向法俄两国同时发出最后通牒。要求俄国停止动员，限12小时内答复。遭到俄国拒绝后，德国立即于8月1日中午向俄国宣战。给法国的最后通牒要求法国作出在德俄战争中保持中立的承诺，法国的答复是："法国将根据本国利益采取行动。"8月1日下午4时3刻，法国宣布实行总动员，下

午5时整德国也实行总动员。德国人不具有对法国发动战争的充足理由，尚需捏造法国人入侵德国领土的谣言，所以迟至8月3日下午6时1刻才向法国宣战。

全面开战

英德之间的谈判时间略长一些，也比法、俄参战晚一两天。萨拉热窝事件后，德国希望英国保持中立，法俄则力促英国进行干预。但是直到7月底，英国内阁还对是否参战争论不休。英国外交大臣格雷曾向德国大使表示要尽一切办法阻止大国之间发生战争，保证与法俄没有任何同盟义务关系。7月26日，格雷还提议在伦敦举行英、法、德、俄四国会议，讨论维护和平的方法。英国的这些举动，使德国误认为英国会在战争中保持中立，遵循英国一直奉行的"光荣孤立"外交政策。但奥匈帝国向塞尔维亚宣战后，英国政府

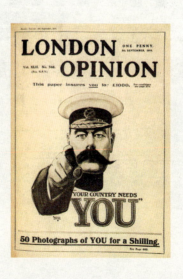

1914年9月，英国陆军元帅基钦纳勋爵现身在征兵招募海报上，他的名言"你的国家需要你"。

一个美国新兵正在填表，领取军装。1917 年 5 月，美国启用征兵制。

知识链接："欧洲的神秘人"

巴希尔·扎哈罗夫是第一次世界大战前后欧洲最著名的军火商，希腊族人，出生在土耳其。他向俄国贩卖大批军火，后加入法国籍，在很多法国人视他为同胞时，他却是英国军火公司的代理人，英国授予他大十字勋章和巴斯骑士称号。希腊与土耳其战争时，他支持希腊扩张，希腊惨败后巴希尔·扎哈罗夫退出公众视野。

奥匈宣战。由于英国的参战，帝国所属各个自治领（南非联邦、澳大利亚、新西兰等）也加入了战争。至此，第一次世界大战全面爆发。

的态度发生了变化。格雷于 29 日会见德国大使，说只要冲突仅限于俄奥之间，英国就可以站在一边。但是如果德国与法国也要牵涉进去，英国政府会在一定条件下迫不得已采取紧急决定。英国态度的变化让德国大为震惊。8 月 2 日，格雷向法国提出保证，英国将根据 1912 年《英法海军协定》保护法国北部海岸。同日下午 7 时，德国向中立国比利时提出最后通牒，要求比利时同意德国过境借道攻击法国。比利时予以拒绝，并向英国求救。8 月 4 日，德军入侵比利时的消息传来，格雷立刻向德国发出最后通牒，要求德国保证尊重比利时的中立，限于当夜 11 时答复。绝对不允许任何国家控制低地国家，一向是英国国策的一个基本原则。更何况，德国与英国相斗已久，英国迫切需要遏制德国扩充海军和重新划分殖民地的野心。在遭到德国的拒绝后，英国政府立即宣布，从 8 月 4 日夜 11 时起，对德国进入战争状态。8 月 6 日，奥匈向俄国宣战。8 月 12 日，英国向

德国步兵（左）戴着老式的尖顶钢盔。1916 年，更换为一种圆形钢盔。法国步兵（右）的武器是配有刺刀的标准化勒贝尔步枪。

弱肉强食
帝国主义间的不义之战

不管各国如何标榜自己，
也无法掩盖它们弱肉强食、瓜分世界的
不义之举。

第一次世界大战是一场帝国主义战争，对交战双方来说都是非正义的战争。尽管塞尔维亚是为了保卫自己的主权和独立而战，它所从事的战争具有正义的民族解放战争性质，但这并不能从根本上改变整个战争的非正义性。

虚伪的舆论宣传

尽管大战爆发后，交战各国的政府及拥护战争的政党纷纷发表声明，鼓吹本国进行的战争是保家卫国的正义战争，而谴责对方战争的侵略性质。但是从它们各自的战争目的就可以看出它们真实的想法。德国的目的是实现世界霸权，它企图建立一个从北海、波罗的海到亚得里亚海，从柏林到巴格达的"大德意志帝国"，这个帝国的核心部分

是一个"中欧帝国"，即把德国的国土在西部扩展到比利时和法国的部分领土，在东部扩展到波兰全境。德国还要摧毁英国的海上垄断，夺取英法的海外殖民地。奥匈帝国的目的是奴役巴尔干，使塞尔维亚沦为附属国，巩固民族矛盾异常尖锐、摇摇欲坠的帝国。英国的目的是保住世界霸主地位，打败最大的竞争对手德国，瓜分德国的殖民地，并在近东肢解奥斯曼帝国，夺取美索不达米亚和巴勒斯坦等地区。法国的目的是收复阿尔萨斯和洛林两省，进而夺取德国的萨尔区，用德国的煤炭补充洛林的铁，总之要打垮德国，重新树立法国在欧洲大陆的霸主地位。俄国的目的是摧毁德奥在土耳其和巴尔干的势力，确立自己在这一地区的统治，建立一个从易北河到中国，从亚得里亚海到北冰洋的"大斯拉夫帝国"。日本的参战是为了夺取德国在太平洋上的属地和德国在中国山东的权益，并进一步侵略中国。意大利则要瓜分北非沿岸的突尼斯、的黎波里和昔兰尼加，占领的里亚斯特和阿尔巴尼亚等地区，在地中海建立霸权。

秘密协定，坐地分赃

战争期间，各列强之间签订了一系列的秘密协定，来划分各自的势力范围。1915年3月，英、法、俄签订了瓜分土耳其领土的第一个秘密协定，英国把君士坦丁堡、博斯普鲁斯和达达尼

参战各国都举行集会和宣传来进行战争动员。在德国弥漫着渴望战争的气氛，年轻人甚至高呼"男人的时代来临了"。

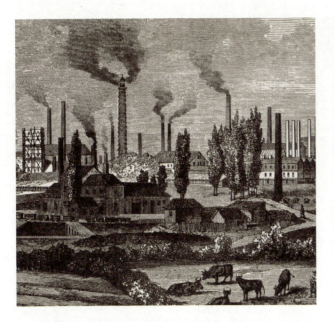

鲁尔地区的埃森是德国的工业中心，那里的工厂生产了德国制造武器所需要的钢铁。

灭亡中国的《二十一条》

日本帝国主义趁第一次世界大战期间欧美各国无暇东顾的时机，企图独霸中国。1915 年 1 月 18 日，日本以帮助袁世凯称帝为条件，递交了二十一条要求，企图把中国的领土、政治、军事及财政等都置于日本的完全控制之下，后经中日协商，对《二十一条》进行部分修改，最终袁世凯被迫签订不平等的《民四条约》。

尔海峡两岸的大片土地，以及这两个海峡之间的马尔马拉海中的岛屿归与俄国，但是君士坦丁堡开辟为自由港，并保证商船在海峡的自由通行。1915 年 4 月的伦敦密约，以牺牲奥地利和土耳其的领土，换取了意大利加入协约国参战。1916 年 4 月签订的《赛克斯-皮科协定》，把美索不达米亚和巴勒斯坦划入英国的势力范围；亚美尼亚和库尔德斯坦划入俄国的势力范围。同年，英法还签订了瓜分土耳其所属阿拉伯地区领土的协

定。1916 年 8 月，协约国与罗马尼亚签订了《布加勒斯特条约》，允许罗马尼亚占领匈牙利的领土作为参战的条件。1917 年 2 月和 3 月的法俄密约，规定法国除阿尔萨斯和洛林外，还要把边界扩展到包括萨尔煤矿区在内的"昔日洛林公国的疆界"；俄国则获得完全自由地确定其西部边界的全权。此外，英日之间在 1917 年 2 月也签有密约，日本同意赤道以南的德属太平洋岛屿在战后归属英国，英国则同意赤道以北的德属岛屿归属日本，并承认日本有权继承德国在中国山东享有的特权。

1703 年，彼得大帝首先在涅瓦河三角洲上建圣彼得堡。1712 年，俄国将首都从莫斯科迁到圣彼得堡。圣彼得堡成为都城的深意是俄国沙皇们向西方文明看齐，同时领土扩张和势力范围也进入欧洲的争夺中。

一个无法完成的神话
施里芬计划

施里芬计划就像准确的火车时刻表，一招出错就会满盘皆输。

阿尔弗雷德·冯·施里芬（Alfred von Schlieffen, 1833—1913年）在第一次世界大战中是一个奇怪的角色，他在任德国总参谋长期间没有经历大的战争，一战爆发时他已经去世，但他却对整个大战的进程产生了巨大的影响，甚至影响到后来的二战。

居安思危，谋划战争

德国地处欧洲中心，列强环绕，战略上处于不利地位，一旦战争爆发，德国无法避免地要处于两面受敌的状况。为了适应这种战况，德国参谋总部殚精竭虑地制定了相应的作战计划。在1890年的两线作战计划中，老毛奇（1800—1891年）打算"先东后西"，对法国采取守势，急速击败迟缓的俄国，然后再反击法国。但是继任参谋总长的施里芬把作战的顺序整个改变了，制定了"先西后东"的战略。

施里芬的战略调整还是较为明智的，因为老毛奇"先东后西"的战略是1890年制定的，到一战爆发时俄国已经改善了通信并加强了动员能力，而且俄国拥有幅员广大的领土，如果俄国沿用1812年对付拿破仑的"规避战略"，不与德军决战，德军很有可能要重蹈拿破仑征俄的覆辙。因此，在面对两线作战时，要先抓住西线的一切主动权和攻势，与法国主力打一场速决战，消灭法国之后，就可以从容地对付俄国。

"施里芬计划"的要点是：集中德国的优势兵力在西线，只需在东线布置10个师来监视和牵制俄国军队。西线分为左右两翼，左翼以少数兵力守住阿尔萨斯和洛林一带防线，强大的右翼越过比利时和卢森堡，冲入法国北部，然后南下绕过巴黎西方和南方，压逼法军主力到巴黎以东一带加以歼灭，对法国取得决定性胜利之后全力转入东线击败俄国。施里芬判断，俄国落后的军事动员体制至少需要6—8周才能完成对德军的军事集结，而在这

施里芬计划。第一次世界大战前，由德国元帅阿尔弗雷德·冯·施里芬担任总参谋长期间（1891—1906年）提出，德国总参谋部所制定的一套作战方法。其主要目标为在未来的战争中，应付来自德国东西两面的两个敌国——俄国与法国（英法联军）的夹攻。

小毛奇，德意志帝国陆军大将，他是从担任德皇威廉二世的侍从武官出身，性格软弱的他超越许多比他更能干的人出任德军总参谋长，主持一战初期的"施里芬计划"，计划失败后被解除职务，默默无闻地死去。

段时间里，德国完全有能力迅速打败法国。这份计划的日程表在时间上精确到每一天，在地点上精确到了每一条铁路和公路，即德国的 150 万军队必须在动员令后 12 天内夺取列日要塞，19 天之内夺取首府布鲁塞尔，22 天之内越过法国边界，39 天之内攻占巴黎，也就是说，要在开战 6 周之内将法国踢出战争。

小毛奇的折中方案

"施里芬计划"实施的时间表就像火车时刻表那样准确、刻板，他的整个作战计划所定下的时间正好是预计中的俄国进行战争动员所需要的时间，但是 1914 年宣战后，俄国未等战争动员完毕，就提前把军队投入了战争之中，这个变化在"施里芬计划"中却没有提及，而这又恰恰是"施里芬计划"能否成功的关键之处。这位伟大的战略家在大战爆发的前一年临终时一再跟他的继任者小毛奇（Helmuth Johannes Ludwig von Moltke，1848—1916 年）强调："战争一定会来，一定要加强右翼。"

当战争真正开始的时候，小毛奇却削弱了右翼力量，以致德军挺进到巴黎的东面而无法完成包围，几个星期后，当德军企图正面突击巴黎的时候却在马恩河战役中被击退。施里芬的计划在实战

中功亏一篑，最终没有成功。实际上，"施里芬计划"在一开始就已埋下了失败的种子，因为计划的成功施行依赖于敌方都要按照它的设计而行动，也就是法国要把其全部力量用以对阿尔萨斯和洛林的入侵，德军还得顺利通过比利时，俄国还不能提前进攻，一条出错就可能导致满盘皆输。"施里芬计划"犹如乾坤一掷的豪赌，也许对于谨小慎微的小毛奇来说，"施里芬计划"原本就是一个无法实现的神话。

俄国的寒冬，成为拿破仑的最大阻力，由于法军物资补给不足延滞、兵力分散，俄军迎来重大转机，库图佐夫以逸待劳并趁机不断袭扰法军，在几个星期的灾难对战中，本处于优势的法军不是战死就是冻死，57 万大军最后回到法国的只有不到 3 万人。

不屈小国
比利时

明知是以卵击石，
也要誓死捍卫自己中立国地位和国家领土。

比利时位于欧洲西部沿海，东与德国接壤，北与荷兰比邻，南与法国交界，拥有完善的港口、铁路和公路等基础设施，地处战略要冲。第一次世界大战时，德国为了实施对法国的战略包抄，侵占了比利时，但是比利时人民在国王阿尔贝一世（Albert I，1875—1934年）的带领下，严守中立国义务，抗击强大德军的行动赢得了世人的尊重。

比利时的选择

1914年8月2日，德国照会比利时，声称法国拟通过比利时过境进攻德国，因此出于自卫，德国有必要先发制人来阻止这种敌对性的进攻。也就是说德国要借道比利时，如果比利时同意，可以保证比利时不会受到任何损失。面临着战争的选择，比利时人明白，如果他们屈服于德国的要求，那将听任德国占领比利时，而作为一个战胜国的德国是

不可能兑现撤退的承诺。不仅如此，他们还将使比利时成为德国进攻法国的帮凶，破坏自身的中立国地位。不论选择哪条道路，比利时都将被德国占领，但是如果屈服，还要丧尽荣耀。因此，阿尔贝一世国王代表的比利时选择誓死捍卫自己的中立。

列日要塞保卫战

1914年8月3日，列日要塞战役正式揭开了第一次世界大战的序幕。列日要塞是比利时的门户，连接比利时和法国北部的四条铁路都在此处汇集，然后呈扇形向比利时平原展开。控制这些铁路干线是实施"施里芬计划"的先决条件，因为德国120多万人迂回大军的后勤补给主要依赖这几条铁路的运输。

为了迅速夺取列日要塞，德军派遣由六个旅外加两个骑兵师组成的一支3万余人的特遣部队，由艾米赫将军指挥，从东、南、北三个方面向列日进攻。但是面对依山傍河而建的全欧洲最固若金汤的堡垒，德军经过三天三夜的强攻都无功而返，死伤无数。德

作为德意志帝国一个独立公国的属地长达8个世纪的历史造就出了"列日"精神，即高傲和顽强。第一次世界大战中的列日要塞保卫战，比军的顽强阻击迟滞了德军的行动，为协约国集结部队赢得了时间。

"丰满的贝莎"，一种超重型榴弹炮，由德国克虏伯工厂研制。德国在第一次世界大战前夕生产，其官方名称叫L/12，可以用车载移动，威力巨大。

知识链接：比利时国王阿尔贝一世

比利时的国王阿尔贝一世在1909年继承王位，他年轻时受过良好的文化和军事教育，他的社交技巧让他成为欧洲上流社会最受欢迎的人物之一。第一次世界大战期间，为了捍卫比利时的中立国地位，他亲自出任总司令，与欲借道比利时攻击法国的德国进行了坚决的抵抗。战后全力投入重建工作。1934年阿尔贝一世在一次登山事故中丧生。

国的大炮，甚至是齐柏林飞艇的空袭轰炸，仅仅是削去了列日要塞表面的一些混凝土而已。受阻于列日要塞，让德军参谋长小毛奇大惊，再这样下去势必延误整个西线德军的进攻行动，他马上派第二集团军副参谋长鲁登道夫前去接管指挥，并紧急调运巨型攻城武器运往列日。鲁登道夫接手后的第二天，德军奇迹般地占领了列日堡垒圈的制高点，并在制高点架起大炮向比军堡垒猛轰，但是依然不能摧毁要塞。同时，鲁登道夫派人前去劝降要塞守将热拉尔·勒芒将军，但遭到拒绝。德军无计可施，只能坐等他们的巨型攻城武器到来。

8月12日，5门绰号"丰满的贝莎"（Big Bertha）的德国巨炮终于被运来了，它拥有420毫米口径，炮身连同炮车重达120吨，能将近1吨重的炮弹发射至14.5公里之外的目标。它还能发射装有延发引信的破甲炮弹，让炮弹穿入目标内部后才爆炸。炮击开始了，一吨重的炮弹从天而降，炮弹爆炸时的尘土和硝烟形成巨大的圆锥形，升入300多米的高空，地动山摇犹如发生地震。短短的四天内列日要塞12座堡垒

被炸成碎片，列日要塞失陷，勒芒将军也被炸晕后被俘。

8月20日，德军开进了布鲁塞尔，控制了比利时的大部分地区。由于遭到比利时冷枪袭击，德军开始枪击平民，处死人质，烧毁房屋。对此，小毛奇在写给康拉德将军的信中说："我们在比利时的行军肯定是残忍的，但是我们是在为我们的生命而战，谁挡路，谁就要自食其果。"比利时失陷后，德国5个集团军迅速向法国的西北部扑去，直插法国首都巴黎，法国面临巨大的危机。

位于列日要塞入口的战争纪念碑。德军以伤亡2.5万人的代价攻下列日要塞。

东方普鲁士
保加利亚参战

扭转巴尔干战线，
保加利亚加入同盟国作战。

保加利亚处于巴尔干半岛中部，拥有一支战斗力强悍的陆军，有"东方普鲁士"之称，一旦它决定倒向何方，巴尔干的局势必将有重大变化。一战爆发后，协约国和同盟国在巴尔干诸国展开了一系列政治活动，最终保加利亚加入了同盟国一方，在巴尔干战线上对塞尔维亚发起进攻。

择机而动

一战爆发后，保加利亚一直处于观望状态，协约国和同盟国都积极拉拢它。协约国开出的价码是让它重获 1913 年割让给土耳其的东色雷斯（君士坦丁堡除外）。由于德军在法国和波兰的胜利，同盟国的报价显得更加诱人——整个马其顿、西色雷斯、南多布罗加和萨洛尼卡全部归保加利亚，塞尔维亚本土的尼什以及阿尔巴尼亚的几小片地区作为额外的奖赏。

为了彻底击败塞尔维亚，扭转同盟国在巴尔干战线的局势，德国急切地要将保加利亚拉到同盟国一边，整个 1915 年 7 月期间，在索菲亚举行了德国与保加利亚国王斐迪南的谈判。但是保加利亚迟迟没有明确回复，因为此时英军在加利波利半岛的战斗支配着他们的决定，因此，保加利亚不为德军在东线的节节胜利所动，而是静候南方战事的结局。到 8 月 15 日，英军全线失败，保加利亚才决定加入同盟国。1915 年 9 月 6 日，保加利亚与德国签订了秘密的友好同盟条约和参加对塞尔维亚作战的军事协定，规定德、奥两国沿多瑙河和萨瓦河发动联合进攻，一周内保加利亚攻打塞尔维亚前线的东侧。9 月 23 日，保加利亚发布动员令，军队开始沿保塞边境和保希边境集结。

击败塞尔维亚

保加利亚的威胁态度引起了塞尔维亚的密切注意，塞方立即着手

在两次巴尔干战争中，保加利亚的军队都是战争胜负的主宰者之一。保加利亚骁勇的军队成为协约国和同盟国共同拉拢的对象。

话说世界

知识链接：罗马尼亚的悲剧

1916 年，罗马尼亚宣布加入协约国，它只不过是想趁乱将奥匈帝国的部分领土窃为己有。没想到，此举却"偷鸡不成蚀把米"，彻底惹怒了同盟国。在短短的几个月的时间里，德奥大军席卷了其国境内的每一寸领土。1917 年 5 月签订了条约，使它在大战的剩余时间里成为德国的辖地，罗马尼亚丰富的粮食和石油资源也为同盟国带来了丰厚的利益。

经过两次巴尔干战争，塞尔维亚军队已疲惫不堪，缺乏军饷和武器。塞尔维亚只有 40 万现役和预备役兵力，它面对的是 200 万奥匈帝国军队和保加利亚军队的夹击，失败早就注定了。史称"塞尔维亚不得不无辜地进行一场不对称的战争"。

做军事准备，英法则劝告塞尔维亚将马其顿割让给保加利亚以避开迫在眉睫的危险，但有同样执着和勇气的塞尔维亚人拒绝了这些建议，并准备迎击他们所痛恨的邻国的侵犯。塞尔维亚集合它的部队以抵抗保加利亚从东边的侵略，但是他们不知道可怕的德军正准备从北面对其实施突袭。对塞尔维亚的作战由德国陆军元帅冯·马肯森指挥，共有四个集团军，其中奥匈第三集团军、德国第十一集团军从北面进攻，保加利亚第一集团军从东面进攻，第二集团军从东南方向进攻，切断通向萨洛尼卡的铁路线，截断塞尔维亚和在希腊的协约国会合。面对保加利亚、奥匈帝国和德国的 65 万联军的大举进攻，塞尔维亚无力抵抗，只得向南撤退，但是由于保加利亚早已截断了通向萨洛尼卡的交通，数十万塞尔维亚军队中最终只有一些零散的小部队得以越过阿尔巴尼亚的群山，逃到亚得里亚海东岸，16 万军队和 900 门大炮则成了保加利亚的战利品。

同盟国击败并占领塞尔维亚，让协约国在巴尔干战线面临失败的危险。为了扭转颓势，协约国极力拉拢罗马尼亚和希腊。1916 年 8 月，罗马尼亚答应同协约国一同作战。对于有亲德倾向的中立国希腊，英法直接采取了武力威胁和政权颠覆。英法对希腊国王康斯坦丁一世及其政府施加压力，甚至派军队登陆，向雅典逼近，双方军队发生交火。为了报复，协约国于 1916 年 12 月 19 日承认亲英法的韦尼泽洛斯政府。在协约国军队的压力下，1917 年 5 月，康斯坦丁一世被迫让位于他的二儿子亚历山大。6 月，希腊加入协约国，开始对保加利亚采取军事行动，巴尔干战场的形势开始对同盟国越来越不利。

希腊国王康斯坦丁一世。作为德国皇帝的妹婿，他反对自己的国家加入反对德国的战争，赞成希腊中立。1917 年 5 月，协约国支持要求废黜康斯坦丁一世的反对派；6 月 10 日，康斯坦丁一世同意逊位，次子亚历山大继承王位。康斯坦丁一世退位后流亡瑞士。

见风使舵
意大利参加协约国

没有永恒的朋友，也没有永恒的敌人，只有永恒的利益。

话 说 世 界

1915 年 5 月 23 日，观战近一年的意大利终于参战了，但它不是站在昔日的盟国一边，而是对奥匈帝国宣战，随后与奥匈帝国进行了 12 次伊松佐河战役。

没有永恒的朋友，只有永恒的利益

1882 年意大利加入德奥同盟，三方达成协议，对危险同进退。原来就有不少矛盾的意奥两国本应该按照协约和睦相处，没想到，在签署协议后的几十年里，两国关系却进一步恶化。意奥两国矛盾的核心其实就是领土问题：在奥匈帝国统治下的南蒂罗尔和迪利亚斯特地区，主要居住着以意大利语为母语的人。狂热的民族主义者们发动了一次轰轰烈烈的收复"失地"运动，为此意奥两国彼此仇视。另外，意大利对亚得里亚海以及巴尔干半岛沿岸的野心，也使得它与奥匈帝国的矛盾愈演愈烈。意大利在与德国的盟约关系中能得到的利益，根本比不上奥匈帝国战败可能带来的潜在利益，因此在开战之初，意大利选择了中立。准确地说，它是选择待价而沽。

大战开始后，奥匈帝国在东线与俄国和塞尔维亚的战斗中一败再败，同时在西线，德国和英、法僵持不下，意大利决定不再保持中立。面对协约国抛来的橄榄枝，许诺只要意大利参战，它对奥匈帝国的领土要求一概可以满足。意大利权衡利弊后，转而投入了协约国的阵营。1915 年 4 月 26 日，意大利与协约国签署了《伦敦条约》；5 月 3 日，意大利宣布退出三国同盟；5 月 23 日，意大利对奥匈帝国宣战；又于 10 月 20 日对保加利亚宣战。但对德国的战书却一直到 1916 年 8 月 28 日才发出。

伊松佐河沿岸的战斗

为了突破奥匈帝国的防线并向维也纳推进，意军总司令路易吉·卡多纳（Luigi Cadorna, 1850—1928 年）把主力部队集中到了迪利亚斯特附近，只留下小股部队防守南蒂罗尔。意军的第一个目标是

南蒂罗尔（South Tirol），意大利的一个省，位于意大利境内与奥地利交界。历史上，南蒂罗尔长期是奥匈帝国的组成部分，一战后于 1919 年划归意大利。今天南蒂罗尔说德语的人们渴望这一地区成为奥地利的一部分。1972 年，意奥两国就南蒂罗尔自治达成协议。

知识链接：路易吉·卡多纳

路易吉·卡多纳于1914年7月开始担任意大利总参谋长。他是一个出色的组织者，但缺乏战略家应有的创意。1915年6月到1917年9月间，意军在伊松佐河沿岸发动了一系列巨大的攻势，始作俑者就是卡多纳。在1917年末德国发动的卡波雷托攻势中，由于卡多纳指挥不力，意军全面崩溃，意大利本土险些不保，因此他被国会解职。

伊松佐河。第一次世界大战期间，意军同奥军于1915年6月至1917年12月在意奥边境伊松佐河地区进行的大小战役，有12次之多。伊松佐河战役，意军共伤亡100余万人，虽未达成战役目的，但牵制了大量同盟国军队，极大地支援了协约国军队在东西两线的作战。

奥匈帝国边境以内离伊松佐河有些远的戈里齐亚。这里的地形极其复杂，多山的高地被纵横的河谷切成了无数的碎片。此时，80余万的意大利部队虽然兵强马壮，但是弹药、大炮和运输工具等现代化装备却极为缺乏。

1915年，共有20万兵力和200门大炮的意大利第二军团和第三军团发动了首次伊松佐河战役。由于奥匈帝国的守军在两国宣布交战后已经开始加固防线，而伊松佐河沿岸的防御工事在意军发动进攻前几个月已经升级完毕了，所以此次意军攻势在6月23日至7月7日间并没有取得什么显著的效果。7月18日至8月13日，意军又发起了第二次伊松佐河战役，但由于弹药短缺，意军搬上战场的大批野战炮还是没有为他们打下胜利的果实。这两次战役使得奥军损失了4.5万人，而意大利也赔上了6万人的性命。

第三次伊松佐河战役于10月18日开始，意军又增加了大批大炮，总数达到1200门。但是巧妇难为无米之炊，大炮虽多，却没有足够的弹药支持。直到11月4日第三次战役结束，意军还是无法染指戈里齐亚一寸的土地。11月10日至12月2日之间的第四次战役也还是由于同样的原因而没有丝毫的进展。战事僵持之中，意军和奥军又分别损失了11.5万人和7.2万人。面对这样的窘境，意军却还不死心，试图发起更猛烈的下一次进攻。面对五大国中最弱的奥军，意军以数倍的优势兵力，在开战后的两年多时间里总共发动了12次伊松佐河战役，伤亡人数超过100万，却没有达到战役目的。

1917年10月至11月期间，德奥联军在伊松佐河畔的卡波雷托地区进攻意大利军队，不敌德奥联军的意大利军队大撤退。这是一张被俘的意大利军队照片。

扭转战局
美国参战

美国将为伟大的道德原则而战,这场斗争不单为反对德国,而是为反对全部的专制统治。

——托马斯·伍德罗·威尔逊

1917 年美国背弃了乔治·华盛顿关于不卷入联盟的忠告而参加了一场"结束战争的战争"。美国对德宣战,改变了战争的天平,拯救了元气消耗殆尽的协约国。美国参战后的第二年,协约国便彻底击败德国,结束了战争。

被债务绑架的美国

为了战胜同盟国,法国将征兵条款的年限一再拖延,这让法兰西流光了它的鲜血,而英国则花光了几百年来用各种手段积攒的全部黄金储备。协约国的命运变得岌岌可危,有能力挽救其命运的,只有远在大洋彼岸的中立国美国。不过美国一直恪守"孤立主义"外交政策,即可以与交战国贸易往来,但是绝不参战。在这千钧一发时刻,英国人使用了

华尔街集中了纽约证券交易所、美国证券交易所、投资银行、政府和市办的证券交易商、信托公司等公司的总部以及美国洛克菲勒、摩根等大财团开设的银行等大公司的总管理处。

> ### 知识链接:摩根财团
>
> 美国最知名的财团之一,创始人为 J.P. 摩根,他的名言是:"用以推动历史的不是法律,而是金钱,只是金钱!"1912 年,摩根财团称雄美国金融界,被称为"银行家的银行家"。第一次世界大战中大发横财,战后渗入国民经济各个部门。20 世纪 30 年代,受其控制的大银行、大企业的资产总额占当时美国八大财团的 50% 以上。

一个有趣的法则:当你欠了 100 美元,你是债务人;当你欠下了 100 亿美元,情况就恰恰相反。

1915 年,华尔街的摩根财团成为协约国在美国采购军需品的代理人。摩根财团收到一笔价值 5 亿美元的军火订单,这在当时是相当惊人的一笔款项。这笔生意的佣金是 5 亿美元的 2%——整整 1000 万美元。条件是,这笔 5 亿美元的军火资金由摩根财团负责利用华尔街筹集,也就是说,要借美国人的钱来解英国人的燃眉之急,先垫付军火费用。战争初期,美国并没有希望发战争财,美国政府同时提醒美国的金融家不要对协约国贷款,向交战国贷款违背了中立的精神。但是摩根财团却不想放弃这百年难遇的生意,它开始行动了。在摩根的支持者们的反复宣传下,身处和平环境的美国人渐渐改变了,毕竟财富唾手可得,而战争却在大洋的

 知识链接：水下幽灵——潜艇

德国将潜艇作为改变海权的砝码，并展示出了它可怕的力量。1914年9月22日，德国的U-9号潜艇独自在75分钟内击沉了三艘万吨级英国巡洋舰，创造了海战史上的奇迹。1915年U-21号潜艇更是两天内击沉了英国"凯旋号"和"尊严号"霸主级战列舰。整个战争期间，德国潜艇共击沉船只6000余艘，其中军舰近200艘，运输船5800多艘，总吨位约1800万吨。

1915年5月，卢西塔尼亚号邮轮满载着1000多名乘客（大部分是美国人）和船员，从美国纽约出发。5月7日，航行到了爱尔兰外海，被德国U-20号潜艇发射鱼雷击沉。卢西塔尼亚号的沉没在大西洋两岸引起了极度的震惊。德国的凶残形象，在美国已经深入人心，所以1917年美国向德国宣战的决议，得到了美国人民的支持。从这个角度来看，卢西塔尼亚号可以说是改变第一次世界大战历史的邮轮。

彼岸。

摩根财团以国债的方式向美国定购了5亿美元的军火，在这批军火生产的带动下，美国经济也随之繁荣起来，激动人心的工业收益带动了整个华尔街证券市场欣欣向荣，由摩根财团承销的5亿美元债券销售一空。美国政府为此向协约国提供了30亿美元的贷款，用来帮助协约国购买美国军火和其他补给品，英国这个垂死的帝国终于从崩溃的边缘缓了过来。美国此时又担心协约国减少进口会引起美国"生产缩减，工业萧条，资本闲置，金融混乱和劳工阶级的普遍骚乱"，为了自己的经济繁荣，只得贷款给协约国，让协约

国拿美国的钱来买美国的货物。

自从一战爆发后，由于英国对德国实行了严密的海上封锁，美国同协约国的贸易从1914年的8亿美元激增到1916年的32亿美元，而与同盟国的贸易则从1914年的1.7亿美元跌到1916年的100多万美元，几近于无。战争期间，美国还供给协约国各种物资100多亿美元，贷款100多亿美元。因此，美国同协约国在经济利益上已经紧密地联系在一起了。美国成了协约国的经济支柱和物资基地。

第一次世界大战爆发时，德国在潜艇的制造方面占据了绝对的优势。

67

为了让攥在手里的贷款债券有效，而不会打水漂，美国的金融家和工业家们只能拼命祈盼德国尽快投降，只有这样，他们才能从德国人的口袋里掏回投资和红利。

无限制潜艇战

　　1914 年 11 月英国宣布北海为作战区域以后，德国于 1915 年 2 月 4 日相应地宣布英国周围水域为作战区域，并开始把潜水艇用于贸易战。1915 年 5 月 7 日，英国邮轮卢西塔尼亚号被德国潜艇击沉，在 1198 名遇难者中有 100 多名美国公民。美国对此提出强烈的抗议，德国决定让步，向美国道歉，并赔偿死难者损失。1916 年凡尔登大战使德国感到正在输掉这场战争，日德兰海战又使德国失

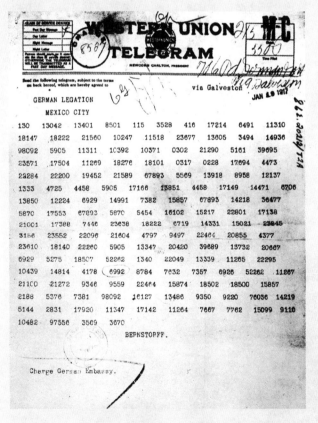

　　"齐默尔曼电报"被公认为改变历史进程最深、对时代影响最大的单一电报文。电报导致恪守中立的美国加入敌方阵营对德宣战。敌对双方当时对峙胶着的态势很快被打破，此后战争只持续了一年多，就以同盟国集团投降宣告结束。

The Hand That Will Rule the World—One Big Union.

　　1917 年 6 月 30 日的漫画，产业工人联盟认为，如果美国参战，工人们将会为资本主义的利润而白白送死。美国参战激起了美国工人阶级的斗争。

去了海上决战的信心，于是潜艇战再次恢复。德国的海军高级将领一直主张实行无限制潜艇战，根据他们统计的数据，如果宣布施行无限制潜艇战，在 6 个月内便可使英国屈服。德国一些经济学家也作出错误估计，认为每月击沉 60 万吨商船，连续 5 个月就会把中立国的船队从英国赶走，英国就会闹粮荒。德国海陆军将领对美国参战在军事上能够发挥的作用也作了过低的评价。1917 年 1 月 9 日，德皇威廉二世在御前会议上作出最后决定，命令自 2 月 1 日起全力开始无限制潜艇战。1 月 31 日，德国通知美国政府即将开始无限制的潜艇战，美国遂于 2 月 3 日宣布与德国断绝外交关系。

　　无限制潜艇战开始后，给英国和其他协约国的海上运输造成了严重损失。从 1917 年 2 月至 5 月，协约国及中立国的商船损失达到了 260 万吨左右，而德国只损失 16 艘潜艇。如果与上年较低月份相比较，其损失更显得惊人。以英国为例，1916 年 10 月，英国只损失 1.4 万多吨；1917 年 4 月，英国损失了 51 万多吨，二者竟相差 35 倍。无限制潜艇战给英

国造成了严重的威胁，当时的英国第一海务大臣杰里科甚至承认，如果到 10 月份，仍不能制止这种巨大破坏，英国海上生命线将会中断。同时，1917 年俄国爆发了"二月革命"，罗曼诺夫王朝被推翻了，虽然新成立的资产阶级临时政府不顾人民反对，一意孤行继续战争，但是受国内的影响，前线的俄军开始消极抵抗，甚至直接投降德军。战争的天平开始向德国倾斜，此时作为协约国债权人的美国已经按捺不住，决定择机参战，结束这场战争。

齐默尔曼电报

如果说德国的无限制潜艇战是美国介入一战的火药的话，那么齐默尔曼电报（Zimmermann Telegram）可以说就是那根点燃了火药的导火索。

1917 年 1 月 17 日，英军海军情报部门截获了一份以德国最高外交密码加密的电报。这是一份德国外交秘书阿瑟·齐默尔曼于 1 月 16 日向德国驻华盛顿大使发出的加密电报。这个电报是德国人用最新的密码系统发出来的，传送给德国驻华盛顿大

使，然后继续传给德国驻墨西哥大使，电文将在那里解密，最后要交给墨西哥总统。英国人虽然意识到电报的重要性，但是一时却破译不出来。正在他们一筹莫展之际，德国人却犯了一个错误。原来接到密件的德国驻华盛顿大使将电报用新的密件本译出来之后，却又用老的密件本将电报加密传送给了德国驻墨西哥大使冯·伯恩托夫，英国的密码破译专家在得到了新老两个版本的电报后，终于破译了这封电报。

破译出来的电报内容让英国人高兴万分，因为这是一份足以给美国参战心情火上浇油的电报。英国马上把这份电报的复印件交给了美国驻英国的大使佩奇，而佩奇立马将它转交美国国务院，不过英国和美国事先约定好，不能说这封电报是英国送来的，而说是由美国自己截获并破译的，不然的话世人一定会质疑这封电报的真实性。很快美国就通过新闻机构将它公之于世。电报的内容是引诱美国参战，如果美国由于潜艇战而对德作战，墨西哥就与德国结成反美同盟，作为参战的报酬，德国答应帮助墨西哥夺回新墨西哥等三洲。密电公布后，美国舆论哗然，德国人企图把战火从美国后院点着的行动，令美国人无法忍受。4 月 6 日，美国正式对德宣战。

威尔逊宣布美国参战。在德国于 1917 年开始发动无限制潜艇战，并秘邀墨西哥与德国结盟反美之后，威尔逊为"使世界安全以确保民主"，将美国带入了第一次世界大战。不过，他没有和英法签署一个正式的同盟，只是作为合作力量加入。

痛下决心
中国北洋政府对同盟国宣战

爰自中华民国六年八月十四日上午十时起，对德国、奥国宣告立于战争地位。所有以前我国与德、奥两国订立之条约及其他国际条款、国际协议属于中德、中奥之关系者，悉依据国际公法及惯例，一律废止。

——节选自 1917 年 8 月 14 日
北洋政府《大总统布告》

中国参加第一次世界大战经历了一个曲折的过程。1914 年 8 月，北京政府曾提出参战计划，但因为日本的阻挠而未实施。1915 年 11 月，英、法、俄等国提议中国参战，仍没能施行。1917 年 2 月，美国建议中国与德国绝交，这时日本在华利益已经得到了列强的认同，所以不再横加干涉。1917 年 8 月 14 日，中国对德宣战，加入协约国一方。

日本的阻挠

一战爆发后，日本决定借其他帝国主义国家无力东顾之际，扩大对中国的侵略。1914 年 8 月 8 日，日本借口英日之间早有同盟之约，对德国宣战，并

段祺瑞执政府旧址位于东城区张自忠路 3 号，原名铁狮子胡同。清代这里有三座府第：东为和亲王府，中为贝勒斐苏府，西为和敬公主府。清末，前两府内的建筑全被拆除，重新建造了三组砖木结构的楼群：中间的主楼为欧洲古典式灰砖楼，东、西、北各有一座楼房。

迅速出兵中国山东，抢占德国在山东的利益。北洋政府预计到日本可能借大战之际夺取胶州湾和胶济铁路，为了避免这一结果，袁世凯向协约国提出，中国愿意参战，并可以派 5 万军队与日本共同进攻胶州湾。但日本为了达到占领胶州湾和胶济铁路的目的，坚决反对这一计划，并向中国发出警告，要求中国继续恪守中立，不要参战。中国被迫继续保持中立。很快日本就攻下青岛，德国守军投降，11 月 10 日，日军还举行了战胜国与战败国的"移让礼"，继承德国的势力范围。

1915 年 1 月，日本向袁世凯提出了"二十一条"，要使中国沦为日本的殖民地。面对咄咄逼人的日本侵略者，袁世凯向他在辛亥革命时就熟识的英国驻华公使朱尔典（John Newell Jordan，1852—1925 年）求助，朱尔典建议袁世凯：日本已经参加协约国，英国不能抵制日本；如果中国对德奥宣战，中、日都是协约国，英国不会看着盟国欺负盟国，事情就好办。袁世凯表示中国加入协约国，但不能出兵欧洲。朱尔典说可以不出兵，中国在精神和物质上尽可能地支持就是尽了盟国的义务。随着战争的进行，英、法、俄等国越来越希望中国参战，日本对此坚决反对。日本清楚地认识到，中国

段祺瑞，北洋时期著名政治家，号称"北洋之虎"，皖系军阀首领。1916 年至 1920 年为北洋政府的实际掌权者，1924 年至 1926 年为中华民国临时执政。"九一八事变"后，日本人曾胁迫段祺瑞去东北组织傀儡政府，段严词拒绝。

处于战争之外，日本才能以对德作战为由继续占领胶州湾和胶济铁路，如果中国参战，战后就会以战胜国的身份参加和平会议，有资格与日本争夺胶州湾和胶济铁路，因此，日本不希望中国参战。

正式宣战

1917 年初，德国实行无限制潜艇战，无论是交战国还是中立国的船只，一旦航行在它控制的海域，都一律击沉，美国以此为由，加入到对德作战的一方，并号召中立国和美国采取一致行动。日本由于已在中国形成霸主地位，它的在华利益已经得到各列强的认可，所以也就不再阻挠中国参战。中

知识链接：一战华工

1917 年 8 月 14 日，段祺瑞政府虽对德奥宣战，却没有派军队赴欧作战，为了尽盟国的义务，中国向协约国派出了十多万的劳工。华工们冒着枪林弹雨在前线或后方承担着挖战壕，装卸弹药给养，修建铁路等最艰苦、最危险的工作。毫不夸张地说，中国在巴黎和会上的地位，靠的就是这些"被国人轻视、被外国人践踏的华工拼命挣来的"。

国的段祺瑞政府于 1917 年 8 月 14 日对德、奥宣战，中国成了不出兵的参战国。中国参战后，段祺瑞政府虽然没有派军队赴欧作战，但是派出十几万的劳工，到法国、俄国等协约国的后方从事劳动，客观上增加了协约国集团的力量，加快了一战的结束。

虽然中国对德宣战的过程，掺杂着北洋派系之间以及背后提供支持的列强之间的争斗，是段祺瑞为了获得权力的手段，但是中国参战在客观上带来了诸多益处。北洋政府利用对德宣战造成的有利外交形势，收回了除青岛外的天津、汉口德租界，这是中国近现代史上的重要事件，是中国政府第一次主动收回外国租界。此外，参战一定程度上提高了中国的国际地位，战后中国以战胜国的身份参加巴黎和会，并为自己的利益而据理力争。

汉口德租界。近代中国两个在华德租界（今武汉市人民政府大院内）之一，另一个在天津。1917 年 3 月 14 日，中国政府宣布与德国绝交，次日，派遣 200 名警察进驻汉口德租界。8 月 4 日，中国政府对德宣战。《凡尔赛条约》确认了中国对两处德租界的收回。

退出一战
俄国十月革命

沙皇制度的极端老朽和腐败，加上极其痛苦的战争打击和负担，
终于给了无产阶级打破帝国主义铁链的机会。

一战爆发后，俄国在军事上严重受挫，到 1916 年底，东线战场上的俄军死伤及被俘人数多达 660 多万，军队士气低落。同时战争给俄国人民带来了空前的灾难，严重的通货膨胀和粮食短缺，各种矛盾空前激化，最终爆发了革命，推翻了沙皇的统治，建立了苏维埃政权，并退出战争。

二月革命

1917 年 3 月 8 日（俄历 2 月 23 日），彼得格勒 50 家工厂约 13 万男女工人举行罢工和游行，拉开了二月革命的序幕。第二天，参加罢工示威的群众增加到 20 万人。

在布尔什维克党（后改称俄国共产党）领导下，首都各大工厂举行了有 30 万人参加的联合总罢工。

1917 年 2 月，严寒冬天、食物短缺、民不聊生，加上经济崩溃，民众起义的诱因业已齐备。彼得格勒的大型工厂普提洛夫工厂工人宣布罢工。罢工工人首次使用在俄国较为敏感的口号，例如"反对战争！""结束专政！"等。二月革命终于爆发。

知识链接：布尔什维克

"布尔什维克"是俄文的音译词，是"多数派"的意思，它是列宁创建的俄国无产阶级政党。与之相对的是"孟什维克"，俄语意指"少数派"。在 1903 年俄国社会民主工党第二次代表大会上，一个新型的无产阶级政党——布尔什维克党宣告诞生。苏维埃俄国建立后改名为共产党，因此俄国共产党也叫布尔什维克党，即俄共（布）。

革命风暴吓坏了沙皇尼古拉二世，他下令不惜采取任何措施，迅速恢复首都秩序。布尔什维克彼得格勒委员会的领导人和其他 100 多名革命积极分子被逮捕，这激起了群众的极大愤怒。他们上街游行，抗议政府暴行，但遭到更野蛮的镇压。于是，总罢工转变为武装起义。工人们立即行动起来，攻占军火库，夺取枪支弹药，筑起街垒，与反动军警展开战斗。同时，在工人们的宣传、感召下，士兵也公开站到革命的一边，他们同起义工人一起，占领了冬宫和政府各部，逮捕了沙皇的大臣和将军，首都起义获得完全胜利。尼古拉二世不甘心自己的失败，立即从前线调军队企图夺回首都，但沙皇军队

1918年2月9日，苏俄政府与德国及其同盟在布列斯特-立托夫斯克签订和约，苏俄政府以割地赔款换取退出第一次世界大战，但为巩固苏维埃政权、恢复和发展经济、建立红军赢得了喘息时间。

在革命影响下也发生了兵变。尼古拉二世见大势已去，被迫于1917年3月15日引退，让位给其弟米哈依尔。第二天，米哈依尔也宣布退位。这样，统治俄国长达300年的罗曼诺夫王朝被二月革命冲垮了。

十月革命

二月革命后，俄国出现了历史上罕见的两个

圣彼得堡的工人们武装起来，他们和起义的士兵一同押送被抓捕的沙皇政府官员。

知识链接：《布列斯特-立托夫斯克和约》

为了巩固刚建立的苏维埃政权，退出帝国主义的战争，1918年3月3日，苏维埃俄国与德国签订了和约。和约的内容十分苛刻，苏俄丧失了约100万平方公里领土，并向德国交付60亿马克赔款。它的签订让苏俄摆脱了战争，巩固了政权，粉碎了协约国利用德国之手扼杀苏俄的阴谋。德国投降后，苏俄政府立马宣布废除此条约。

政权并存的局面：一个是资产阶级临时政府，一个是工农兵代表苏维埃。但是资产阶级临时政府一意孤行地继续进行帝国主义的战争，继续奴役广大劳动人民，并千方百计地试图扑灭革命火焰。

1917年7月1日，资产阶级临时政府冒险在加利西亚向德奥军队发动了一场所谓的克伦斯基攻势，妄图借战争来消灭革命，但是这次进攻却遭到惨败，10万俄军损失6万多人。前线失利的消息传到彼得格勒，工人、士兵群情激昂，纷纷走上街头，举行示威，要求全部政权归还苏维埃。临时政府派出军队进行血腥的镇压。战场上的失败，让布尔什维克退出战争的主张更得人心。11月（俄历10月），布尔什维克在彼得格勒和莫斯科的苏维埃中赢得了多数，整个俄国、几百个苏维埃都通过了要求把全部权力转交给苏维埃的决议，由列宁领导的布尔什维克党与工人代表苏维埃联手，推翻了资产阶级临时政府，建立了世界上第一个无产阶级专政的国家。为了结束战事，布尔什维克马上就开始讨论俄国退出战争的问题，经过激烈的争论，1918年3月，与德国签订了《布列斯特-立托夫斯克和约》，退出了一战。

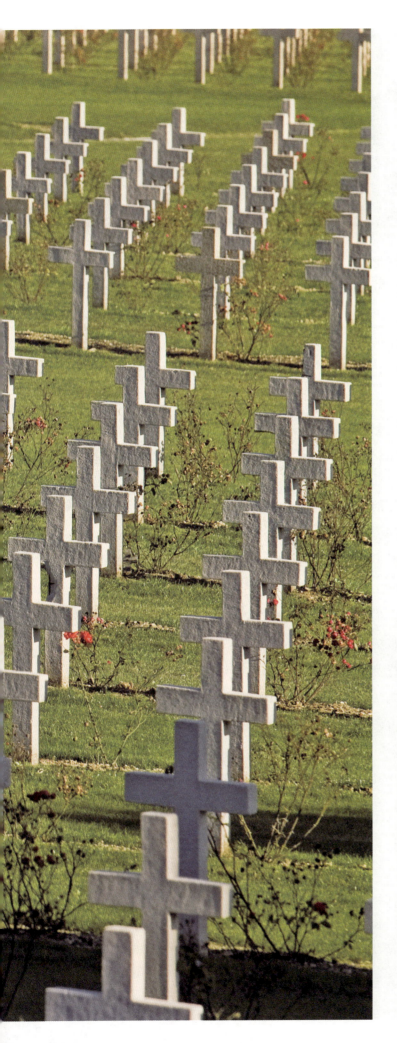

楚河汉界，战场厮杀

　　第一次世界大战是首次真正意义上的全球性军事冲突，战火蔓延至欧亚非三大洲和大西洋、地中海、太平洋等海域。欧洲作为主战场，战线主要分为西线（英法对德作战）、东线（俄国对德奥作战）和南线（又称巴尔干战线，塞尔维亚对奥匈作战），其中以西线的战事最为惨烈，发生了如著名的马恩河战役、索姆河战役、凡尔登战役等。

　　德国依靠其先进的军事工业基础，率先发动了进攻，执行了"施里芬计划"。德皇威廉二世信誓旦旦地对即将开赴前线的官兵们保证："在树叶落下之前，你们就会凯旋。"但是双方都低估了对方的经济和军事实力，都打算打一场速决战。没承想大战持续了一年又一年，其残酷性和持久性是各参战国始料未及的。马恩河战役拯救了法国，同时粉碎了德国速战速决的计划，随后堑壕战代替了运动战。为了能够尽快地取得胜利，双方发动了一场又一场的厮杀，动辄数十万甚至上百万人参战的战役，如同一个粉碎人体的巨大磨盘，绞杀着无数的生灵，无数青年的鲜血流成了河。1917 年随着美国远征军的到来，胜利的天平倒向了协约国一方。德军米夏埃尔作战行动的失败，战争基本宣告结束。在为时四年零三个月的残酷战争中，有 3000 多万人死伤，直接死于战争的军人达 900 多万，欧洲几乎失去了整整一代的年轻人。

拯救巴黎之战
马恩河战役

马恩河战役不仅挽救了巴黎，
而且还挫败了德国的"施里芬计划"。

1914 年的马恩河战役是第一次世界大战中的第一次大规模战略决战，双方参战人数达到 150 多万，前后持续 8 天，以德军第一次撤退和失败、联军取得胜利告终。马恩河战役是一战的第一个转折点，德国速战速决的"施里芬计划"彻底破产，从此西线战场形成了对峙局面。

孤军深入，终酿祸端

自开战以来德军在战场上战无不胜，阿登会战、桑布尔河会战、蒙斯会战都是以英法联军的败退结局。8 月底，法军主力阻止德军右翼的努力已告失败，德军的先头部队已经挺进到距离巴黎只有 24 公里的地方，德军即将席卷巴黎的形势使法国首都陷入一片恐慌之中，法国政府也迁往波尔多。整个德国都沉浸在胜利的喜悦中，认为西线战场胜局已定。此时只有德军参谋总长小毛奇保持着警醒，德国虽然取得了一些战役的胜利，但是与法军的主力并未交手，"施里芬计划"最关键的占领巴

英国和法国军队在马恩河战役的战斗间隙中合影，从他们喜形于色的脸上看得出他们对战役胜利有绝对的信心。

黎并消灭法国的有生力量的目标尚未实现，所以德军还不能盲目乐观。但是被胜利冲昏了头脑的一线将领们，却不这么认为。

亚历山大·海因里希·鲁道夫·冯·克卢克（Alexander Heinrich Rudolf von Kluck，1846—1934 年）指挥的德军第一集团军在右翼击退了法国第六集团军之后，在中路发现英军仓皇撤退丢弃的大批弹药和辎重，他左翼的法国第五集团军也被打得溃不成军，克卢克认为取得决定性胜利的时刻到了，他决心不让对手有丝毫的喘息机会，决定向巴黎和凡尔登之间行军，以彻底击败法国第五集团军。克卢克此举抛弃了"施里芬计划"，按照计划他应该率军前往巴黎以西，实现对法军侧后的战略包围。发现这一情况的小毛奇立即下令给克卢克，要求他

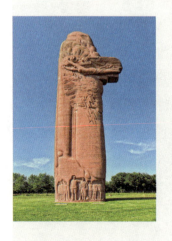

马恩河战役胜利纪念碑。马恩河战役是第一次世界大战西部战线的一次战役。在这场战役中，英法联军合力打败了德军。

保持与第二集团军的距离，但是克卢克认为战机稍纵即逝，因此于9月3日率军渡过马恩河，继续追逐法国第五集团军。克卢克万万没想到，由于他的冒进，德军已经进入了英法联军的包围圈。

双方激战，德军撤退

法国由于战略判断失误，战争初期连连后撤，但是法国并不是败退，而是在伺机反击，扭转被动。法国驻守巴黎的第六集团军司令约瑟夫·西蒙·加利埃尼（Joseph Simon Gallieni，1849—1916年）惊喜地发现，德国第一集团军没有继续向巴黎进发而是折向东南朝贡比涅进军，而且是孤军深入，右翼出现了巨大的空当。加利埃尼看出这一稍纵即逝的战机，决定尽速对德军暴露的右翼进行侧击，并报告霞飞元帅停止向塞纳河后撤，立即掉头发动攻势，但是霞飞却犹豫不决。通过空中侦察机侦测确认后，霞飞元帅决定把握这次天赐良机。

1914年9月5日，马恩河战役打响。加利埃尼率领的法国第六集团军与德国第二集团军的右翼在乌尔克河地区爆发战斗，战斗中法军首次使用临时征用的出租汽车把第六集团军的一个师由巴黎送往前线。6日，英法联军全线转入反攻。9日，克卢克的第一集团军和比罗的第二集团军面临被包围的危险，不得不于同一天向后撤退。10日，德军统帅部下令全线撤退，马恩河会战至此结束。

马恩河战役以德军失败告终，德军损失30余万人，9月14日小毛奇也被解除指挥权。马恩河战役不仅成为英法联军反败为胜的转折点，而且标志着德国在西线速战速决的计划彻底破产，陷入两线作战的泥潭。马恩河战役后，双方在西线战场形成对峙局面，以机枪和堑壕为核心的堑壕战一直持续到大战结束。

 知识链接：离奇的"圣诞休战"

交战双方在战争开始前都预计会在1914年圣诞节前就可以击败对方，没想到马恩河战役后战争转变成了旷日持久的堑壕战。1914年的圣诞节到来时，身处战壕的英法联军和德军士兵，竟然不顾上级命令，私下商定圣诞休战。双方士兵走出战壕，互相祝贺，交换圣诞礼物，共唱圣诞歌曲，甚至有些地方英国和德国的士兵还办起了足球友谊赛。

在非正式停战期间，德国士兵与英军士兵握手互致问候。在一战的首个圣诞夜，在圣诞歌声里，英德双方都放下了枪，在无人地带举行了一场国际足球赛。

东线奇迹
坦能堡战役

经此一战，俄国"蒸汽压路机"的神话破灭了，
相反，兴登堡和鲁登道夫被推向神坛。

一战爆发后，在东线战场上，俄军于1914年8月17日首先攻入东普鲁士。但是很快，在8月底到9月中旬，德国第八集团军司令兴登堡及参谋长鲁登道夫，利用两路俄军没有密切配合作战的弱点，先在坦能堡战役中歼灭了俄国第二集团军，然后又进攻俄国第一集团军，迫使俄军退出东普鲁士。

势单力薄，兵出险招

一战爆发后，按照"施里芬计划"，德国在东线战场只布置了小部分军队，防御俄国的进攻，但是出乎意料的是俄国不等战争动员完毕就对德国发动了进攻。在德国东普鲁士的德军第八集团军面临巨大压力，在东面，莱宁坎普指挥的俄国第一集团军已经率先攻入德国境内；在南面，实力稍逊的萨姆索诺夫指挥的俄国第二集团军也随后从马祖里湖南侧进入东普鲁士，意欲截断德军退往维斯瓦河以西，与莱宁坎普的第一集团军会合，将德军围歼。

但是俄军糟糕的后勤保障和通信指挥系统使得对德军的围歼战略很难完成，反而为德军兵出险招提供了机会。莱宁坎普的第一集团军在小胜德军之后，因为无法掌握德军的行踪，便荒谬地猜测德军向北撤退，躲进了柯尼斯堡要塞，因此他并没有往西南方前进和萨姆索诺夫第二集团军靠拢，而是径直往西向柯尼斯堡挺进。同时，糟糕的运输也大大地影响了俄军第二集团军的行军速度，更要命的是由于俄军的电报联系没有加密，全部被德军截获破译，因此俄军的一举一动全都掌握在德军手中。

俄军的两只钳子非但没有靠拢，反而拉开了距离。莱宁坎普的盲目行动将俄第二集团军置于巨大的危险之中。德国第八集团军司令兴登堡和参谋长鲁登道夫决定抓住这一战机，集中主力迅速围歼俄军第二集团军，然后再转身回击俄军第一集团军。

兴登堡（左）和鲁登道夫，他们是德军将领中最好的搭档。在最初的东线战争中，对俄国作战取得辉煌的胜利，以至于在1917年，两位将军主持的总参谋部几乎成为德国最高权力机构，德皇和宰相均被架空。

这张邮票中的绘画描述了坦能堡战役中德俄双方军队鏖战的场景。坦能堡会战中德军战胜俄军，俄军从坦能堡会战后，没有再向德国领土进攻。

知识链接：莫尔斯电码

20世纪初，无线电报已经是战场上必不可少的通信工具。通用的电报发收都是通过莫尔斯电码进行，莫尔斯电码是一种时通时断的信号代码，通过不同的排列顺序来表达不同的英文字母、数字和标点符号。莫尔斯电码是通用的电码排序，也就是明码，因此在战争中，各国一般会编出各自保密的电码用于沟通，以防信息外露。

闪电作战，战果辉煌

8月26日战斗打响，经过两天的激战，德军击退了萨姆索诺夫的第二集团军的两翼部队，而对其中路的三个军形成包围态势。尽管身处险境，萨姆索诺夫还是命令他的中路部队进攻，给德军造成了短暂的麻烦。27日，萨姆索诺夫的右翼遭到来自北面的德军第十七军和第一预备师的打击，他的左翼遭到了德军第一军的迂回和包围，而正面遭到了德军第二十军的打击。28日，俄军开始了反突击，战斗空前激烈，萨姆索诺夫亲临前线作战，但是饥饿又疲劳的俄军已经达到了极限，无力突破德军防御。29日，德军第一军穿插到了俄军的后部，包围合拢了，俄军被围困在科慕辛森林地域。走投无路的萨姆索诺夫在一片树林里开枪自杀了。此役，俄军被俘9万余人，伤亡25万余人，而德军损失仅仅1万人。

31日，获胜的德军开始向北转进，准备打击俄军第一集团军，将俄军彻底

赶出国境。这时从西线调来的两个步兵师和一个骑兵师也已经到达，德军在数量上已经超过对手。此时，如梦初醒的俄军第一集团军赶来救援，却发现第二集团军已经全军覆灭，莱宁坎普担心自己的退路被切断，也落得个萨姆索诺夫的下场，便命令撤退，以两个师的兵力从正面实施反突击，掩护主力撤退。这两个师进行了最英勇的反击，完全成功地达到了目的，致使德军围歼俄军第一集团军的企图未能实现。在随后的马祖里湖战役中，俄军第一集团军被俘4.5万人，伤亡10余万人，至此德军肃清了东普鲁士的所有俄军。

在当年坦能堡战役的发生地，还有再现当年战争场景的表演。不过，相比于当年战争的残酷，今天年轻人的表演可能更多的是娱乐。

战争的僵持
堑壕战

西线战场正面进攻势均力敌，双方在遭到巨大损失后，转入堑壕战，等待时机。

堑壕战，又称战壕战或壕沟战，是一种利用低于地面并能够保护士兵的堑壕进行作战的战争形式。马恩河战役之后，德国在西线战场速战速决计划失败，敌对双方形成了胶着对峙的局面，双方尤其加强了防御，纷纷深挖堑壕，加强掩体，设置带刺的铁丝网，构筑、固定阵地。直到大战结束，双方绝大部分时间里，都是以堑壕战的形式对抗着。

堑壕的设计

1914 年末，西线战场的主要战斗形式转变为堑壕战。尽管各家的堑壕挖得各有特色，但说到底都是因形就势。随着战斗的深入，堑壕越挖越深、越挖越宽，其结构也越来越复杂。

最具典型的堑壕体系可以分为三段，每一段大概长 730 米，相互之间由交通壕连接。最接近敌军的一段被称为"前线堑壕"，是防守的重点地段；接下来的第二段被称为"支援堑壕"，第三段是"预备堑壕"。所有的战壕的平面都建成锯齿状，或是至少在壕内有许多的拐角——这种设计可以最大限度地减少炮弹爆炸时产生的冲击对堑壕造成的影响，同时可以避免冲上堑壕的敌军直接对堑壕里的士兵进行扫射。为了使防护作用更完善，也为了让士兵在战壕里稍微待得舒服一点，不少堑壕还挖掘了防空洞或是专门辟出一段战壕作为休息整理之用。堑壕边上堆着的沙包也是防弹的装备；而为了防止堑壕垮塌，关键地段还有木桩支撑；除了这些之外，堑壕还有避雨、排水用的挡泥板。但几乎所有堑壕的防空壕都必须不断地维修才能保证正常使用。

敌对双方的堑壕之间的空地变成布满防护网、到处泥泞的"无人区"，攻击的一方只要出现在"无人区"，对方堑壕内的敌人就能清楚地看见，那些埋伏在防御工事内的机枪手就像秋风扫落叶一样夺走进攻士兵的生命，堑壕和机枪彻底阻止了步兵的冲锋。

列日堑壕

比利时列日要塞，用沙包垒起的堑壕，在德军进攻时曾起到有效地保护自己和杀伤敌人的作用。

一战前比利时建的碉堡，在战争期间发挥了一定的作用。

堑壕内的战斗

对于交战双方士兵而言，虽然避免了冲锋时被机枪扫射的厄运，但是堑壕战同样是一个噩梦。士兵们必须与泥泞和脚气斗争。堑壕内的士兵几乎都会患上脚气病，其中"堑壕脚"非常普遍。战斗中，数以千计的士兵会一批批倒下去，血流成河，腐烂的尸体到处都是，堑壕沦为了露天厕所，虱子和老鼠无处不在，这些都使得堑壕成为一个面目可憎的场所。为了不让士兵们精神上绝望，也为了让他们不至于疾病缠身，部队每个星期都必须换防。在一些战役中，炮火的猛烈轰炸会使堑壕被分割成彼此互不相通的一段段，没有军官指挥，彼此没有战术上的配合，更没有食物和运送伤员的担架。

随着僵持局面的持续，既然地面上的进攻没有成效，于是双方又把目光转入了地下，一种新的战争模式出现了，可以把它称为"地道加炸药"。不管是德军还是联军，都开始试图挖掘隧道通向对方，一旦隧道挖好了，就在里面放置大量的高强度炸药。这是一个非常紧张的工作，必须有人一直监听着外面的动静，听听是否敌军也在挖隧道。有时挖隧道的敌对双方也可能因挖通隧道而相会，这时，双方就会展开殊死搏斗，直到一方完全倒下。即使在那些没有大的军事行动的堑壕地方，狙击手、炮火、疾病和毒气仍然造成了较大的伤亡。在1916年前六个月中，英军在索姆河战役发起之前没有参加过大型战斗，但是伤亡人数还是达到了11万人。

德军在松林里修建的堑壕，两边装有篱笆，堑壕底部铺垫有雨雪天防滑木板。

惨无人道的战场
三次伊珀尔战役

为了夺取比利时的一个小镇，交战双方持续了四年，并使用了惨无人道的毒气弹。

第一次世界大战期间，协约国联军与德军在比利时西部伊珀尔地区进行了三次战役。1914年10月中旬，双方试图迂回包围对方的"奔向海岸"行动都没有达到目的，在利斯河（今莱厄河）两岸形成势均力敌局面。整个大战期间，伊珀尔地区成为双方新武器和新技术的试验场。

第一次伊珀尔战役

1914年10月中旬，交战双方"奔向海岸"的运动战终于因为到达了英吉利海峡而结束。但是德军仍不罢休，企图撕破联军薄弱的防线，他们将部队集结起来，选择伊珀尔地区作为进攻点。如果能占领此处，那么就能直接威胁到布伦、加莱和敦刻尔克，切断英军的补给和支援。当时，一支法国部队驻守在该区域的北部，另一支英国部队驻守在南部。德军决定将主要火力集中在英军驻扎的南部防线。

10月19日，德国第四集团军发动了这次进攻。英军顽强抵抗，成功地把德军切成若干小块，但同时伤亡惨重。其中，伊珀尔以北和以南地区的英军被迫收缩队形，形成了明显的绕城防线。但是，11月1日德军还是占领了莫西尼斯高地和维西查伊斯外的村庄，使得绕城防线的区域大大缩小，伊珀尔面临失陷危机，德皇威廉二世甚至迫不及待地亲临前线，只为了看到德军胜利的那一刻。然而，法国援军的到达，稳住了局势，挫败了德军的进攻，11月22日战役结束，双方转为阵地战。

第二次伊珀尔战役

1915年4月22日，德军为报复联军在香槟

第二次伊珀尔战役油画，描绘了残酷而又恐怖的战争场面。

伊珀尔战役中戴防毒面罩的德国战俘。一战中最令人恐怖的武器是毒气，战争双方都在使用。

马恩河会战后，交战双方都意识到正面突破对方是不可能了。从瑞士边界到巴黎北部的防线已经被加固了，但是，延伸到比利时海岸线这段防线仍然存在着真空。于是双方都想从这一侧突破，即德军想攻打联军的左翼，而联军则设法攻打德军的右翼。这种对称运动的结果，使双方越来越加速向大海前进。这就是战史上所谓的"奔向海岸"。

和新沙佩勒的进攻，并掩护其向东线调动军队的行动而发起了第二次伊珀尔战役。从 17 时起，德军向伊珀尔以北突出部的英军连续施放了 18 万公斤氯气，这是战争史上首次大规模使用化学战剂，造成英军 1.5 万人中毒，5000 人死亡，英军阵地宽 10 公里、深 7 公里的地带实际上已无人防守。但德军因年初在波兰战场使用这种新武器时效果不佳，而没料到这次却如此成功，因此没准备充足的预备队乘势扩大战果，英国援军迅速封住突破口，使形势趋于缓和。5 月 25 日战役结束。

在持续了一个月的会战中，德军占领了约 2/3 的突出阵地，给协约国造成了约 6 万人的伤亡。这场会战德军因为人力和物力均彻底透支，无法继续进攻而宣告结束。但德军在战斗结束后仍继续炮击伊珀尔，几乎将残存的城镇夷为平地，镇守残余阵地的英法部队被折磨得生不如死。

第三次伊珀尔战役

第三次伊珀尔战役又称帕斯尚尔之战，于 1917 年 7 月 31 日开始，英军企图趁 6 月莫西尼斯之战的胜利，突破伊珀尔的德军防线，穿过比利时大部，直接捣毁佛兰德斯沿海的德军潜艇基地，

终结其对英国海上贸易的威胁，以加速德国的崩溃。在经过 16 天的炮火准备（3000 门火炮发射了 450 万发炮弹）之后，会同法军以 16 个师的兵力，向伊珀尔附近的德军展开猛攻。连日的倾盆大雨和持续的炮火重击已经把战场变成了一片沼泽，分散配置的联军及其陷在沼泽内的坦克成了德军射击的靶子，双方的飞机也不能发挥作用。到 11 月 10 日战役结束，联军夺回了 1914 年至 1915 年间丢失的大部分阵地，使得英军在伊珀尔的突出阵线向前推进了 8 公里。但作战双方为此付出的代价也非常惨重，联军伤亡近 30 万人，德军伤亡 26 万人。

战后的伊珀尔断壁残垣，不见人烟，仿佛是人间地狱。

英国皇家海军受辱之战
达达尼尔海峡战役

协约国调整军事战略，开始了"东线决定论"的尝试，但收到的却是苦果。

1915 年，英国海军大举进攻达达尼尔海峡，原本是为了迫使土耳其脱离与德国联合，退出第一次世界大战，同时获得一条给俄国输送给养的新通道，但这次军事行动却遭遇惨败。不仅如此，英国海军舰队的惨败还直接引发了血流成河的加里波利半岛登陆战役。

俄国急需援助

1915 年，协约国和德国在西线战场上陷入了僵持的堑壕战，为了扭转战局，德国率先把重心调整到东线对俄作战，俄国在几次战役中都失败了，东线面临危机。对此英、法两国焦急万分，但当他们想要给俄国这个盟友一些帮助时，却又发现面前障碍重重。从欧洲前往俄国的路线在当时有两条：北线是经过北海和北冰洋，通往摩尔曼斯克港和阿尔汉格尔斯克港，但是这条航线十分难走；南线则须绕道地中海和黑海，虽然好走，却必须穿过土耳其控制下的达达尼尔海峡，土耳其恰恰又是德国的盟友。对此，英国在战前就对这一情况进行了研究，得出的结论是：只要能用战舰对达达尼尔海峡施压，虽然可能有些困难，但这条海峡还是能够成为一个安全的通道。

协约国策略的调整

1915 年 1 月，英国海军部部长温斯顿·伦纳

达达尼尔海峡是亚洲与欧洲分界处的海峡。东连马尔马拉海，西通爱琴海，是黑海通往地中海以及大西洋、印度洋的重要通道。它与马尔马拉海、博斯普鲁斯海峡连接，成为黑海沿岸国家出外海的唯一通道。

德·斯宾塞·丘吉尔（Winston Leonard Spencer Churchill，1874—1965 年）提出了达达尼尔海峡作战计划。作为一个"东线论者"，丘吉尔认为，僵持不下的西线战场就是一个无底洞，牺牲再多的士兵也无济于事，但只要打垮了德国的盟友，德国就会变成光杆司令，一触即溃。所以，他相信只要能够扼住达达尼尔海峡这条咽喉要道，击败土耳其，俄国便可以从南部边界运送部队前去支援对德作战，再加上罗马尼亚、保加利亚、希腊等国家的参战，协约国与同盟国之间的力量平衡将发生极大的改变。丘吉尔提出的作战计划很快就获准作为英法联军的共同行动组织实施。英国皇家海军任命海军上将萨克维尔·卡登负责此次行动，并出动了最新的无畏舰"伊丽莎白皇后号"打头阵，以及 12 艘老无畏舰、3 艘战列巡洋舰，法国方面也有 4 艘老无畏舰参与行动。

在达达尼尔海峡，法国战舰"高卢人号"一连几个月轰炸土耳其的地面工事，同时数次被重创，最后在 1916 年被德国击沉。

英国海军的进攻

1915 年 2 月 19 日，英军开始轰击达达尼尔海峡以外的沿岸堡垒，但收效甚微，英军战舰只好于 25 日改用近距离进攻的方式，靠近目标继续开炮。可是英军根本就打不着土军那些灵活的移动式榴弹炮；而土军在夜幕之下用探照灯照着继续开火的时候，英军却无法进行还击。战场的形势让英军头疼不已，照这样发展下去，根本就无法按计划清除海峡两边的火力威胁。

丘吉尔要求卡登不惜一切代价穿过海峡，却不曾想这位海军上将竟因为压力太大而病倒了。3 月 18 日，作为副司令的海军上将约翰·德·罗贝克只好肩负起又一次进攻的指挥重任，几乎大功告成，下午 2 时前，土耳其守军火力减弱，通讯器材被摧毁，火力控制系统也受损，土耳其军队士气低落，但是命运之神却背弃了英国人。在发起进攻前，海峡已经被反复扫荡过，大家都认为海峡 8 公里以内没有水雷了。可是，英军不知道，一只土耳其小船在主要布雷区外放了一排新水雷，当 16 艘军舰强行闯入狭窄的通道时，2 艘战列舰、1 艘战列巡洋舰触雷沉没、3 艘驱逐舰受重创。

面对海上进攻的彻底失败，英国调整策略，决定由陆军强行登陆夺取加里波利半岛和达达尼尔海峡地区的工事，保护舰队突入马尔马拉海，然后海陆并进，攻占君士坦丁堡。

"伊丽莎白皇后号"无畏舰在 1913 年下水，被认为是同时代最具威力的战舰。它结合巡洋舰的速度和战列舰火力的保护，成为超级无畏舰中的佼佼者。

抢滩登陆
加里波利半岛战役

它是一战中最大规模的登陆作战，
被誉为"最具现代意义萌芽的登陆作战"。

达达尼尔海峡战役失败后，协约国决定采用海陆军联合作战，在加里波利半岛抢滩登陆，占领海峡地区的工事，保护舰队进入马尔马拉海。加里波利半岛登陆战役在战法运用、武器和兵种投入上，都具有了现代意义上的登陆作战特色，但是，由于准备工作既暴露又进展迟缓，而且忽略了作战细节，仓促出兵，导致了英法联军在这场战役中大败。

澳新军团虽然是远道而来参战，但战术素养很不错，在敌人的枪林弹雨中，他们在加里波利湾修建了堑壕。

仓促建军，抢滩登陆

协约国在埃及和希腊群岛仓促地集结了一支8万人的远征军，其主力由当时在埃及的澳大利亚军队和新西兰军队组成，即"澳新军团"，由有"诗人将军"之称的英国陆军上将汉密尔顿（1853—1947年）负责指挥。1914年4月25日，在海军炮火的掩护下，澳新军团主力开始在加里波利半岛南端登陆，汉密尔顿对怎样登陆并没有周密打算，只是把登陆地点划定在半岛南端两边的32公里内，对于滩头阵地的选择，由现场指挥官自行决定。土耳其军队对此早有准备，利用地形优势顽强抵抗，澳新军团虽然强行建立了滩头阵地，但是登陆军队根本没法将部队有效展开。经过一番混战，已经登陆的澳新军团被压制得无法动弹，为了守护滩头阵地，汉密尔顿命令军队开挖战壕，交战双方进入僵持状态。登陆虽然成功，但是联军目标却未达到，接下来的几个月双方经过数次正面攻防转换后，死伤无数，开始进入西线式的堑壕战。随着地中海炎夏的到来，在联军阵营里爆发的疟疾和痢疾导致了大批人员伤亡，这种僵局对登陆的联军是非常不利的。

为了摆脱这种困境，8月初联军又增派了三个英国军团前往支援，并决定在土耳其主防线背后的西海岸再发动一次登陆作战。8月6日，新一轮的登陆战在苏弗拉湾（Suvla Bay）拉开，由于土耳其

登陆加里波利。1915年澳新军团在海岸边登陆的绘画，画中可见大量的辎重堆积在岸边，小船不断地从舰船上运载武器和人员上岸。

军队在此处防守薄弱，英军在登陆时未遇到太多抵抗，但是部队上岸后未能及时向内陆推进占领制高点，宝贵的战机再次被错过。近2万土耳其军队迅速抵达苏弗拉湾，抢先在海岸山脊建立防线，成功遏制了英军，登陆行动失败。

秘密撤军

在苏弗拉湾孤注一掷后的失败，英国高层解除了汉密尔顿的司令职务，任命查尔斯·蒙诺继任。蒙诺在视察过各个滩头阵地后，建议联军全面撤退。经过英国高层一番讨论，只好承认登陆失败，批准了撤军报告。这次撤军分为两个阶段，行动前进行了精心的设计和筹备，行动过程中各部门通力合作，井井有条，与登陆时的杂乱无章形成了鲜明对比。整个撤退行动堪称完美，总共只有3人伤亡。12月10日到20日，苏弗拉湾和澳新湾的阵地上，约10万人的部队带着5000头牲畜和300门大炮，在夜色的掩护下最先撤离。由于伪装工作十分到位，部队在行进过程中又特别注意控制喧哗，土耳其的10万大军竟误以为协约国的战壕里一直有部队驻扎，完全没有发现他们撤军的行动。12月底

💡 知识链接：一战中的澳新军团

在协约国的军队中，来自澳大利亚和新西兰的澳新军团无疑是最出色的一支。无论是在加里波利、巴勒斯坦，还是在西线战场，这支部队都威名赫赫。当时，澳大利亚总人口只有500万，却派出了32.2万士兵，其中6万人战死沙场，22万人负伤。而新西兰则是从自己的100万公民中派出1/10参战。战争结束时，新西兰折损的5.8万人中有1.7万人丧生。

到1916年1月间，协约国在赫勒斯角的驻军也以相同的招数顺利转移了3.5万名士兵。

这场登陆战役，英法联军伤亡14.6万人，土耳其军队损失18.6万人。英国的政坛和军界都为加里波利的惨败而大受震动，此次战役的推手、主战派的英国海军部部长温斯顿·丘吉尔也引咎辞职。而英国在黑海上通过达达尼尔海峡给俄国输送给养的计划也就此破灭。

海陆配合登陆。在登陆之前，首先是由英法军舰向岸边区域的敌军进行炮击，然后陆军登陆海岸，与今天的军队登陆十分类似。

Quar de Belle Épine   Fᵗ de Vacherauville Côte du Talou   Cote 344   Vacherauville   Bois des Caures   Charny

Belleville   Fort de Souville   Fort St Michel   Fort de Tavannes   Citadelle

1917 年拍摄的凡尔登战场全景图

　　凡尔登战役是第一次世界大战中破坏性最大、时间最长的战役。此役是典型的阵地战、消耗战。双方参战兵力众多、伤亡惨重。战事从 1916 年 2 月 21 日延续到 12 月 19 日，德、法两国投入 100 多个师的兵力。法军损失 54.3 万人，德军损失 43.3 万人，故此役有"绞肉机"之称。这次决定性战役是第一次世界大战的转折点，德意志帝国从此逐步走向最后失败。

　　凡尔登虽然使法国到了濒临崩溃的地步，但还没有崩溃，贝当由于坚持战场上的部队必须定期轮换，致使 70% 的法军都参与了这场战役，而德军只有 20% 参与了战役。残酷的战斗造成了心理上的影响，几乎导致法军哗变。

人间炼狱
凡尔登战役

地面呈现月球表面的形状，布满密密麻麻的炮弹坑；

到处可见炮火翻腾过的泥土上暴露的人和马的尸体；

在极度的恐怖之中，士兵们对生存已经绝望，甚至乞求上帝赐予他们死亡。

第一次世界大战期间，法德两军在法国的凡尔登进行了一场旷日持久的厮杀，使得这个当时只有1.4万人口的弹丸小城闻名于世。这次决定性战役是第一次世界大战的转折点，德意志帝国从此逐步走向最后失败。

第一次世界大战法军牺牲将士的凡尔登墓地。凡尔登是法国东北部城市，为第一次世界大战法德军队激战地。

决战西线，让法国人把血流尽

经过马恩河一战，同盟国和协约国两军进入隔壕据守的对峙状态，德国在西线速战速决的美梦破灭了。打持久战，对于处在法俄两国夹击状态下的德国来说，显然是十分不利的。1916年初，德军新任参谋总长法金汉（1861—1922年）决定停止东线对俄国的进攻，改为战略防御，把主要的突击方向对准西线的英法军队，以最快的速度击败法国，继而挥师向东击败俄国。

法金汉计划在西线重点对法军右翼部队所依托的"凡尔登突出部"实施突击，目的是进攻一个法国不愿意放弃的军事要地，逼迫法国在那里投入所有兵力，寻求大决战，然后加以歼灭，使法国在军事上崩溃，从而逼迫其投降。他把这次行动计划称为"处决地"，他精心策划的战术其实就是一种残酷的消耗战，"要让法国把血流尽"！

凡尔登，位于法德边界的默兹河畔，它是英法战线深入德国防区的突出部，对深入法国北部的德军侧翼形成严重威胁。德、法在这里曾有过多次交手，但是德军皆未能夺得要塞，如果此次能够一举拿下凡尔登，必将沉重打击法军士气。同时，打通德军迈向巴黎的通道，占领了巴黎，法国就不攻自破了。

1896 年至 1903 年法金汉曾在中国服役，参与了八国联军入侵中国的战争。他是第一次世界大战的发动者之一。1916 年初，法金汉强行发动凡尔登战役，但是，在付出 25 万人死亡的代价后（他也因此被称为"凡尔登屠夫"），战略目的未能实现，法金汉因此被解职。

法金汉为了迷惑法军，表面上大举向香贝尼增兵，作出要在香贝尼发动进攻的姿态，暗地里却悄悄地把德军精锐的第五集团军集结，作为主力进攻凡尔登。第五集团军由德国皇太子威廉担任司令，下辖 7 个军共 19 个师，有火炮 1200 余门，其中有 13 门口径 420 毫米的攻城榴弹炮。法国总司令霞飞果然上当，他把法军重兵集结到香贝尼。等到德军在凡尔登增兵到 50 个师，约占西线德军总兵力一半的时候，才终于弄清楚了德军的真正意图，霞飞总司令火速下令向凡尔登增兵，但是截止到 2 月 21 日，仅有两个师赶到凡尔登，而这一天，德军开始了向凡尔登的进攻。

 知识链接：凡尔登绞肉机

凡尔登战役，是一战中持续时间最长，也是最为惨烈的一场战役。交战双方共投入近 200 万的庞大兵力，其中德军伤亡 44 万人，法军则损失了近 55 万人，以致后来的军事历史学家把这场战役称为"凡尔登绞肉机"或者"凡尔登屠场"。凡尔登战役是第一次世界大战的决定性战役和转折点，德意志帝国从此逐步走向最后失败。

贝当将军临危受命，法德两军殊死拼杀

1916 年 2 月 21 日清晨，随着德国军队的万炮齐发，打响了人类战争史上非常惨烈的凡尔登之战。德军以每小时 10 万发的频率，持续炮击 12 小时，当天德军炮兵共发射了 200 多万发炮弹，这些炮弹密密麻麻地落在凡尔登周围 23 公里左右的三角地带，航空兵首次对法军阵地实施

凡尔登战役显示了法军的勇敢无畏，凡尔登战役纪念奖章对于法军将士们既是肯定更是荣誉。

轰炸，力图在法军前沿阵地造成一个"死亡地带"，让德国士兵踩着死尸前进。在杀伤了大量法军有生力量后，威廉皇太子统领的第五集团军向构建防御工事严密但是守备兵力缺少的凡尔登地区发起了攻击，德军当天就占领了法军一线阵地。德军随后在 13 公里的战线上发动了全面攻击，突破东面的外围机动防御地带，占领了著名的杜奥蒙炮台、极具战略价值的韦尔夫谷地。整个法国的防御体系转眼间被斩成数段，大有一触即溃之势。

6 月 25 日，60 岁的法国第二集团军司令亨利·贝当（Henri Philippe Pétain，1856—1951 年）将军临危受命，关键时刻率部来援。贝当首先建立了一条督战线，凡是退过督战线的人格杀勿论，并下令：宁肯牺牲自己，也不可丢失一寸土地。经过一番苦战，总算勉强支撑住了岌岌可危的防线。

与此同时，法国倾全国之力支援凡尔登地区。在战役过程中，所有的公路和铁路交通均被切断，凡尔登和法国后方的唯一联系是一条通向巴勒迪克

的 64 公里的小路，贝当通过它建立起了有组织的供给体系。尽管不断遭到德军的炮击，但是军用卡车不断地从这条"神圣之路"上通过，源源不断地向凡尔登调运部队和物资，一周内组织了 3900 辆卡车，在短短 10 天之内，多达 5.5 万吨的弹药物资和近 40 万法军，增援到凡尔登前线。

一时间，前线法军士气大振，面对德军的进攻，顽强抵抗，死战不退，使德军每前进一步，就要付出惨重的代价。凡尔登前线的德军士兵预计，战斗将会变成"最后一名德军和最后一名法军拄着枪支蹒跚地走出堑壕……靠牙齿和手指甲消灭对方"。

英俄两国出兵援法，两线作战难挽败局

旷日持久的残酷血战，使凡尔登成了法德两军殊死拼杀的决胜之地。两国都倾其国力和军力，以求在这场失去理智的豪赌中获胜。进入 4 月，昔日不可一世的德国人开始厄运临头。

首先，屡遭德国重创的俄国乘人之危，不失时机地发动了强大的布鲁西洛夫攻势，迫使德国

杜奥蒙堡垒。凡尔登战役中法军 19 个防御性堡垒中最高最大的一个，法德曾经在此反复争夺，乡野中残存的浴火工事还在昭示着当年的惨烈。

陷入两线作战的困境，德军不得不从凡尔登地区抽调 15 个师东调驰援；接着，7 月，英国人出动远征军接替在索姆河一线的法军防务，从而使精锐的法国第十军抽身驰援凡尔登，同时英国在索姆河向德军发起猛攻。这一切彻底改变了战场的力量对比，迫使德军指挥部不得不在凡尔登一带转入防御。

8 月，德国人已经意识到，夺取凡尔登将是一个巨大的错误。数月的苦战、数十万人的伤亡，换来的仅仅是几座毫无价值的炮台。一场本想让法国人把血流尽的战役，到头来却让德国人血流成河。

从 9 月开始，眼看德军兵力捉襟见肘，攻势呈强弩之末，法国军队展开了一系列短促猛烈的局部反击。由于德国人缺乏大口径炮弹，使得法国炮兵在凡尔登战场上取得了绝对优势。在猛烈的炮火掩护下，法国步兵采用渗透式的蚕食进攻，一步一步地向德军实施压迫。由于粮弹两缺、后援不继，德军不得不放弃了一个又一个用巨大代价换来的阵地。法国军队稳扎稳打，逐块肃清。战至 12 月 18 日，德军被迫撤离地狱般的凡尔登地区，法军基本

知识链接：改变战局的一枚偏弹

1916 年 4 月，一名没有经验的法国炮兵，在没有瞄准的情况下将一发炮弹打了出去。这发炮弹竟歪打正着地偏到了斯潘库尔森林里德军的一个秘密弹药补给基地，引爆了基地所储备的全部弹药，德军 45 万多发大口径炮弹和其他数十吨弹药被毁得一干二净。于是，德军阵地上无数门大炮成了一堆废铁，这枚偏弹一定程度上决定了凡尔登战役的最后结局。

上收复了开战前的全部阵地。至此，德国预定在 1916 年迫使法国退出战争的战略计划，在凡尔登战役中遭到破产，历时 10 个月之久的凡尔登大战落下了帷幕。

凡尔登大战，虽然法军损失更为严重，但没有达到德军预想的 2：1 水平。经此一战，虽然使法国到了濒临崩溃的地步，但还没有崩溃。法金汉本想"把法国人的血流尽"，实际上德国的血也快要流光了。战役结束后，德皇威廉二世一怒之下撤销了法金汉将军总参谋长职务，改任兴登堡为总参谋长，鲁登道夫为其副手。

凡尔登战役纪念碑

93

没有赢家的阵地战
索姆河战役

为了缓解凡尔登战役法军的压力，英国远征军在索姆河与德军展开了激烈的肉搏。

索姆河战役是一战中规模最大的一次会战，时间发生在 1916 年 6 月 24 日到 11 月 18 日间，英法联军为突破德军防御并将其击退到法德边境，同时减轻凡尔登方向德军对法军的压力，于是在法国北方的索姆河区域实施作战。双方伤亡共计 130 余万人，是一战中最惨烈的阵地战，也是人类历史上第一次把坦克投入实战中。

索姆河上的消耗

索姆河战役是一个泛化的概念，包括了从 1916 年 7 月初到 11 月底这段时间里一系列的进攻。具体来说，整个战役以 7 月 1 日至 13 日的艾尔伯特之战为起点，在 11 月 13 日至 18 日的昂克尔河之战后结束。而英军发动的最大的攻势就是 7 月 1 日的那次，之后的进攻规模较小，而且袭击的目标也都没多么重要。

从 1916 年 6 月 24 日起，英法联军对德军的阵地进行了 7 天，共计 150 万发炮弹的炮火轰炸。7 月 1 日凌晨，炮火停止之后，信心满满的英军便向德军阵地展开正面冲锋。英军认为经过 7 天的狂轰滥炸，一定扫平了所有的防御工事，没想到德军的工事仍然固若金汤，隐藏在防御工事后面的德军架起马克沁机关枪，对蜂拥而上的英军展开了屠杀。此时，在索姆河以北，尽管英国第四集团军的两个军占领了德军防御前沿第一阵地，但其余三个军和第三集团军的第七军的攻击却被击退。在索姆河以南，法军取得了一定进展，法军第二集团军占领了德军第一阵地及支撑点。就这样，在战役开始的首日，英军就损失了 6 万多人，这是英国陆军史上在一天内遭受的最沉重的损失和最残酷的屠杀。

此后，战斗降格为小规模军事行动，在较小的阵线上继续进行。这时德军意识到英法联军在索姆河的进攻是空前的，其目的绝

法国北部河流索姆河。在阿布维尔附近流入英吉利海峡。索姆河为荷比边境法兰德斯通往巴黎的重要屏障，在军事上具有重要的战略意义。上游盆地在第一次世界大战中，曾是索姆河战役的战场。

世界上第一辆坦克——马克Ⅰ型坦克，也是世界上第一种正式用于实战的坦克。马克Ⅰ型坦克在1916年8月开始在英军服役，并于1916年9月15日首次参加索姆河战役。它的主要作用是破坏战场上的铁丝网、越过战壕并能抵御小型武器的射击。

不仅仅是牵制凡尔登方向的德军，德军迅速抽调兵力，驻防索姆河方向的德军增加到了40个师。

英军在开战首日的伤亡很快就被其他战斗的损失湮灭了：7月23日至9月3日，伯奇尔斯之战开始；9月26日至28日，西配瓦战斗打响；10月1日至11日，昂克尔高地之争爆发。在这些爆发于艾尔伯特到巴波姆公路沿线的战斗中，英军一点点地蚕食着德军的阵地。9月15日至22日，英军在弗勒斯-卡斯莱特之战中首次使用了坦克，给德军造成了很大的恐慌，不少士兵四散而逃，趁机跟进的英军较轻松地占领了他们的阵地。战斗进行到11月中旬，糟糕的天气使战斗已无法进行，双方的物资也接近枯竭，双方都无以为继，持续了4个月的索姆河战役黯然收场。

战役后果

索姆河会战，是第一次世界大战中规模最大的一次战役。双方伤亡约134万人，其中英军45万余人，法军34万余人，德军53.8万人。索姆河战役和凡尔登战役相互联系又相互牵制，德军以凡尔

 知识链接：反坦克战略

1916年，英军坦克在战场上的投入，吓得德军士兵一听到坦克声音就落荒而逃。但德军很快就研发出了对付这种"钢铁怪兽"的技术和武器。最先成形的技术是反坦克堑壕，就是开挖宽阔的战壕阻断坦克行进，接着还推出了"反坦克堡垒"——在这种堡垒中，步兵用机枪掩护前段的两门野战炮，在坦克靠近后发动火焰喷射，是最厉害的"坦克杀手"。

登战役牵制了英法联军在索姆河的力量，而英法联军则以索姆河战役牵制了德军在凡尔登的力量，但是双方都没有达到自己的进攻目的。

虽然索姆河战役是在难分胜负的情况下结束的，但是此役对于德国造成了非常不利的影响。索姆河战役结束后，德军从上到下都笼罩在一片阴影之中。将军们觉得，德国的战斗优势已经随着数十万条生命的消逝而消失，这让他们沮丧不已；士兵们则因为"主心骨"的老兵大批阵亡而士气大挫。另外，由于在索姆河和凡尔登两个战场上损失太多，德国开始面临严重的兵力不足危机，战争的优势开始转向协约国一方。

为抵御对方的炮火和打退对方的进攻，法军碉堡上有射击孔。碉堡和堑壕是敌我双方都拥有的军事工事。

俄军的辉煌之作
布鲁西洛夫攻势

布鲁西洛夫攻势是俄军罕见的一次漂亮的战役，
"一点为主、多点同时突破"的战法闻名于世。

为了尽到盟友的责任，尽可能地帮助法国缓解凡尔登地区的压力，由阿里克谢·阿里克谢耶维奇·布鲁西洛夫将军（Aleksei Alekseevich Brusilov，1853—1926 年）指挥的俄军，从 1916 年 6 月开始在东线战场上向德奥军队发动了一次声势浩大的攻势，并取得了辉煌的战果。由于布鲁西洛夫的出色指挥，此次战役以其名字命名。

大胆而出色的战前计划

1916 年 3 月 17 日，布鲁西洛夫就任俄军西南方面军司令。为了减轻西线战场的压力，俄军大本营给他下达的任务是向卢茨克实施辅助突击，然而在他的脑海里却酝酿着一个更大胆的进攻计划：全线突破德奥防线，彻底扭转东欧战局。布鲁西洛夫决定放弃俄国传统的"人浪"消耗战略，转而使用突袭战术，摒弃某一地段上重点突破的做法，在四个方向上同时向奥匈联军实施突破。他的同僚们却不认同这种做法，认为在势均力敌的情况下全线突破，无异于自寻死路。

布鲁西洛夫的战略是有依据的，因为同盟国拥有功能完备的铁路系统，可以迅速把增援部队运送到受到威胁的地区，具有非常强的机动性，而这也是俄军最欠缺的。但是，如果扩大突击面，即在四个方向上同时实施突破，使敌军难以判断主攻方向，这样就达到了主要突击的战略伪装，使敌军预备队不能向主攻方向实施机动。为了能够出奇制胜，布鲁西洛夫选择奥匈帝国的军队作为进攻目标，在细节上做好了一切计划，并对部下强调了一切必需的准备工作，使他们完全了解了奥军的防御情况。鉴于意军在特伦蒂诺受到重创和协约国请求俄国向德奥发动进攻以牵制德军的紧急情况，俄军大本营同意了布鲁西洛夫的方案。

四面出击，奥军崩盘

1916 年 6 月 4 日，四路俄军同时进攻驻扎在卢茨克的普里皮亚特沼泽和罗马尼亚国境线之间的五支奥匈帝国集团军。俄军第八军团在

布鲁西洛夫，俄国军事家，以推崇攻势战略著称，第一次世界大战中指挥部队实施大规模进攻战役，突破德奥军阵地，创造以一点为主、多点同时突破，使敌军预备队难以向主要方向机动的新战法。

为纪念布鲁西洛夫在战术上的创新，2014 年俄罗斯专门发行了一张印有布鲁西洛夫和下属合影照片的邮票。

🦉 知识链接：布鲁西洛夫

　　布鲁西洛夫是俄国军事家、骑兵上将，被视为俄国在第一次世界大战中最好的将军。一战爆发后，调任第八集团军司令。1916 年任西南方面军司令，因为策划并指挥了布鲁西洛夫攻势而闻名于世。1917 年任俄军最高统帅。十月革命后转为苏维埃政权服务，1923 年调任工农红军骑兵监，1926 年在莫斯科去世。

普里皮亚特沼泽南部进行了大规模进攻，结果摧毁了奥匈第四集团军，两天内便成功占领了卢茨克。在南部的更远处，俄军第十一军团突破了敌军防线，击败奥匈第一和第二集团军。而俄军第九军团也占领了奥匈军队阵地。虽然奥军猛烈反击，但奥军的防线最终还是被突破了，奥军损失 60 万人，其中 40 多万人被俘。到 6 月中旬，加利西亚的奥匈帝国军队实际上已经土崩瓦解。

　　东线的溃败使德奥两国惊骇万分，急忙从西线和意大利战线调集援军，以堵住突破口，德军对准俄军较为薄弱的北翼进行了坚决反击。在南部，俄军已进军至喀尔巴阡山脉，因补给不足被迫放缓了前进的速度，在北部，德军设法阻止了俄军的前进。7 月中旬，俄军向科韦利发动了两次进攻，但是此时德军已经再次集结了重兵防御，这两次进攻酿成了斯托霍德河上的持久血战。此役，俄军总共俘获大约 20 万人及 700 多门大炮，并使军队向前推进了 80 公里。8 月，布鲁西洛夫还在顽强地向前前进，但由于后勤补给困难，俄军伤亡极大，终于在 9 月 20 日停止了此次进攻。

　　布鲁西洛夫攻势是俄国在第一次世界大战中发挥作用的最佳表现之一，布鲁西洛夫也成为一战中俄国名将。此役迫使德军抽调大批军队支援东线，大大减轻了英法联军在凡尔登和索姆河的压力，挽救了意大利，同时对奥匈帝国给予了致命打击，对整个战争的进程起到了非常重要的作用。

第一次世界大战中俄军并不是通常想象的一击即溃，他们抱有东正教的信仰，把为上帝和沙皇而战死视为荣誉。在对德军阵地一阵炮击过后，俄军军官拔出左轮手枪高呼一声："为了沙皇！"无数士兵从战壕中冲出，高喊着"乌拉"冲向德军阵地。

一战中最大的一次海战
日德兰海战

英德争夺海上霸权的一次较量，
也是历史上交战双方最后一次使用战列舰
编队进行的海战。

日德兰海战是第一次世界大战中规模最大的一次海战。虽然英军在此战中损失的战舰和士兵都比德国多，但却在这次海上对抗中笑到最后，而德国海军舰队却从此再也无法参与此种强度的作战了。

海上封锁，德国受困

第一次世界大战爆发后，尽管德国加强了海军力量，但在舰只数量和排水吨位上仍然落后于英国，火炮半径和数量也不及英国。因此，在战争开始后的两年半时间里，英国海军凭借其优势对德国实行海上封锁。

长期的经济封锁，给德国经济造成了严重的影响，德国人一直想打破这种局面。1915年1月，德国海军中将希佩尔率领大洋舰队主力在多格尔沙洲附近与英国主力舰队遭遇，结果德国

舰队不敌，在损失一艘军舰之后悻悻而归。此后，大战进行了两年多，胜负形势还是不明朗，战争的巨大消耗使德国越来越感到吃力。1916年，德皇任命好斗的莱茵哈特·卡尔·弗里德里希·冯·舍尔上将（Reinhard Karl Friedrich Von Scheer，1863—1928年）为公海舰队司令，命令其必须打破英国的海上封锁，确保殖民地的物资运到德国。

雄心勃勃的舍尔决心与英国海军来一次真正的会战，彻底扭转德国海军无所作为的尴尬局面。舍尔的作战计划是派出小规模舰队到英国海岸及港口骚扰，打了就跑，英国海军如果不追击，就搅得英国海岸永无宁日，一旦英国海军追击，就将其诱至德国海军预设的战场，由德国海军主力打对手一个措手不及。

互设诱饵，意外决战

1916年5月30日，英国海军司令约翰·拉什沃思·杰里科（John Rushworth Jellicoe，1859—1935年）接到军事密报：德国"吕佐夫号"等5艘战斗舰队正沿日德兰海岸航行。杰里科担心英国的大舰队一出现，就把敌舰吓跑了。于是策划了一个与德军一样的方案：让贝蒂中将率领一只较弱的舰队向德舰迎战，并佯装败走，诱使德舰追击，在远处海面的主力舰队一举围歼德舰。5月30日，贝蒂率领的诱使舰队，从斯卡帕湾出发，由西向东驶进北海。杰里科则率领包括24艘战列舰在内的98艘军

夜色迷人的日德兰。日德兰海战是战列舰时代规模最大也是最后的一次舰队决战。在这次海战中，大炮巨舰主义遭到失败。此后，德国和其他海上强国开始研发争夺制海权的新型力量，探索新的战法。二战中出现的潜艇破袭战和航母海空决战正是这一探索的产物。

德军为防止英军在日德兰登陆，在海岸线上修建了碉堡来作为防卫，但登陆作战并非英军所长，海军才是大英帝国的看家本事。

舰，在西北 110 海里的海域随后跟进。同一个夜晚，在希佩尔将军的率领下，德国的诱使舰驶向了丹麦的日德兰半岛附近。在其后 50 海里处，是舍尔亲率的公海舰队主力，包括 16 艘无畏舰在内的 59 艘军舰。

5 月 31 日下午两点多，两只庞大舰队的诱使舰队交上火，拉开了日德兰海战的大幕。德国前锋舰队的战斗力明显处于优势，英舰"不倦号"和"玛丽王后号"先后被击沉。正在危急时刻，英国海军 4 艘战列舰赶来救援，希佩尔立即命令各舰迅速脱离战场，向身后的主力舰队靠拢。不久，贝蒂率领的英国舰队就发现了舍尔率领的德国主力舰队向自己扑将过来，便马上掉头逃跑，并向杰里科求援。

下午 6 时许，双方的主力舰队相遇，猛烈的总交战开始了。不久，英国的"无敌号"战舰就在一

次爆炸中沉没，而希佩尔的旗舰"卢佐号"也被重创。战至此时，希佩尔终于看清了战场对德军而言是极为危险的，于是开始用自己的战列巡洋舰吸引英军的火力，掩护舍尔在浓重的夜色中得以抽身撤退。而杰里科由于担心德国无畏舰的鱼雷而不敢近距离地追击。第二天，双方各自撤回。

此次海战，英国参战战舰 149 艘，德国战舰 116 艘，交战中，英国损失 14 艘战舰，伤亡 7000 多人；德国损失 11 艘战舰，伤亡 3000 余人，德国取得了胜利。但是，德国是举全部海军来与英国的本土舰队一战，如若不是撤退及时，险些全军覆没。此后，德国舰队困守在自己的海港内，海上的行动主要依靠潜艇了。

日德兰海战场景。这场战役的结果比较特别：一方面，舍尔海军上将率领的德国公海舰队以相对较少吨位的舰只损失击沉了更多的英国舰只，从而取得了战术上的胜利；另一方面，杰里科海军上将指挥的皇家海军本土舰队成功地将德国海军封锁在了德国港口，使得后者在战争后期几乎毫无作为，从而取得了战略上的胜利。

出其不意的"地道战"
阿拉斯之战

为了配合尼维尔攻势，英军在阿拉斯通过地道发动了一次成功的偷袭战。

1916 年 12 月，罗伯特·乔治·尼维尔（Robert Georges Nivelle，1856—1924 年）取代了霞飞成为新一任的法军总司令。1917 年初，踌躇满志的尼维尔迫不及待地布置了一次针对突破德军防线的英法联合行动。为了配合尼维尔的攻势，英军决定率先发起阿拉斯战役，彻底解除德国对法国巴黎的威胁。

维米岭大捷

维米岭（Vimy Ridge）位于阿拉斯北部，这个地方是德国在整个西线守卫最好的。因为维米岭是高地，交战双方都认为这是一个军事战略重地。英法联军在 1915 年就进攻过维米岭，但都是以惨败告终。单法国就有 15 万人阵亡。1917 年，协约国决定再次向维米岭进攻，此次执行进攻任务的是加拿大远征军。此次行动之前，加拿大远征军在战争中几乎没什么表现，为了赢得此战的胜利，加拿大共调集了 4 个师，并制定了良好的作战计划。

加拿大远征军从 4 月 2 日起，对维米岭的德军阵地进行了为期一周的轰炸，总共用了 100 多万发炮弹。4 月 9 日，复活节的清晨，加拿大远征军开始向德军的防线发起总攻，经过三天的激战，加拿大远征军以伤亡 1.1 万人的代价控制了整个维米岭，而德军方面阵亡 2 万余人，被俘 4000 余人。此役是加拿大远征军开战以来头一次大捷，整个战场为之震动。

地下钻出的英军

在经历了 1916 年索姆河战役的惨痛伤亡之后，英军得出了一条血的教训：跟装备精良、战术多变的德军硬碰硬，无异于大规模自杀。他们变更了作战策略，提前三个月在德国人的眼皮底下挖掘了一条规模宏大的地下通道。复活节这一天，在猛烈的炮火打击和毒气攻击之后，随着英军第三突击师发起的进攻信号，2.5 万名英国军人从指定的出口冲出地面，奇迹般地出现在德军面前，向驻扎在阿拉斯的德军第二和第六步兵师发起突袭，顺利进入德军阵营。狼狈不堪的德国人没有想到英法联军会在距离自己不到 1 英里的地方突然出现，他们有的连靴子都没来得及换，有的甚至还穿着睡衣就成了俘虏。紧接着，由霍恩将军指挥的英军第一军团与艾

加拿大在法国维米岭建有战役纪念碑。维米岭战役是阿拉斯战役的序幕，也是加拿大所参与一战中最有名的战役之一。

加拿大士兵乘车奔赴维米岭参加战斗。加拿大军队成功地占领了一处英法军队打了两年多都久攻不下的高地。战役之所以成功是因为有赖长久的训练，用持续的炮火压制了德军的火力。

第一次世界大战持续到 1917 年，协约国占据了领先优势，德国新任参谋总长兴登堡鉴于在凡尔登战役和索姆河战役的失败，决定在西线采取守势，而在海上展开无限制的潜艇战，希望通过这种策略迫使英国人因饥饿而投降，同时将法国孤立在欧洲大陆上，于是将部队撤到一道正面大为压缩但组织严密的防御地带，即兴登堡防线。

伦比指挥的英军第三军团，也一举突入德军第六军团的防线之内。

英军大获全胜，以 1000 多人的微小伤亡击溃了整个德军师团，成功将战线向前推进了十多公里，身后的巴黎从此高枕无忧。阿拉斯地道战成为世界军事史上的经典战役，而维米岭之战也成了加拿大远征军的荣誉之战。但是由高夫指挥的英军第五军团在南面的进攻却没能取得进展，经过随后几天的战斗，英军的推进慢慢停了下来。虽然英军在阿拉斯战役中取得了战术胜利，但没能达到对德军战线的突破。

第一次世界大战结束后，人们重建了阿拉斯小镇。新的居民希望能够忘却战争留下的所有创伤，于是市政当局草草封闭了"地下城"。第二次世界大战期间，镇上一部分知道"地下城"存在的居民将其重新启用，作为地下掩体保护人们免遭空袭。

但是一到战争结束，地道又被重新封闭，从此不见天日。光阴荏苒，直至 1990 年，当地一个名叫阿兰·雅克的男子决心对神秘的阿拉斯"地下城"展开调查。起先，雅克发现了"布伦海姆"区域，在接下来的几年中，多片未知隧洞区逐渐浮现。1994年，借由一次天然气管道维修工程，他又发现了"汤姆森"区。随着调查工作的深入，当时的英法联军部队如何进驻地道，以及发起进攻的细节过程也被雅克一一理清。如今，阿拉斯地道的部分区域在修复后改建为博物馆，向公众开放。

维米岭的地道是一个复杂的网络。维米岭地道只是整个西线地道的一小部分，至今仍然不知道在地面下有多少英里的隧道，地道在一战中帮助英法战胜德国起了不少作用。

愚蠢的作战行动
尼维尔攻势

盲目的进攻计划，不顾士兵死活的军事行动，最终导致了法军兵变。

法国于 1917 年 4 月在西线战场上发动了对德军的总攻，又称为"第二次埃纳河会战"，而其在同一时期于次级战场上发动的进攻则被称为"第三次香巴尼会战"——这两个进攻有一个共同的名字，尼维尔攻势。这次攻势的始作俑者是法国新任总司令罗伯特·尼维尔。

盲目乐观的尼维尔

尼维尔是一位博学多才、能言善辩的人，是法军中少有的一名重视宣传鼓动的将军。他认为，军人的勇敢精神来自他们对战争的热情，而军人的战争热情，则需要指挥官的嘴巴激发。尼维尔血气方刚而且好大喜功，他认为只有实施无情的、猛烈的进攻才能取得胜利。尼维尔认为，地处苏瓦拉和克拉奥纳之间、横跨若干个森林覆盖的山峰的"贵妇小径"是一个制胜的捷径，只要沿着这条路发起进攻，很快就能突破德军防线，"在 48 小时内"，获得协约国从 1914 年开战以来就一直渴望的全面胜利。尼维尔为了发动这次攻势而不断地游说他的盟友，在他巧舌如簧的鼓动下，协约国的政要们都动了心，对他的方案有异议的将军们也在政府的强压下，只能听命行事。

虽然尼维尔的计划并没有什么实质性的创新，但却选择了一个比以往的行动都要大得多的规模来发动整体攻势。法军的火线位于苏瓦松和兰斯之间，总长约为 64 公里，被尼维尔安排到这条火线上的是法军预备役的四个集团军，共有 120 万名

1916 年 12 月，尼维尔将军担任法军总司令。四个月以后，贝当将军取代了他的职位。

士兵和 7000 门大炮。与他们对阵的德国部队除了马克思·冯·伯恩率领的第七集团军，还有弗里茨·冯·布罗率领的第一集团军。虽然法军在人数上占了很大优势，但德军却也踌躇满志，因为此地的德军防线不仅火力充足，而且交织在尼维尔的进攻路线之中，更重要的是，德军早已获得了法军的行动计划，一切都在他们的掌握之中。

尼维尔的屠宰场

1917 年 4 月 16 日，法军的进攻在结束了持续 10 天的预备炮击之后正式开始。奥利弗·玛泽率领第五集团军与查尔斯·曼金的第六集团军一起沿着圣母堞道挺进，结果却是以极高的代价换回了极少的阵地而已。伯恩的部队不仅第一天就给法军造成了 4 万人的伤亡，而且还让 150 辆新的法军坦克报销。次日，在兰斯东面的次级战场上，弗朗克伊思·安托万指挥的第四集团军对布罗的军队发动了进攻，依然惨淡收场。

尼维尔进攻三天就造成 4 万法军的死亡。羔羊拒绝走向屠宰，一战中最大的叛乱开始，前线各地的法国士兵丢弃前线战壕或拒绝上前线，法军士气近乎崩溃。

面对如此明显的败势，尼维尔还是一意孤行地坚持进攻。4 月 20 日，无数的将士已经在战场上白白牺牲，而他给协约国盟友们承诺的所谓"突破"却连个影子都没有。进攻越来越没意义，战斗的规模也越来越小，但尼维尔仍然不肯回头。5 月 9 日，法军攻势正式结束，法军付出 18.7 万士兵的代价，却没有取得任何明显的突破。15 日，尼维尔总司令的职务被解除，贝

贵妇小径位于法国埃纳省，这条小路是由法国国王路易十五设计给他的女儿们作娱乐之用。在第一次世界大战期间，它重要的战略位置导致对其控制权的反复争夺。现在是一条休闲步行道，游客可以观赏到埃纳河两岸的秀丽风光。

当将军接任，同时斐迪南·福煦出任法军总参谋长。

尼维尔的战略失误让饱受折磨的法国军队彻底崩溃了，徒劳无益的流血，无止境的战斗，不充分的休假，贫乏的娱乐设施，官兵间无法弥合的鸿沟，德国的宣传以及俄国革命，所有一切都起了作用，整个法国陆军发生了兵变，整师整师的部队拒绝执行任务，士兵们拒绝再回到堑壕里去，这也许是现代史上发生的最大的兵变了。这场叛乱从 4 月的最后一个礼拜持续到 6 月中旬，最后贝当将军平息了叛乱，约 55 名叛乱首领被处决，法国继续战争。由于法国对兵变事件的消息封锁得非常严密，德国直到兵变结束才知道有这么回事，错过了有利时机。

史上最大的坑道爆破
梅西讷之战

此役是计划最周密、指挥最严格的一次战斗，
英军短短数小时就攻克了德军阵地。

梅西讷之战是第三次伊珀尔战役的组成部分，是第一次世界大战中计划得最周密、指挥最严格的一场战斗，英军在此战中仅仅花费了几个小时就攻下了德军自以为坚不可摧的一道防线。

战前准备

1917 年中期，由于尼维尔攻势的溃败及其引发的兵变，让法军在西线战场彻底丧失了战斗力，此时陆军元帅道格拉斯·黑格指挥的英国远征军开始成为协约国的主力部队。此时，俄国爆发了革命，东线战场也岌岌可危，英法担心德国趁此时机集中力量对付西线，决定先发制人，并将最终总攻的地点再次放在佛兰德斯的伊珀尔。首先，道格拉斯·黑格元帅安排了赫伯特·普鲁莫将军，让他率领包括一小支澳新军团在内的英国第二集团军袭击梅西讷山脊。这块高地环绕着伊珀尔南端的梅西讷镇，是德军阵地的一个突出阵线，只要能够端掉德军的这个据点，就能为协约国的大规模总攻占据极为有利的地形。

普鲁莫是一个思虑周全、谨慎可靠而颇具盛名的指挥官，从 1915 年开始驻守佛兰德斯，对当地的一切了如指掌，是一个无论从哪个方面来看都是非常合适的司令官人选。在接到黑格的命令之前，他就已经做好了进攻梅西讷山脊的准备。从 1916 年开始，普鲁莫就安排工兵在德军堑壕战线之前埋设了地雷。1917 年 1 月，他又指挥完善了进攻的准备。不仅在德军的眼皮底下悄无声息地挖出了一条长达 5000 多米的地道，而且还在 22 根支撑隧道的受力柱子上装了总量达 450 余吨的高爆炸药，而德军在开战之前只发现并拆除了其中的一根。

战争史上最大的坑道爆破

由于英军在佛兰德斯地区拥有制空优势，德军空军部队不可能参与此次战斗，所以为了在开始时尽可能地减

无名战士墓。在梅西讷之战中阵亡的士兵，无论是英军还是德军，大部分都是葬在战场，现在人们立下十字架，以纪念这些无名的战士。

知识链接：挖掘技术哪家强？

在敌军火线之下埋藏大批高爆炸药是堑壕战中一种常见的作战手法，这就必须有很好的地道挖掘技术，英国在这方面表现优异。1915 年 2 月 12 日，英国组建了首批专业隧道挖掘单位，编号为 170—178 的"皇家技师挖掘队"，最早被征召的技师就是原先在各类矿井下工作的矿工。之后，协约国其他国家也成立了类似的挖掘部队。

梅西讷之战对于当地的德军来说是毁灭性的。地道的炸药爆炸后，场面惨不忍睹。现代画家笔下只画了死寂的战场，令人震撼。

少部队的伤亡，普鲁莫打算充分利用炮兵、坦克和毒气进行战斗。英军集中了 3300 多门火炮对德军阵地猛烈轰击，并施放了毒气。为了达到最大的杀伤效果，6 月 7 日凌晨炮击突然停止，躲在战壕里面的德军便按常规纷纷涌上前线阵地准备迎战，而这正是英军期待的。英军引爆了隧道里的炸药，22 个爆炸点共有 19 个成功起爆，这是战争史上规模最大的坑道爆炸作业。据说巨大的爆炸声居然在伦敦和都柏林都能听到，爆炸产生的冲击波一瞬间就夺去了约 1 万名德军士兵的生命。在德军位于山岭的防线上撕开了一个大口子，普鲁莫的第二集团军成功地夺取了德军在梅西讷的防御阵地。随后英军在延绵 16 公里的正面战线上发起冲击，在 3 个小时之内一举拿下了目标高地。

虽然接下来的几天里德军奋力反扑，试图把英军从山脊上挤下去，但却越战越疲，根本无法挽回节节溃败的局面。14 日，德军被迫从突出部全部

撤军。在第一次世界大战中，无论胜败如何，很多战役都是以进攻方付出较大代价结束的，但是由于普鲁莫的正确领导，梅西讷之战却是一个绝对的例外。英军在此战中仅损失 1.7 万人，而德军加上 7500 名战俘在内共损失了 2.5 万人。

英国远征军在此战中的压倒性胜利为第三次伊珀尔战役开了一个好局，但是由于糟糕的天气和德军纵深防御又很快地建立起来，英军此次攻势的最终目标并没有达到，同时伤亡近 30 万人。然而，英军此次在佛兰德斯的攻势成功地将德军的注意力从南边虚弱的法军身上引开，化解了法国的危机。

被炸的德国堑壕一片狼藉，得胜的英军正在清点战场。

俄国最后一攻
克伦斯基攻势

资产阶级临时政府不顾人民的死活坚持战争，
最终彻底激怒了俄国人民。

1917年，刚刚经历过二月革命的俄国站在了"是战还是和"的十字路口。临时政府新任总理克伦斯基（Alexander Fyodorovich Kerensky，1881—1970年）决定继续在协约国阵营里把战争打下去，以一场大规模攻势为俄国作出了选择。虽然这场被以他名字命名的攻势拥有充分的物资保障，也拥有一位"恰如其分"的总指挥，但依旧在气势逼人的开场之后惨遭失败。克伦斯基攻势的失败，决定了俄国的未来走向。

1917年，二月革命爆发，沙俄政府崩溃。原属政府的杜马与圣彼得堡苏维埃争夺政府领导权，双方最后和解，决定成立一个临时政府。1917年3月15日，沙皇尼古拉二世逊位，罗曼诺夫王朝正式灭亡。临时政府接管俄国，图为克伦斯基等临时政府成员。

临时政府与苏维埃政权并立

1917年3月（俄历2月）俄国爆发的革命中，沙皇政府被推翻，临时政府掌权。与此同时，彼得格勒工兵代表苏维埃政权也建立起来，两个政权并存的俄国走到了十字路口。临时政府与布尔什维克领导下的苏维埃展开了斗争。临时政府极力主张继续参战，直到协约国取得最后的胜利。苏维埃担心军官团队会采取支持临时政府的行动，于是在3月15日以苏维埃的名义发布了著名的"第一号命令"，以此剥夺了军官们的军事管理和训练权。这一命令传遍了整个俄国的武装力量，尽管临时政府下达了相反的命令，但结果却是部队的军纪丧失了。兵变的士兵杀死了很多军官，其他军官则直接被士兵大会罢免。到5月前，估计军官团队中有一半以上的军官被清除了，他们其中有许多是有经验的军人。

克伦斯基的临时政府为巩固其统治，配合西线英法联军作战，决定于6月对德奥联军发动大规模进攻。其企图是以西南方面军向利沃夫方向实施主要突击，以北方面军、西方面军和罗马尼亚军实施辅助突击。在主攻方向上，俄军步兵和炮兵人数分别是德奥联军的3倍和2倍。此次俄军动用的是最精锐和受影响最小的部队。临时政府此次进攻力图一旦获胜就解散苏维埃和士兵委员会，结束两个政权并存的局面，粉碎革命力量；如果进攻失利，就

克伦斯基会见前线军队。克伦斯基是俄国社会革命党人，1917年俄国二月革命以后出任总理，拒绝让俄国退出一战。十月革命中，布尔什维克推翻了他的政府后，流亡巴黎。1940年移居美国，以教书和著述为生，直到去世。他小时候的朋友和长大以后的政敌列宁称其为"小拿破仑"和"小牛皮家"。

把罪责推给布尔什维克党，指控它瓦解军队，并扑灭国内革命。

主动投降，溃不成军

1917年6月29日，克伦斯基攻势在加利西亚开始。布鲁西洛夫指挥着为数不多的还有战斗力的俄军向伦贝格实施进攻。俄军第十一、第七集团军向利沃夫实施突击，不久受阻。在南线与奥军作战的第八集团军却推进了30多公里，在其侧翼的罗马尼亚军队也取得了一些战果。为俄军胜利所震惊的德军统帅部将13个德国师和3个奥匈师调到东线，使其兵力增加了一倍。随着德军抵抗的增强，以及俄军后勤供应的中止，俄军的战斗热情和纪律性急剧衰退。俄军第十一集团军几乎未做抵抗，就大批撤退。7月20日，罗马尼亚方面军也因其他战线失利，被迫于26日停止进攻，后在德奥联军反击下撤至国境线。7月25日，德军攻占捷尔诺波尔，至28日迫使俄西南方面军也撤回国内。

俄军战线实际上已经瓦解，整个建制的部队逃

知识链接：科尔尼洛夫事件

此次事件发生在1917年9月。俄国的拉夫尔·科尔尼洛夫将军发动军事政变，企图同时推翻临时政府和苏维埃政权，建立起军事独裁。但他由于得不到部下的支持，政变以失败告终，他与7000名支持者被捕。政变严重削弱了临时政府的实力，让苏维埃再度壮大，为后来的十月革命埋下伏笔。

亡，或者自愿放下武器向德军投降，德奥军队如入无人之境。1917年底，德国已经清除了俄军在加利西亚的残余。整个攻势期间，俄军仅西南方面军就损失13万人，其他方面军伤亡和失踪的人数超过15万。攻势失败的主要原因是士兵厌战、不愿为与其水火不容的资产阶级打仗，各方面军之间协同不紧密、指挥不力，而且弹药物质缺乏，后备兵力不足。前线的失败，促使俄军下层官兵转向革命，主张俄国退出战争的布尔什维克党深得人心，渴望和平的俄国人民倒向了布尔什维克。

二月革命后，临时政府驱使士兵在前线向德、奥匈军队进攻，这次冒险进攻遭到了惨败。图为1917年7月，在波兰被俘虏的俄国战俘，一个德国警卫正在搜查俄国士兵。

孤注一掷
德军米夏埃尔
作战行动

随着美国的参战，胜利的天平已经倒向协约国，为了取得胜利，鲁登道夫策划了德军最后的攻势。

1918年初，为了赶在美国军队正式参加欧洲战斗之前，并利用俄国退出一战的机会，德国发动了"米夏埃尔行动"的大进攻。此次军事行动德国集中了所有的精锐力量，利用新的进攻战术，希望能够在西线战场上彻底击溃英法联军，迫使英法求和。最终，这次作战德国虽然在战术上取得了胜利，但却没有达到彻底击败协约国的目标，反而耗尽了自己的最后气力，德国上下开始感受到失败的即将降临。

鲁登道夫的"大进攻"

到了1917年年底，德国已处于极端困难的境地，兵源枯竭，经济萧条，政治混乱，危机四伏。鲁登道夫打算使1918年成为决定性的一年，便计划发动一场代号为"米夏埃尔行动"的大进攻，在西线集中德国所能动用的全部兵力，企图彻底击溃协约国。

使用渗透战术和强大的火力，德国冲锋队首先拉开法国某段薄弱防线的口子，成为德国"米夏埃尔行动"中的一个制胜法宝。

香槟葡萄酒是法国葡萄酒顶级名酒之一，名字因原料产地得名。一战的炮火也未让香槟地区幸免。这里有法国的防御工事，也被德军铁骑踏过。

1918年2月，鲁登道夫在西线摆开了178个师，包括123.2万步兵、2.4万骑兵、5500门重型野炮和8800门轻型野炮。协约国闻讯后，丝毫不敢大意，急忙布置了173个师以对抗德军，包括148万步兵、7.4万骑兵、6800门重炮和8900门轻型野炮。德军虽然在数量上不占绝对优势，但在每个师拥有的步兵武器方面则优于协约国。另一方面，协约国的空军力量则比德国强了将近3倍，而德国却把有限的空军力量全部集中到预备突袭地点使用。

为了达到预期的目的，鲁登道夫下令对德国士兵进行严格的渗透战术训练。该战术强调用受过专门训练的步兵，紧贴炮弹的炸点前进，遇到抵抗后不正面进攻而寻找弱点，向敌军的纵深渗

即渗透战术，该战术是一战德国总参谋部基于英国人和法国人的战术发展而来，具体指实施短时间的密集炮火准备，然后以小的战斗单位绕过敌人的强点渗透对方前线。尽管胡蒂尔在这一战术的发展过程中没有扮演任何角色，但他在这一战术使用中体现的卓越和广阔的视野，使得英国人将战术称为"胡蒂尔战术"——这一称呼保留至今。

透。之后，由预备队从正面向顽抗的孤立据点发起突击。鲁登道夫自信地声称"只要打开一个缺口，其余部队就可以跟踪而进，从而彻底击垮敌军的防线"。

虽然英国统帅部早在一年前就从俘虏和逃兵中缴获了德国训练手册，对渗透战术的具体内容十分熟悉，但英国人根本不认为该战术在实战中能发挥多大作用，仍然将大部分部队都集中到了前线的防御阵地上。鲁登道夫获悉英军的布防后，立刻下令要给英军以最有力的打击，从而一举摧毁这个协约国的柱石。

杰出的攻势战术

3月10日，德军开始炮轰香巴尼（香槟地区）的法国防御工事，并对凡尔登和兰斯两地发动牵制性突击。与此同时，大批德军乘火车和经公路向与英国第三、第五集团对峙的防区运动。鲁登道夫打算以连续猛攻的方式前进至索姆河上省辖城镇佩罗内的两岸，然后向北横扫英军的侧翼。于是他下令，在将近80公里的战线上，第十八集团军负责进攻沿瓦兹到拉费尔一线的英军，第二和第十七集团军则同时沿拉费尔到斯卡尔珀一线展开。

与德军的精心准备相对照的则是英军的指挥失误。英军第五集团军面临来势汹汹的德军，却仍然将其辖下的 12 个师稀疏地分布在一条长达 167 公里的战线上；而英军第三集团军的 14 个师却防守着一条不过 45 公里的战线，与德军第十七集团军的右翼相对峙。很快，英国人就尝到了分散兵力的恶果。

3 月 21 日凌晨，德军对英军阵地发射高爆炮弹和毒气炮弹，英军的防御工事和交通线在德军的炮火中成为一片废墟。在烟幕和毒气中，德军按照"胡蒂尔战术"开始突进，突击小分队每突破一点，后续部队便即刻跟进，向英军阵地实施毁灭性的攻击。至 21 日傍晚，整个英军防线便全面崩溃了，第五集团军残部不得不退到索姆河的南岸。

第三集团军尽管也遭到了不小的损失，但其依托纵深防御成功地阻止了德军的进攻。德军第二和第十七集团军除了夺占第五集团军的防区外，并未能按鲁登道夫所期望的那样击溃第三集团军。鲁登道夫获悉前线受阻后，便修改了他的策略，利用保

"米夏埃尔行动"中，亚眠战役英法两军伤亡惨重，德军占领了亚眠。不过，曾经繁荣的亚眠已经成为一座战后废墟。

护第二和第十七集团军南翼的第十八集团军所取得的进展来扩大战果。

胡蒂尔奉命率领第十八集团军沿着索姆河两岸，同时向北和向南进击，猛攻英军和法军。3 月 25 日，一支英法混合部队，在埃米尔·法约尔将军的率领下，出现在索姆河南部地区。同时，6 个法国师也开了上来。但出乎意料的是，法军在德军进攻前，就向西南方向退去。法军的退却使德军如入无人之境，朝着巴黎方向长驱直入。

德军 8 天冲过了 65 公里的领土，并且夺占了法国重镇——亚眠，这在长期静态的防御战争中是创纪录的。在战斗中首当其冲的英军，约有 17 万人伤亡，法国方面则有 8 万人伤亡。英法的被俘人员共计 7 万人，被夺去的野炮在 1100 门以上。

协约国指挥权的统一

令人不可思议的是，在战斗打得如火如荼、前线频频告急的时候，协约国方面却为指挥权的统一

前线的德国士兵给家中亲人寄去这样的"明信片"，既反映了战争现状，也不乏诙谐。

发生了不小的纠纷。英国第五集团军的惨重损失和其他部队的普遍遭劫，使协约国不得不开始酝酿已拖延了很久的计划——建立单一的指挥部，以向德军最强的地方迅速调配增援部队。

当协约国最高军事委员会领导人建议，由委员会负责战场的统一指挥和后备军的调集时，英国远征军总司令黑格随即表示了反对。他振振有词地说："我可以同一个人打交道，但不能同一个委员会打交道。"黑格还提供了一个让最高委员会无法反驳的理由：在需要时，他可以和贝当互相支援。然而，鲁登道夫早在战前就断定，保卫巴黎将是法军的首要任务，而英国主要关心的则是确保海峡港口。这些不同的利益所在，将把任何联合行动的需要置于一边。

正是由于贝当的一意孤行，德军得以重创英军。同时，巴黎也暴露在了德军的枪口下。前线的一败涂地使英法领导人最终抛弃了黑格的主张，急匆匆地在小镇杜朗集会，决定由法国的福煦元帅统一指挥英军和法军的行动。可等福煦上任的时候，德军已经开始退却了。

徒劳的胜利

虽然德军开局取得了辉煌的战绩，但很快鲁登道夫就发现眼前的胜利是何等的徒劳。德军在进攻作战中损失了23.9万兵力，其中许多士兵都受过突击渗透战术的高强度的训练。德国的人力资源严重不足，无兵可用，而协约国方面每个月却还有将近30万美军持续增援。

然而，鲁登道夫并不死心。5月27日，他命令德军从埃纳河向提埃里堡和巴黎方向突进。第二天，德军即突破了法军阵地，并占领苏瓦松，进至马恩河一带。就在德军准备做进一步战略突进时，兵力多达33万的美军成功地阻止了德军的前进。

知识链接：和平渗透

1918年7月，澳大利亚军队发明的一种新战法，并首次在大规模作战中得以实施。核心思想是攻击步兵师部队中最脆弱的单位，所以攻占敌人的阵地应以飞机、大炮和机关枪的火力为主。等到敌军在火力下屈服后，再由步兵突击解决最后的小股反抗力量。由于极大地减弱了肉搏的程度，因此被称为"和平渗透"。

7月15日，鲁登道夫发动了最后一次攻击。当天，德军集中了所有炮兵对兰斯西侧展开了猛烈轰击，并突破法军第一道防线，可到了16日，法军的顽强抵抗却使得德军只向前推进了6公里。

7月18日清晨，协约国动用了四个集团军，向马恩河一线的德军发起了突击。战斗紧张而激烈，德军寡不敌众，退到了埃纳河以北一线。联军乘胜追击，一举将德军击退了40公里，不仅使巴黎摆脱了困境，而且从战略上的被动完全转变为主动。"米夏埃尔行动"以德国人的失败而告终。

斐迪南·福煦，法国元帅，第一次世界大战最后几个月任协约国军总司令。1918年代表法国在贡比涅森林签订对德停战协定。生平有不少著作，曾提出胜利在于意志的观点，后来认识到军队新装备和机械化程度具有决定性作用，强调歼灭思想和集中优势兵力原则。著有《战争原理》《战争指南》等。

美军初试身手
贝洛森林战役

毫无经验的美国大兵经过短期训练，在对德国的反击战中就有了英勇的表现，极大地鼓舞了协约国。

虽然美国远征军在1917年5月就已经抵达欧洲，但却直到1918年1月才开始参与作战。在经过了一段时间的小打小闹之后，美军部队在1918年5月阻止德军"米夏埃尔行动"攻势的过程中终于一鸣惊人。

毫无经验的美国远征军

美国在1917年4月6日对德宣战时，根本就没有做好充分的战斗准备。首先，第一批抵达欧洲的只有20万人，按照欧洲的标准来说，这只是一支作战小队。为此，5月19日美国国会通过了《义务兵役法案》，迅速组建了一支百万大军远赴欧洲。

其次，美国远征军内外没有一个人曾经受过堑壕战的训练，用马刀砍劈的骑兵是陆军中的精锐，而且主要是按照美国内战时期的作战经验进行训练。当美国远征军总司令约翰·约瑟夫·潘兴到欧洲战场上考察过之后，不仅被交战双方在消耗战中的大屠杀吓了一跳，而且对美国部队完全没有经过这种战斗训练感到震惊。于是美军在到达欧洲之后的很长一段时间，都是在接受军事知识的灌输和训练，然后以师、团为单位到没有战争的地方进行实战锻炼，直到具备了独立作战的能力，潘兴将军才批准他的军队去参加战斗，而不是去给英法联军充当炮灰。

贝洛森林战役

美国远征军直到1918年5月才得到了全力出击的机会。当时，自3月底开始，德军部队在西线战场上发动了规模巨大的攻势，英法联军节节败退，德军再一次攻到离巴黎只有约60公里的马恩河地区，巴黎又一次受到直接威胁。情急之下的贝当将军只好向美军求援，虽然在这之前他还力主将这些缺乏经验的美军分散到英法的各部队中去。潘兴将军接到求助电报后，马上派遣正在接受基本军训的3个师赶往马恩河地区。

美军第一师主动出击，进攻被德军占领已久、防御工事无比巩固的康蒂尼观察点。在以迅雷不及

虽然德军战火并没有殃及美国本土，但是一旦美军宣布参战，美国人参军还是很踊跃。图为在征兵中心，一群人报名加入美国海军陆战队。

贝洛森林之战。由于马恩河战事吃紧，法国请求美军支援，美国海军陆战队攻击贝洛森林虽然损失惨重，但还是打败了德军，夺回了贝洛森林。美军不仅名声大振，而且增强了军队取胜的信心。

掩耳之势攻下这块阵地后，又在48小时内打退了德军多次反攻。为了遏制德军发动的埃纳河攻势，美军第二和第三师奉命出征。第三师在蒂耶里堡占领了一座颇有战略意义的大桥，并以之为原点，向德军发起了进攻。随后，他们又和法军一起发动全面反击，将德军逼退到马恩河彼岸。第二师则在蒂耶里堡以西的贝罗和沃克斯之间阻止了德军的进军。6月4日，德军的埃纳河攻势结束，这两个美军师随即在若干节点展开反击，其中又以6月6日至25日间的贝洛森林战役最为著名。

美军第二师的第四海军陆战旅被派往贝洛森林战区增援。树林茂密的贝洛森林，遍布岩块和大砾石，德军用三重战壕把这座森林布防起来，到处都是可以互相援助的机枪掩体和一排排的铁丝网。一份错误的法军情报，使海军陆战旅误认为贝洛森林除了东北角外是没有德军的，从而忽视了对这一区域的搜索。6月6日，美军开始进攻，遭到了德军机枪和狙击

窄轨铁路在第一次世界大战中是一种非常重要的交通方式。这种铁路的铁道宽度仅为60厘米，因此建造起来非常便捷。当时每英里标准铁路花费的平均劳动力是4300人/天，而英军只用1760—2400人/天就可以造出一条同样长度的窄轨铁路。对于所有参战国而言，窄轨铁路都是向前线输送所有必需品的重要交通方式。

手的凶狠攻击，士兵成片成片地倒下，然而美国军人拼死向前，与德军争夺森林中的每一个角落，经过20多天的苦战，海军陆战队以伤亡1万人的重大代价，终于夺取了这片森林。如果从单纯的军事角度来看，贝洛森林战役的成果并不大，但是能够打败经验丰富的德军第十八集团军的部队，对美军来说是一个巨大的鼓舞。此战还对德军心理上造成了巨大打击，它意味着美军将作为一支强有力的对手出现在欧洲战场上。

肉搏战。贝洛森林里杀声震天，美军显示出军人气概，德国人领教了这些来自新世界的"公子哥"绝不是吃素的。

同盟国解体
奥匈帝国投降

困兽犹斗的挣扎之后，
风雨飘摇的奥匈帝国终于倒下了。

1918 年，为了取得最后的胜利，德国在西线战场发动了生死一搏的全面进攻；同时作为德国最主要的盟友，奥匈帝国在西线战场也发动了对意大利的大举进攻，不过都是以失败告终。但是德国还能为了争取和谈的有利条件而困兽犹斗，而奥匈帝国只能俯首就擒，向协约国求和了。

1910 年，斐迪南大公与妻子苏菲和他们的三个孩子合影。孩子（从左到右）分别是王子恩斯特、苏菲公主和马西米兰。奥匈帝国的民族矛盾过早地让孩子们失去了父母。

必然失败的作战行动

随着俄国发生十月革命并退出一战，1918 年初，鲁登道夫将在意大利战线协助奥匈军队的德军转移到西线，并催促奥匈帝国赶紧碾碎意大利的作战力量。此时奥匈军队在意大利方面共有两条战线，一条是特伦提诺战线，另一条是皮亚韦河战线。

奥匈方面的作战计划是一个折中性的，像一切的折中性的东西一样，结果总是不好的。奥匈前陆军参谋总长康纳德元帅，现在正在特伦提诺战线上，指挥着第十和第十一两个军团，他强烈主张攻击的重点应放在阿赛果高原上面；而指挥第六军团和伊松佐军团的波罗耶维奇，则认为应向派夫河下游进行佯攻。可是波罗耶维奇却不愿意担任康纳德的助手，所以他提出了一个完全相反的要求。现任的奥匈参谋总长艾尔兹将军，是一个没有决断力的人，他决心作和事佬，于是两个计划都被采用，而不分所谓主攻和佯攻。由于地形起伏太大，交通道路缺乏，康纳德和波罗耶维奇指挥的两支部队难以互相援助，只能各自为战。不幸的是，当决定了这个攻势之后，奥军方面就不断地有流亡者逃到意军战线里去，他们带去了许多情报。此外，英军的电话窃听单位更获得了许多详细情报。意大利总司令阿芒多·迪亚兹将军决定不再先发制人，而是以逸待劳，等候奥匈军队的进攻。

奥匈帝国与意大利边界多是高山峻岭，战事也异常艰难。图为一位奥匈帝国的哨兵在山上站岗。

6 月 15 日，康纳德向意大利第四和第六集团军发起进攻，在最初的作战阶段取得了一定进展，随后即被意军堵住道路并击退。而波罗耶维奇刚靠近皮亚韦河就被暴雨堵住了去路，慌不择路之中竟闯进了意大利炮兵部队火力最为集中的区域，其部队交通线迅速被切断。此时，迪亚兹将军将所有后备部队全部投入战斗。22 日，奥军近乎被全灭，折损 19 万人，残余部队更是一蹶不振，不少作战单位还由于种族问题发生兵变。至此，奥匈帝国武装力量已形同虚设。

坐收渔利的意大利

让协约国统帅福煦气恼不已的是，迪亚兹并没有抓紧时间立刻展开大规模反击，而是在接下来的几个月里养精蓄锐，非要等到西线战场出现与其行动有利的情况时才肯出手。直到 9 月 26 日，英法联军在法国发动了最后一个伟大的攻势之后，迪亚兹和意大利的首相奥兰多，才开始勉强接受了福煦的意见。10 月底，意大利军队兵分两路再次出击，但领衔的第四集团军却遭到了奥匈帝国贝卢诺军团的顽强抵抗，并于 24 日在蒙特格拉波被击退。

与此同时，由英国将军兰伯特指挥的第十集团军中，英军部队在右翼夺取了一个大型桥头堡，并打退了奥军第五军团的一部，分割了奥军防线。意军的增援部队利用不断扩大的缺口发动进攻，奥军的抵抗崩溃了，30 万守军被俘。11 月初，意大利北部及东北部的战场已被迪亚兹的部队扫清，并于 11 月 3 日攻陷的里雅斯特。在的里雅斯特被意军攻占的当天，奥匈帝国在 9 月 29 日发出的停火请求终于得到了回应，11 月 4 日，停火协议正式生效。

这张照片是 1918 年 5 月在意大利前线拍摄的。从大战开始所有参与战斗的国家都挖了堑壕，以保护步兵免受火炮和机枪射击。这里显示的士兵都配备了标准的设备：法国的勒贝尔步枪和阿德里安的头盔。

最后的战役

默兹河-阿尔贡战役

以美军为主力，协约国对德国发动了
最后毁灭性的进攻，
德国最后的希望也随之破灭。

　　"米夏埃尔行动"攻势失败以后，土耳其、保加利亚等盟友纷纷停战，同协约国和谈。孤立的德国已经意识到战败在所难免，现在唯一的希望就是在军队尚能坚持的情况下，主动倡议停战与媾和，争取能够获得有利的和谈条件。但是，势如破竹的协约国军队对德军发动了默兹河-阿尔贡攻势，突破了德军最后的希望——兴登堡防线，无力回天的德国政府宣布接受和谈，停止战斗。

协约国胜利曙光出现

　　在 1918 年 8 月之后的对德作战中，协约国军队节节胜利，联军最高统帅福煦元帅已经意识到德军已经用光了全部的战略储备，成为精疲力竭的"困兽"，胜利的曙光已经照耀到了协约国一方。为了尽快结束战争，他决定对德军实施致命一击，采纳了黑格将军提出的作战计划。

　　黑格将军建议对德军形成一个巨大的包围圈，包围圈的一翼为英国远征军，向东横扫比利时和法国北部；另一翼将是美军第一集团军和法国军队，向北穿过默兹河和阿尔贡森林。如果协约国的第一翼能突破德军的五道防线，就能切断色当和梅济耶尔的德军主要的铁路供应干线，迫使德军沿崎岖的阿登地区两侧后撤。

　　为了掩护德军的有序撤退，德军继续进一步加强已经戒备得非常森严的默兹河-阿尔贡地区。每一片树林和村庄都变成一大片障碍物，并在前方阵地后面还建立了好几道防线，构筑了纵深 10 英里的堑壕防御系统。

最后一击

　　9 月 26 日，默兹河-阿尔贡攻势拉开了帷幕，60 万协约国士兵在 5000 门大炮、500 辆坦克和

美军行军在突破兴登堡防线的路上。"兴登堡防线"是德国西线指挥官兴登堡为防御协约国军队而构建的防御工事。"兴登堡防线"更直、更短，筑有更多的防御工事，这条防线使得协约国蒙受了 40 万人的伤亡，而德国只有 25 万人。

默兹河-阿尔贡进攻。德国困兽犹斗，但英法美的攻势更猛。森林都弥漫着战火烧灼的气息，树木在炮火中成为枯木残枝。

500架飞机的掩护下开赴战场。亨利·古洛将军率领的法国第四集团军被布置在战线的左翼，而亨特·里格特率领的美国第一集团军则驻扎在埃纳河和默兹河之间。对于在四道防守严密的德军防线上寻找突破口的冲击任务，里格特的军队很快就厌烦了。阿尔贡地区森林茂密的地形给他们的进攻带来了特别大的困难，而且德国援军的蜂拥而至也限制了他们在蒙特法肯拓展既得战果的可能，使他们被困在一段狭窄拥挤的战线上，进退不得。9月末，美军部队只打开了前两道防线的缺口，总共向前推进了16公里，但面对第三道防线却始终无法再进一步。

10月4日，美军总司令潘兴暂停部队整编，将美军有经验的几个师派去攻打德军第三道防线。虽然美军的推进依然缓慢而痛苦，但却为法国第四集团军赢得了向埃纳河挺进的机会。10月12日，潘兴将作战部队一分为二，编为新的第一和第二集团军，前者受命继续北上，并在当月底推进到阿尔贡及更远的地区，后者则在罗伯特布拉德的带领下向东进军凡尔登。11月1日，进攻进入最后阶段。美军第一集团军终于攻破了德军第三道防线，向北挺进到比藏希以西，随后他们攻下此镇，帮助法国

第四集团军顺利通过埃纳河，继而穿过默兹河谷的空旷地区，前去扫除剩余的抵抗。6日，美军抵达色当城前的默兹河畔，并占领了附近的高地，在部署于美军附近的几个法国师的配合下，美军第一师主动对色当发起进攻，但被高层的命令制止。因为协约国要将攻占色当的荣誉让给法军，以洗刷法军在1870年普法战争中在色当惨败的耻辱。在这次战役中，美军成为主力，德军伤亡10万人，其中有2.6万人被俘。11日，德国签订停战协定，一战至此结束。

色当城堡。色当是法国东北部阿登省的一个市镇，位于默兹河畔。普法战争中著名的色当战役就发生于此地，该战普军俘虏了法皇拿破仑三世及其麾下的军队，成为法国永久的痛。

俄土争夺亚美尼亚
高加索战线

在苦寒的高加索地区，
拉锯战循环往复地从 1914 年打到 1918 年。

1914 年 11 月，土耳其因为"戈本号"事件，加入了同盟国，宣布对协约国作战。1914 年至 1916 年，土耳其与俄国军队在高加索地区展开了循环往复的拉锯战，随着俄国退出一战，英国部队又参与到争夺此地控制权的战斗，直到大战结束。

俄军的进攻

土耳其对横亘在其东北国境线上的高加索山脉早就垂涎三尺，开战后土耳其军事部长恩韦·帕沙不顾德国的反对执意入侵这片高寒之地，并在此先后与俄国、英国战斗到一战结束。

1914 年，俄军首先穿过边境，分几路入侵土耳其的亚美尼亚地区，但在 11 月向埃尔斯挺进时受阻。12 月 14 日，恩韦·帕沙擅自下达命令，定于

高加索山脉。高加索地区总人口约 3000 万，有 50 多个民族，超过百万人口的民族有俄罗斯人、阿塞拜疆人、格鲁吉亚人和亚美尼亚人等。1918 年，亚美尼亚从土耳其统治下独立，后并在苏联之内。1991 年，亚美尼亚从苏联独立而出，再度恢复了独立国家的身份。

一周后向俄军发起总攻。但土军却在向卡尔斯进军的途中遭到了俄国 10 万大军的袭击。1914 年 12 月 26 日至 1915 年 1 月，萨利卡米什地区爆发了激烈的战斗，土军惨败，伤亡近 8 万人。恩韦灰头土脸地逃回君士坦丁堡。土耳其高层把失败的责任推到亚美尼亚人身上，指责以基督徒为主的亚美尼亚人悄悄帮助俄军，对其进行了一系列的残酷镇压，忍无可忍的亚美尼亚人发动起义。4 月 20 日，起义军占领了凡湖地区，到 5 月 18 日俄军到达时，这块地方仍在起义军手中。7 月，土军开始反击，在凡湖北面的马拉兹吉尔战役中，阿卜杜·克里姆率部大破俄军，夺回了凡湖地区控制权。尽管克里姆在行军的过程中一直小心谨慎，但还是在几天后遭到了俄军的堵截。

9 月 24 日，沙皇尼古拉二世的叔叔尼古拉大公被任命为高加索地区总督。1916 年初，这位总督制定了俄军的主攻计划。1916 年 1 月 11 日，在尼克莱·育德尼奇的指挥下，20 万俄军从绵延的战场上开始全面进攻亚美尼亚。俄军主力从卡尔斯向埃尔斯伦突进，在科普鲁科伊包围了克里姆的土耳其第三集团军，土耳其战败。4 月 18 日，在来自俄国战舰的登陆部队的援助下，育德尼奇成功占领了特拉布宗。

土耳其布置了两次延时型反攻行动，改由维西普·帕沙领导的土耳其第三集团军沿黑海海岸线向前推进。但 7 月 28 日，当他们行进到厄尔辛加时，被早已守候多时的育德尼奇打了个措手不及。土耳

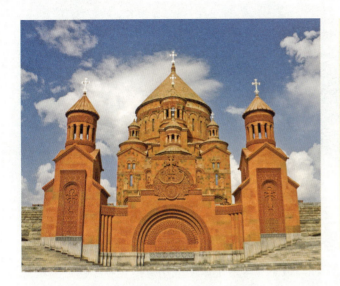

亚美尼亚教会由格列高利最早去传教并建立，是一个独立基督教会，信奉单一属性说，独立于基督教主流派以外。301年，亚美尼亚王特拉达三世定基督教为国教，使得亚美尼亚成为世界上第一个基督教国家。

其第二集团军发动的第二次反攻却取得了一些成绩，在加里波利一战成名的穆斯塔法·卡梅尔指挥部队于8月15日占领了穆斯和比特里斯两镇。但不久俄军又将这些地方夺回，并手握亚美尼亚大部分地区的控制权直到冬季战斗渐渐结束。

复杂的高加索战场

1917年俄国退出战争并没有结束高加索战场上的厮杀，反而牵扯了更多的势力进行角逐，英国、德国以及当地的民族主义者也都搅进了战斗的旋涡之中。

土耳其无视亚美尼亚民族主义者的救国热情，对其进行了血腥镇压。与亚美尼亚毗邻的格鲁吉亚和阿塞拜疆也同样面临着民族主义热情落空的境况。1917年8月，在格鲁吉亚首府第比利斯三省代表进行会谈，商讨成立一个统一的国家。9月17日，成立了外高加索人民共和国。

1918年3月德俄签订的《布列斯特和约》中确认了土耳其对高加索地区各省的控制权。在小

股德军的协助下，土军再次侵入高加索和波斯北部。4月15日，土军占领了格鲁吉亚在黑海海岸的巴统港。5月26日，土耳其与亚美尼亚签署了《巴统协议》，随后亚美尼亚宣布独立，外高加索联盟瓦解。9月15日，土军击败英国守军占领了石油储备非常丰富的阿塞拜疆首府巴库。10月31日，土耳其与协约国签订停战协定，土耳其战败。

高加索地区自古就有众多的民族居住在此，高加索以其居民的叛逆性和该地区的不可征服而举世闻名。18—19世纪，俄国对高加索发动多次征服战争，并与土耳其对该地区反复争夺，直到一战后才基本上完成对高加索地区的统治。

圣城之战
中东战场

为了确保苏伊士运河的安全，
英土军队在中东的戈壁和沙漠中展开激战。

以埃及为代表的中东地区对英国控制苏伊士运河至关重要，这条运河是英军与印度输送给养的交通要道。一战爆发后，驻扎在巴勒斯坦的土耳其军队与英军在中东战场上展开了旷日持久的拉锯战，最终英军在艾德穆德·艾伦比将军的指挥下取得了胜利。

战争初期连吃败仗

1914年12月18日，英国宣布对埃及实行保护政策。加入同盟国的土耳其也深知苏伊士运河的重要性，于是从1915年初开始就对在埃及的英军发动攻击。总的来看，英军在1915年至1916年，抵挡住了土耳其的进攻，保护了并将运河的防线推进到西奈半岛之内，但是却一直没能彻底击败驻巴勒斯坦的土军。

1917年初，英军埃及远征军总司令阿奇博尔德·默里在清除了西奈半岛上残余的土军后，决定向巴勒斯坦挺进，彻底解决土军对运河的威胁。

3月26日，英军发动了第一次加沙会战，但是由于后勤工作没做好，作战沟通又很差，这次行动很快就失败了。1.6万名英军士兵参与了此次战斗，在与数量对等的土军交战中折损4000人。

4月17日，第二次加沙会战开始。由于默里的部将查尔斯·多贝尔将军误选了土军防守火力最强的地段作为进攻点，这次会战从开始就变成了自杀行动。19日战斗结束，英军伤亡6500人，而土军损失2000人。默里刚把多贝尔革职，自己也收到了来自英国政府的解职命令。取代他的则是宣布要在圣诞节前占领耶路撒冷的艾德穆德·艾伦比将军。正是在中东战场上，艾伦比创造了他一生中最辉煌的战绩，使自己成为一战中了不起的英国陆军名将。

攻陷耶路撒冷

上任之后的艾伦比立刻整顿了军纪，并为了适应沙漠作战需要，组建了一支骆驼特遣队，又

苏伊士运河1869年修筑通航，是一条海平面的水道，在埃及贯通苏伊士地峡，连接地中海与红海，提供从欧洲至印度洋和西太平洋附近土地的最近的航线。一战期间，德国指使土耳其军队进攻埃及以夺取运河，但没有成功。1922年，英国承认埃及独立后，仍保留着在运河区的驻兵权。

阿拉伯的劳伦斯，一战前后的传奇人物。1916年起，他率领阿拉伯人抗击土耳其军队。图为在安曼机场合影照片：劳伦斯（左2），赫伯特·塞缪尔爵士（左3），约旦国王阿卜杜拉（左4）。

把它们与骑兵合体，变成了"沙漠战马骆驼军团"。1917年，艾伦比会见了原英军驻开罗情报官劳伦斯（T.E. Lawrence，1888—1935年），接受了他的建议，把亚喀巴作为一个重要基地，并给阿拉伯人提供物资和黄金，联合他们向叙利亚北进。艾伦比把劳伦斯提升为少校，并将费萨尔部组成其部队的右翼。劳伦斯对汉志地区的铁路展开了游击战，切断了该铁路线，驻守在麦地那的土军已被孤立。

在一切准备工作做好后，10月31日，艾伦比带领8万名步兵和1.2万名骑兵开始行动。此时，已经对加沙进行了持续6天的预备炮击。艾伦比的作战计划是，用小股部队正面佯攻，牵制住加沙的敌军，然后安排大部队袭击比尔谢巴，这个计划其实风险很大，因为如果艾伦比的部队不能把镇上所有的水井都占领下来的话，他们就要面临缺水的困境。还好，"沙漠战马骆驼军团"在黄昏时分冲入镇中，受到鼓舞的英军一鼓作气，终于攻下了比尔谢巴。

由于占领的水井出水量不够，艾伦比的部队被困了好多天。而土军指挥官在这个关键时候犯了一个大错：他们误将一支前往西布伦的骆驼巡逻队当成了前来袭击边翼部队的大规模敌军，并因此命令大部队从比尔谢巴和加沙地区撤退。11月13日至14日，英军在"枢纽站之战"中再次袭击了土军，并把他们挤到了更偏远的地方。至此，通往耶路撒冷的通道已经打开。

11月底，艾伦比发动了对耶路撒冷的进攻，此时镇守圣城的正是前德军总参谋长法金汉，他在朱地安山地上设置了一条全新的防线。英军花了数周的时间才打退这些守军，12月11日，艾伦比占领耶路撒冷。1918年艾伦比又在美吉多平原战役中彻底铲除了土军余部。

第二次加沙会战，英军惨败，会战期间配备大量重机枪的土耳其军队，在加沙防线严阵以待英军的进攻。

石油争夺战
美索不达米亚战场

为了保护波斯湾的石油开采和运输，英印联军与土军在美索不达米亚进行了激烈战斗。

一战爆发后不久，英印联军即前往波斯湾保护石油开采及运输设施，随即与土耳其在美索不达米亚地区发生了激烈战斗。战争初期，英军的行动曾一度陷入困境，但是到了1917年发生了极大的逆转。随着英军军备的增加，部队规模的扩大，英军势如破竹地把土耳其守军往南逼退，1918年在这个次级战场上取得了全面胜利。

举步维艰，英军被困

一战中，随着汽车、坦克、飞机和军舰等机动性武器被大量运用于战场，石油和内燃机改变了战争的方式，石油的重要性越来越突出，可以说，没有石油，战争机器将无法正常运行。一战爆发后，土耳其出兵占领了英国英波石油公司在巴格达和巴士拉的全部资产，并进而威胁到英波石油公司最大的石油输出集散地——阿巴丹。为了保护石油生命线，英军向巴格达进军了。

英军少将查尔斯·汤申德率领一个海军加强师和一支小型海军舰队从巴士拉出发，沿着底格里斯河向巴格达挺进。刚开始一切进展顺利，但在距离巴格达还有2/3路程的地方，受到土军的阻击。1915年11月22日，汤申德率部主动攻击土军的泰西封防线，但由于土军援军及时赶到，英军最终在四日后败走。此役，英军损失4600人。12月7日，败退到库特的英军绝望地发现土军已经在城外形成了包围圈。此时，汤申德部队的给养还能够支撑两个月，所以他决定坚守等待援军，但事实证明他作出了错误的选择。1916年1月，前来营救的第一支远征军在芬顿艾莫尔的带领下赶到，但很快就被击退。3月7日，葛林吉率领第二支远征军赶来，却

伊拉克首都巴格达，跨底格里斯河两岸。一战爆发前，奥斯曼土耳其帝国被蚕食到只剩下土耳其和伊拉克，以及阿拉伯半岛紧靠红海狭长地区。为了保护英国在伊拉克的石油利益，英军在巴格达及周边与土耳其展开了战争。

一战中，当时尚属英国殖民地的印度也派大量军队参加了欧洲、地中海以及中东的战役，至少 74187 名印度士兵战死。图为在美索不达米亚作战的印度军队。

又被土军第六集团军打败。4 月 29 日，无奈的汤申德只好率部投降，救援远征军也伤亡 2.1 万人。

英军增兵，取得胜利

前期的失败让英国高层震惊不已，于是决定对美索不达米亚增兵，增加军备物资。1916 年 12 月中旬，英军驻美索不达米亚部队总司令弗雷德里克·莫德率领一支 16.6 万人的大军，沿底格里斯河两岸向巴格达发动进攻。1917 年 2 月底，莫德在库特之战中击败土军，迫使其向北方的巴格达撤退。3 月 11 日，莫德又击败土军第六集团军，直接攻陷了巴格达。此时，土军主要兵力集结在萨马拉以北的提克里特。然而炎热的天气却让莫德不得不暂停了所有的大规模行动。初秋之后，莫德立刻发动了新一轮的进攻。这次他让部队兵分三路：一路从萨马拉出发，沿着底格里斯河前进；一支从费卢杰出发，沿幼发拉底河行动；最后一支也以费卢杰为基点，但却向东挺进波斯。9 月 27 日，沿幼发拉底河行动的部队在拉马迪之战中大获全胜，另外两支则成功地打退了土军，并于 9 月 5 日占领了提克里特。

11 月 11 日，威廉·马歇尔接替患病的莫德。

 知识链接：英军的内河炮艇

美索不达米亚战役基本上是沿着底格里斯河和幼发拉底河展开的，这两条河不仅是这块平原的母亲河，而且也是前线和后方之间运输士兵、给养的重要通道。鉴于此地沿河作战机会多，英军为其陆军部队配备了可供浅水航行的炮艇。这些装备了各种大炮和机关枪的炮艇在战役后期发挥了非常重要的作用。

1918 年初，部分部队被抽调到西线战场，此地的英军再无能力发动任何进攻。然而，到了 10 月出现了有利的战机，巴勒斯坦的英军向北挺进叙利亚，并占领了阿勒颇，切断了土军与其大后方的联系。为了巩固对当地石油的控制权，马歇尔受命再次沿着底格里斯河发动进攻，10 月 30 日彻底击败土军，当天英土双方在穆多罗斯港的英国战舰上签署了停战协议，并于 31 日正式停战。英军虽然如愿以偿地占领了美索不达米亚地区的石油资源，但也付出了沉重的代价，9.5 万名士兵因为疾病肆虐等原因在此或死或伤。

1917 年 3 月，英军攻陷了巴格达标志着美索不达米亚战役的转折点，随后英军势如破竹地在伊拉克和叙利亚接连取得胜利。

孤军奇迹
东非地区的战争

没有得到本土任何援助，德国东非殖民地的驻军硬是坚守到大战结束，创造了奇迹。

一战爆发伊始，英法联军就率先进攻德国在非洲的殖民地，认为这是将德国赶出非洲的良机。很快，德国四块殖民地中的三块就落入了英法手中，而英法却在德属东非地区遭遇顽强抵抗，直到1918年大战停火协议签署后才宣布结束。对德国而言，最大的功劳要归属该地区的德军司令保罗·冯·列托-佛贝克（Paul Von Lettow-Vorbeck，1870—1964年），正是他带领着几千民兵和土著警察，在完全没有援军的情况下，用尽一切可利用的资源，在英法联军的重重包围之中创造了奇迹。

以身试险，吸引火力

佛贝克明白德军在非洲的战斗是不可能有获胜

列托-佛贝克1870年生于一个军人家庭，父亲是将军，从小就被培养成为一个职业军人。列托-佛贝克有"非洲之狮"美誉，一战期间，他是东部非洲的德国殖民地部队指挥官。他的游击战术成为东非战争的传奇，至今在德国人心目中他仍是一位英雄。

的机会，然而，在战略上却非常有意义，因为这可以拖住大量的英法军队，以避免他们加入到欧洲主战场，可以为德国本土分担压力。因此，他制定了"绝不进行集中决战"、但要在战术上占据主动的战略方针。同时，在开战不久，他摒弃年资制度（按照入役时间长短划分军阶），让有能力的军官担任指挥，有时甚至让中尉级的军官来指挥团级的部队。更值得称道的是，他将黑白士官混合编组，除了让白人士兵和黑人士兵在同一单位中并肩作战外，甚至让一些黑人军官去指挥一些白人。在他的努力之下，部队成为一支向心力极强的战斗力量。

开战之初，他便带领部队率先攻击了英国一辆满载士兵和军事物资的火车，缴获了大量的物资，又趁着英军不备占领了英属东非的一些土地，并且对当地的建筑、铁路和通信系统进行破坏——希望能让英法认为非洲的冲突已全面升级。不出所料，虽然这些土地的军事价值不大，却在英属东非造成了恐慌，"殖民地需要保护"的声浪惊动了英国战时内阁，于是英国决定增派军队进攻德属东非。

保存实力，坚持游击

1914年，英国驻印度军团紧急组建一支总人数8000人左右，除了一个营由白人组成外，其他营都是印度人的部队，番号为"印度远征军B支队"，前往东非战场。11月3日至5日，这支未经训练、

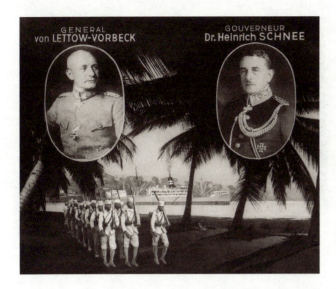

列托－佛贝克在东非与英军的战斗被赞誉为"一个人的战斗"，特别是"坦噶之战"极大地羞辱了英军。图片右侧为德国在当地的行政长官海因里希·冯·斯钦博士。

战备极差的印度新军到达非洲后就向佛贝克发动急攻，战斗在德属东非的重要港口坦噶爆发。当时佛贝克只有 1000 名士兵，面对 8 倍于己的敌军，他们以 148 人伤亡的代价杀敌 360 人，伤敌 487 人，打得英军溃不成军。此后 1915 年间，双方没有再发动总攻，佛贝克由此得以休养生息，发展壮大。

1916 年 2 月，英军原南非地区负责人简·克里斯蒂安·斯穆茨将军出任非洲总司令。3 月至 9 月，他调集军队向东非北部发动攻击，终因后勤供给不足而被迫撤退。之后，又进行了两次尝试：第一次是英法联军于 9 月占领了西北部的塔波拉，但这次军事行动在此后不久即告暂停；另一次是从北罗德西亚（今赞比亚）出发向西北突进，这次攻势又于 10 月末在伊林加被德军拦截。

1917 年，英国调动在东非及中非所能调动的一切军事力量，同时说服比利时和葡萄牙的部队加入对佛贝克的围剿。这支庞大的联军在所有地区对德军发动攻势，然而德军一直坚持"打了就跑"的游击战，让协约国联军叫苦连天。1917 年 12 月，为了保存实力，佛贝克放弃德属东非，占领葡属莫桑比

知识链接：疟疾之祸

疟疾并不是一种短时间内就能致死的疾病，却能极大地消耗人的精力，使人虚弱不堪。在一战中，以萨洛尼卡和非洲为代表的地区，这种疾病的肆虐给各国军队都造成了非常严重的伤亡。在非洲战场为军队搬运货物的当地人是疟疾的传播者，由于他们早已免疫了，所以没受影响；但是被传染的士兵们却死伤无数，1916 年 6 月至 12 月间，就约有 5 万名英军士兵患病。

克，继续周旋。就这样，一个人的战争还在一直继续，1918 年 11 月 12 日佛贝克率部攻入北罗德西亚，打响了他们的最后一次战斗。次日，佛贝克得知停火协议已经签署，便昂首挺胸地选择率部投降。

孤军作战的佛贝克仅凭手中的几千部队，不仅牵制了协约国 16 万大军和成千上万的土著士兵，更让英军付出了约 1 万人伤亡的惨重代价，这还只是正规军的折损数字，如果算上当地的劳工和为英军作战的土著民兵的话，就是约 10 万人。

投入坦噶之战的英军有近 8000 人，其中 360 人死亡，487 人受伤，250 人失踪。德军方面，伤亡的有 148 人，其中德国人 16 人，还有 35 名黑人和 16 个脚夫。英国历史上被称为最丢脸的一次战役就这样结束了。

非洲殖民地的抢夺
西非地区的战斗

深陷协约国重重包围的德属西非，很快就在英法联军的炮火下被攻陷。

大战爆发时德国占领的海外殖民地是很少的，只有太平洋西南部的一些小岛，中国出让的青岛港，还有就是在非洲的四块殖民地，即在西非的多哥兰（今多哥）、喀麦隆和德属西南非（今纳米比亚）和德属东非（包括布隆迪、卢旺达和坦噶尼喀大部）。德国非洲的殖民地布置了很多有用的港口设施和重要的无线电站，以便拦截协约国的通信信息并反馈给柏林。但是这些地方的防御都很薄弱，而德军能够给他们的支援几乎为零，加上德属殖民地周围全是协约国的地盘，很自然，大战开始后没多久这些殖民地就失陷了。

多哥兰和德属西南非

德国的西非殖民地不仅离德国本土非常遥远，而且还被协约国的殖民地团团包围，对于协约国来说，实在是非常理想的进攻对象。法国控制的达荷美（今贝宁）和英国控制的黄金海岸（即加纳）基本上把多哥兰给围了个结结实实，协约国只派出了300人的正规军和1200人的殖民地民兵部队就攻下了这个地方。德军放弃了易攻难守的海岸线，向内陆撤退，抵达卡米亚的无线电站。在这里，德军于1914年8月22日打退了英法联军的一次进攻，但是无线电站最终还是被赶来的协约国大军给摧毁了。四天后，残余的德国守军全部投降。

> 🦉 **知识链接：兄弟连**
>
> 1914年战争的爆发使得英国出现了很多志愿兵。志愿兵入伍之后，获准与那些来自同一个城镇，或是同一个单位工作的人在同一个编制下作战，这就是所谓的"兄弟连"。但他们的昂扬斗志并不能在残酷的战争中避免惨重的伤亡，而由于"兄弟连"的现象普遍存在，来自同一个地方的同乡、朋友们大多是一起殒命疆场的。这对部队的地方主义影响很大。

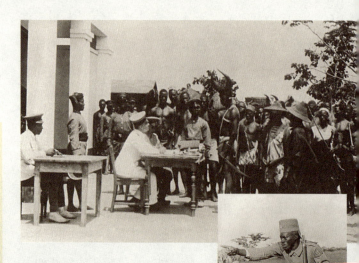

德军为了弥补兵员不足，一战期间在西南非征集当地土著补充军队。

土著成为德军后，受到德军严格训练，也成为一支训练有素的军队，为德国抵抗英法军队的进攻立下汗马功劳。

知识链接：黄金海岸——加纳

"黄金海岸"是如今加纳共和国独立前的称号，它位于非洲西部、几内亚湾北岸。1471年葡萄牙殖民者入侵加纳海岸，发现丰富的黄金矿藏，在此修建要塞，掠夺黄金、象牙，贩卖奴隶，加纳沿海地区由此被称为"黄金海岸"，后来成为英国殖民地，直到1957年才独立。加纳矿产资源丰富，其中黄金储量约17.5亿盎司，钻石约1亿克拉。

德属西南非的处境也好不了多少。亲英派南非联邦和英属贝专纳保护国（今博茨瓦纳）分别横在其南面和东面，而其北面则是安哥拉，该地属于战时中立但是明显亲英的葡萄牙。尽管斯瓦科普蒙德和路德利兹两个港口有战略上非常重要的无线电站，但9000名守军还是很快就放弃了它们，并集结到内陆首都温得和克。1914年，协约国军队于9月19日和12月25日先后登上了斯瓦科普蒙德和路德利兹两个港口。南非的军队于9月26日在桑德方丹被彻底击溃，但实际的全面进攻却到1915年才开始。进攻延迟的原因是南非爆发了亲德反英的布尔人叛乱，而这场叛乱直到1915年2月才被镇压。4月26日，协约国的简·克里斯蒂安·斯穆茨将军领导一个纵队向路德利兹以东突进，并转而北上在吉比恩击败德军。而路易斯·博萨将军的第二纵队从斯瓦科普蒙德出发，于5月17日攻下温得和克。德国殖民地的最后一支守军于7月9日在楚梅布投降。

喀麦隆

喀麦隆的德国卫戍部队是在协约国的包围之下坚持时间最久的。1914年8月，协约国军队从很多地方同时进攻喀麦隆；9月，联军占领了杜阿拉港及其无线电站。德军指挥官在战役中逃回了内陆。1915年，为了逮捕他，协约国派出了三支纵队。当年的军事行动基本都进展得很慢，圆德镇的沦陷终于宣告了战斗的结束。约有800名德国士兵和7000名民兵逃往了西班牙殖民地里约穆尼。作为德军最后阵地的北部小镇莫拉，最终还是于1916年2月18日有条件地向协约国军队投降了。

杜阿拉港是喀麦隆最大的城市和港口，被誉为"经济首都"。1884年成为德国殖民者的统治范围，为德属喀麦隆的首都。1907年更名为杜阿拉，1919年城市变成了法属喀麦隆的一部分。

远东的争夺
中国和太平洋地区战场

德国在远东最大的军事基地青岛被日军攻占后，其在远东的势力基本都被肃清。

德国在太平洋和远东地区的那些殖民地离德国本土实在太远了，而依靠其自身的战斗力根本就无法在战争中抵抗侵袭。开战的前几个月里，这些殖民地就纷纷被协约国派出的军队占领了。

青岛被围

1914年，德国不仅在非洲占有一席之地，控制了新几内亚的一部分，还将太平洋的许多小岛改造成了煤炭供给地和无线电站台。但是德国最重要的属地却是中国山东半岛的青岛。这个地方作为路德教传教士谋杀案的赔偿物落到德国手中。第一次世界大战爆发前，这里是强大的德国海军在欧洲之外的第二个"家"。该港口有一支4000人的守军，但是主要的防守力量却是由2艘铁甲舰和5艘轻巡洋舰组成的太平洋舰队。战争爆发时，该舰队的任务是袭击英国船只，破坏海底通信电缆。

一战爆发后，由于青岛远离德国，根本无法获得任何援助，而对其虎视眈眈的敌人倒是不少。法国在中南半岛有一个军事基地；英国拥有香港在内的许多港口基地，数不清的战舰随时待命；太平洋西南部的澳大利亚和新西兰也与德国举戈相向；其中最大的威胁则来自妄图建立大东亚帝国的英国盟友——日本。日本政府知道德国政府无力保护青岛，于是要求德军在8月15日撤离青岛港。德方拒绝了这个要求。8天后，日本对德宣战。8月下旬，大批日本军舰封锁青岛。9月2日，第一支日本军队登陆山东半岛，开始包围行动。此时，攻守双方的军力对比悬殊，日军和英军分别派出了2.4万人和1300人的队伍对只有400人的德军进行包围。英日联军的战舰和野战炮向守军开火，但是由于糟糕的天气，加上守军顽强的抵抗，所以整个战斗进展缓慢。11月初，英日联军终于打到了守军的最后防线。11月7日，青岛沦陷。

德国在太平洋的其他据点，比如加罗林群岛、马里亚纳群岛、马绍尔群岛、帕劳群岛、萨摩亚群岛、所罗门群岛中部分岛屿和新几内亚，很快也都

青岛港。一战期间亚洲地区的主战场是日德争夺青岛的战争，最后以日本的胜利而告终。在这场战争中日本夺取了其梦寐以求的青岛和威海卫的控制权，在协约国中树立了新的地位，使其在一战结束后召开的议和会议中，有了充足的发言权。

青岛基督教堂由德国胶澳总督府出资，于 1908 年奠基，1910 年落成。它是一个典型的德国古堡式建筑，由钟楼和礼堂两部分组成。钟楼高 39.10 米，登楼可观赏岛城的海天秀色。钟楼上的巨型钟表，给原本肃穆的教堂又增添了几分神秘和庄重。礼堂宽敞明亮，可容千人。

落入了协约国的手里。澳大利亚和新西兰军队不费一枪一弹就占领了萨摩亚群岛，英军在解决了小股部队反抗之后占领了所罗门群岛。日本于 11 月占领了马绍尔群岛。截至 12 月，德国实际上已经失去了其在太平洋地区的所有殖民地。

"埃姆登号"的行动

青岛基地被围后，德国太平洋舰队的"埃姆登号"巡洋舰得以逃脱，并前往马里亚纳群岛与斯佩将军分舰队主力会合。讨论如何应对与协约国的战争后，"埃姆登号"的舰长穆勒少校决定率舰独自前往印度洋对英国航运实施破袭任务。

"埃姆登号"以它骑士般的精神闻名于世，在它短暂的袭击行动中共航行了约 3 万海里，在没有任何援助的情况下，独自拦截了 23 艘协约国商船，并炸沉其中的 16 艘，此外还击沉了俄国的"珍珠号"巡洋舰和法国的"莫斯奎号"驱逐舰，在号称英国"内湖"的印度洋周旋了近两个月，摧毁的协约国货物价值超过 500 万英镑，比它自身造价的 15 倍还多，严重打击了协约国的印度洋航运。同时，

🦉 **知识链接：麦斯米兰·冯·斯佩将军**

一战爆发时任东亚舰队司令，青岛沦陷后，率舰队在太平洋上巡游，以期在返回德国前尽可能多地袭击英国船只。科罗内尔海战中，击败了英国克拉多克将军率领的舰队。1914 年 12 月，为了报仇，英国派遣以"不屈号"和"无敌号"战列舰为主的舰队，在福克兰群岛附近海域全歼了斯佩的舰队，斯佩和他的两个儿子全部战死。

最多时吸引了来自英、法等数个国家的 78 艘协约国舰艇对它进行围捕，牵制了协约国的海军。

1914 年 11 月 9 日，在袭击科科斯群岛的英国大型无线电设施和海底电缆汇接点通信枢纽时被发现，被比它更强大的澳大利亚巡洋舰"悉尼号"拦截住，双方短暂交火，"埃姆登号"被首次参战的"悉尼号"用远程炮击沉，大部分船员被俘。

"埃姆登号"巡洋舰。1906 年 11 月 1 日，在波罗的海古老的汉萨同盟港口但泽的皇家造船厂的船台上，一艘毫不起眼的轻巡洋舰开始铺装龙骨，没有任何人能够想到，这艘在无畏舰的阴影笼罩下的小小巡洋舰，在即将到来的战争中竟大放异彩，其光芒盖过了许多比它强大得多的无畏舰，甚至在敌人那里赢得了声誉而以"东方的天鹅"闻名于世。

德国投降
大战结束

经过一番垂死挣扎之后，
不可一世的德意志战车终于停下来了。

1918 年末，德国最后的抵抗被协约国无情地碾碎，对协约国的大军压境，已经回天无术。失去希望的德国国内也出现了极大的动荡，无论是在城市、乡村，还是军队内部，人们选择用叛乱和暴力来发泄不满。在一片混乱中，德皇威廉二世退位出逃，临时政府于 1918 年 11 月 11 日与协约国在贡比涅签署了停战协定，战败的德国成为刀俎上的鱼肉，遭到了严苛的惩罚。

十一月革命

第一次世界大战使德意志帝国的经济陷于崩溃，在俄国十月革命的影响下，国内阶级矛盾空前尖锐。德国工人阶级开始把争取结束战争的斗争同准备武装起义结合起来。

1918 年 10 月底，德国海军司令部命令驻基尔的舰队出海作战，遭水兵拒绝，许多水兵因此被捕。11 月 3 日，基尔舰队的水兵为了反对同英国舰队出海作战的命令，并要求释放被捕的水兵，联合码头工人举行了游行示威，而且游行示威很快发展成了武装起义。11 月 4 日，基尔革命的水兵和工人组成工兵代表苏维埃，夺取了基尔的全部政权，揭开了十一月革命的序幕。汉堡、不来梅、莱比锡、慕尼黑等地也纷纷起来响应这次起义，组成工兵苏维埃，夺取各地的政权。11 月 9 日，德国首都柏林的工人和士兵也爆发武装起义，占领了政府机关、邮电局和火车站，推翻霍亨索伦家族的统治，迫使德皇威廉二世不得不匆匆地逃往荷兰，武装的工人和士兵控制了首都，斯巴达克派领导人卡尔·李卜克内西在群众大会上宣布成立社会主义共和国。

但是，由于无产阶级缺乏独立的革命政党的领导以及右派社会民主党人的背叛，政权重新落入资产阶级和容克地主——德国社会民主党右翼领导集团手里。临时政府对革命进行了血腥镇压，并谋杀了革命领袖卡尔·李卜克内西（Karl Liebknecht，1871—1919 年）和罗莎·卢森堡（Rosa Luxemburg，1870—1919 年），革命最终失败。

罗莎·卢森堡生于俄属波兰边界附近的一个相当富裕的、有文化的中产阶级犹太家庭。1890 年，就读于苏黎世大学社会政治系获博士学位。马克思主义思想家、理论家、革命家，德国革命领导人之一。1919 年 1 月遭逮捕，随即遇害。

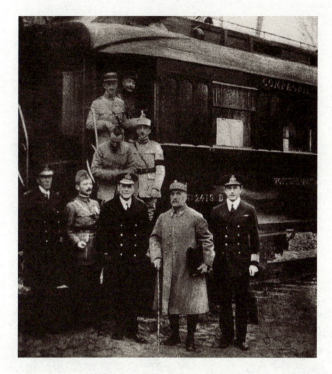

1918 年 11 月 11 日，停靠在法国贡比涅森林车站的福煦专列。贡比涅森林车站是第一次世界大战停战协议签订地点。德国政府代表团来到这里重兵把守的一节车厢，与联军总司令法国福煦元帅（右 2）相会。德国承认战败，并签订停战协议。

战败投降

1918 年 11 月 6 日，内外交困的德国临时政府决定主动与协约国开始实质性的谈判，并派出了由中级政客和高级军官组成的代表团，希望能够获得宽大处理。11 月 8 日，停火的细节商讨在协约国最高司令部所在地贡比涅进行，协约国最高司令斐迪南·福煦作为仅有英法两国代表组成的代表团领队出席会议。德国代表团很快发现，会谈的内容根本不涉及美国总统威尔逊的"十四条计划"，而是一张写满了苛刻条件的赔偿清单。

停火协议内容完全按照协约国的意愿商定，主要内容是：双方停止军事行动；德军在 15 天内撤出所侵占的比利时、法国、卢森堡及阿尔萨斯和洛林；德军在 31 天内撤出莱茵河左岸地区连同右岸的桥头堡，由协约国军队占领；凡仍驻留在战争前属于奥匈帝国、罗马尼亚、土耳其领土上以及在

东非作战的全部德军应立即撤回到 1914 年 8 月 1 日的德国疆界以内；驻在战前俄国领土上的全部德军，在协约国认为时机适当时也应返回德国境内；协约国军队战俘应立即遣返，德军战俘由协约国以其认为适宜的办法进行安置；废除《布加勒斯特条约》和《布列斯特和约》；德军应完整地交出其陆海空军主要装备和运输工具。

这些条款让德国代表目瞪口呆，但在经过了高层的批准之后，他们还是于 11 月 11 日清晨 5 点签署了停火协议。至此，战事正式结束，但和平协议尚未最终完成。

在福煦专列的车厢里德国签订战败协议，坐在右边的是法国魏刚将军，挨着他的是福煦元帅（站立者）。

划时代的军事革命

　　第一次世界大战对世界军事的发展起到了非常重要的作用，开启了从热兵器战争到机械化战争的时代，在军队的建制、军事装备、新兵种的创建、多兵种联合作战等方面开创了现代意义的军事革命。骑兵作为当时机动性最强的军种，在机枪和堑壕面前逐渐没落，取而代之的是坦克、装甲车等机械化机动部队；随着飞机制造技术的提高，空军在侦察、空中掩护、战略轰炸等方面日益受到各国的重视；电话、无线电通信等信息技术作为指挥现代大兵团作战的基本工具，在战争中不断改进。

　　总的来说，第一次世界大战开创了一个战争的总体性的世纪：手段的总体性、力量的总体性和目的的总体性，它使战争向立体化、机械化方向发展。在这次战争中，各主要参战国破天荒地第一次实施国民经济总动员，使战争带有真正的总体性。武器装备和军事技术迅速发展，飞机、飞艇、坦克、反坦克炮、迫击炮、远程火炮、毒气弹、高爆弹、无线电通信和光学测量等技术器材开始大量装备部队并使用于战场，航空兵、坦克兵、防化兵等新的兵种闪亮登场，战争不再限于陆地和水面，而是扩大到空中和水下，并尝试多兵种联合作战，从而使战争开始具有立体战的性质。

军事思想的进步
"大步兵"
到多兵种
联合作战

战争带来的巨大伤亡以及武器装备的进步，促进了现代化军事思想的产生。

第一次世界大战爆发之前，欧洲强国的军队一直奉行着"大步兵主义"的进攻理论，认为只有依靠步兵的短促突击，以无畏的勇气与敌军进行白刃战，就能取得战场上的胜利。然而，当战争真正开始的时候，由于枪械技术的进步，火力的加强，在付出了惨重伤亡以后，各国军队痛定思痛，开始创新作战思维，出现了步兵与炮兵的联合作战、步兵与装甲部队的联合作战等多兵种联合作战。

"大步兵主义"的失败

"大步兵主义"主要是调动精神意志力量作用，通过激发士兵的斗志就能取得战斗的胜利，这种思想最典型的代表就是法国。在 19 世纪中叶以

后，随着工业革命的发展，军事技术日益复杂化，铁路、电报、弹仓式步枪大大改变了战争面貌。但是当时的法国陆军依旧秉持拿破仑的传统，强调精神力量，对新技术和战术变革反应迟缓。所以，在普鲁士参谋部精心策划的战争中，法国快速败下阵来。普法战争结束后，法国人却慢慢走向了另一个极端。除了广泛寻求反德同盟的盟友外，在陆军战略和军事学上，开始向"进攻崇拜主义"发展，并且自认为是继承了拿破仑和大革命的精神。

第一次世界大战爆发后，法国进攻学派的军事理论给法军带来了灭顶之灾。以阿尔萨斯和洛林战场为例，当时的一个英国目击者这样描述道："法国军队以 19 世纪最好的队形出现在战场上，戴了白手套、修饰得漂漂亮亮的军官走在他们部队前面 18 米左右，就像阅兵行进那样安详，他们很勇敢，不断冒着可怕的炮火冲锋前进，但毫无用处，没有一个人能在向他们集中射击的炮火中活下来。到目前为止，我还没有看见一个人能前进 45 米以上而不被机枪打翻在地。"事实证明，精神还是赢不过钢铁。不是说士兵的斗志不再重要，而是那种完全靠勇气赢得战争的时代已经过去。面对新的战争形势，只有结合新式武器，多兵种联合作战，才能在战争中取胜。

德军在柏林集结，通过铁路运输直达西部前线。

步兵从冷兵器时代就是最重要的兵种，步兵至上的军事思想一直持续到一战之前。德国是改变大步兵主义的先行者，德国的步兵师，是大步兵主义和大炮兵主义的混合体。

英国《兵役法案》生效

1916 年 2 月 10 日，英国议会通过了《兵役法案》，此法案的颁布标志着英国放弃了传统的志愿兵役制，开始实行义务兵役制。该法案规定，凡是年龄在 18 岁至 41 岁（后来扩大到 51 岁）的未婚男子都必须应征入伍。同时规定了四种免除兵役的情况：身体不适于服兵役、从事事关国家利益的重要工作、维持家庭收入的唯一来源、基于宗教和道德原因反对服兵役。

多兵种联合作战

一战初期，一场战役死伤几十万甚至上百万人的惊人教训，强烈地震撼了交战各国。如何在尽量减少伤亡的情况下，对敌军进行杀伤，占领敌军阵地的问题，摆在了各国的军事人员面前。为此，各国进行了各式各样的摸索，最终摸索出一些行之有效的作战方式，比如说步兵与炮兵联合作战、步兵与坦克部队联合作战，甚至步兵和海军联合登陆作战等，很多都开创了现代军事作战理论的先河。

步兵与炮兵联合作战的方式比较常见，在开始冲锋前，交战双方都会向对方阵地先进行预备炮击，摧毁防御工事，杀伤有生力量。但是真正将步炮协同作战发挥到极致的要数德国的胡蒂尔战术。根据这个思想，在进攻发起前，先经过密集的炮火覆盖，接着在弹幕徐进的掩护下，派出数支精良的小分队。这些部队在突破无人区的时候可以交替掩护，并绕过敌军火力支撑点，迅速通过敌军防御部队的间歇，突破到敌军纵深，切断敌军通讯。利用电话或者信号弹与本方炮兵进行密切联络，不再按照既定时间表而是根据实际需要为突进部队提供精准炮火支援，而后大部队才发起攻击。

当然还有其他改进步兵作战的方式，例如：坦克出现后，英军总结出了以坦克为移动掩体和火力压制点，步兵紧随其后的协同作战方式；一战中，英法联军在加里波利半岛战役，还尝试了海陆军协同的抢滩登陆作战；还有澳新军团的以飞机、大炮和机枪火力为主的"和平渗透"战法；等等。

英国军队在战场上实现了多兵种混合，坦克、大炮、步兵按照战术进行协同作战，先是大炮轰炸敌方阵地，然后坦克开路，步兵跟在坦克后面前进。

从无到有
一战中的空军

莱特兄弟发明的飞机技术被迅速运用到战争中，空军逐渐成为一支不可或缺的军事力量。

飞机，这一人类科技发展的重要成果，在它诞生后的数年间，一直受到人们的冷遇，但是随着第一次世界大战的爆发，飞机的军事价值凸显出来。在战争的推动下，飞机制造技术、飞机的种类以及飞行员的驾驶作战技术等都取得了空前的发展，空军逐渐成为继陆军和海军之后重要的军事力量出现在战场上。

空中侦察机

第一次世界大战爆发时，飞机的技术还不是很成熟，许多国家都是刚刚建立空军，高级将领都在怀疑这种东西的军事价值，但飞机很快就证明了它的侦察价值。1914 年 8 月 22 日，德军大举进攻

驾驶新发明的飞机不仅仅是男人的专利，1911 年，哈瑞特·坤碧成为第一位获得飞行执照的美国女性。不久之后，她就成为第一位实现夜航的女性。她注册的商标就是她身着一袭紫色绸缎制作的飞行服。

法国，侦察机提供的情报使英国远征军得以组织撤退，因而挽救了无数人的性命。而当西线战场上的堑壕战取代了运动战之后，空中侦察机就更加不可或缺了。

由于战争需要，侦察机技术也越来越复杂。手写的报告被无线电信息所取代，需要舱内人员手持拍摄的照相机让位给了置于机身之内的小摄像头。由于最开始并没有战斗机对其造成威胁，第一版侦察机不需要追求速度和灵活性，所以只有一个稳定的平台供侦察者使用。早期的推进式飞机，如法国的法曼-MF 系列和英国的 FE-2a，每小时只能飞行 88 公里，而牵引式的飞机最快每小时也只能飞行 104 公里。而且大多数侦察机都不携带武器。

战斗机与轰炸机

公认的第一种真正的战斗机是法国的索尔尼埃 L 型飞机。由于法国飞行员罗兰·加洛斯（Roland Garros，1888—1918 年）发明的"偏转片系统"使得机身上安装固定同轴机枪成为可能，大大简化了飞行员的瞄准和操作，从而使这种飞机成为真正的战斗机。利用这种装置，罗兰在 1915 年 4 月 1 日击落了一架德国武装侦察机，并在当月又击落三架德机。

罗兰在空战中的成功，使德国大为震惊。1915 年 4 月 18 日，德国俘获了一架完整的法国战机，在对其进行研究之后，发明了"机枪射击协调器"，

罗兰·加洛斯，法国民族英雄，1913 年他是第一个不着陆驾机飞越地中海的人。他是一战时期战斗机飞行员，从 1915 年 4 月 1 日开始，他先后成功击落了 3 架德国空军的飞机。1918 年 10 月 5 日，飞机被击中，他壮烈牺牲，年仅 30 岁。2012 年 6 月，法国为他出了 10 欧元纪念币。

从而大大改善了飞机的战斗力。装配上这一装置之后的福克 E3 战斗机开始大量地击落协约国的飞机，夺取了制空权，引发了空战史上著名的"福克灾难"。

随着军用飞机性能的提高，另一个全新的机种——轰炸机应运而生。1915 年，俄国制造出了一架大型双翼飞机，这就是后来的轰炸机鼻祖——"伊利亚·穆罗梅茨"。1918 年 6 月，英国战略空军成立，并先后空袭了德国的一些军事仓库、交通枢纽和重要城市，共投弹 500 余吨。相对于战斗机而言，轰炸机具有载弹量大、续航时间长的优势。到一战结束时，已经开始有了轻型和重型之分的轰炸机逐渐发展成为一个庞大而成熟的机种。

飞行员作战技术

随着战斗机的出现，英、法和德国开始争夺制空权。对于组建不久的空军来说，如何训练以及怎样才能在空战中取胜成为一个难题。在摸着石头过河的过程中，德国的王牌飞行员马克·殷麦曼中尉开创了空战史上的真正作战。他总结出了两套作战技术。一种是"俯冲攻击战术"，即先将自己的飞

知识链接：世界上第一个王牌飞行员——罗兰·加洛斯

王牌飞行员，这个称号最早出现在第一次世界大战，一般是指击落敌机超过 5 架的飞行员。世界上第一个王牌飞行员是法国飞行员罗兰·加洛斯。在世界的王牌飞行员中，他的地位非常特殊，他并没有击落过 5 架敌机，他的得名是因为他发明的"螺旋桨飞机武器"。

机隐藏在浮云中，等敌机从下面飞过时，就居高临下地猛扑下去，从敌机的后方发动攻击。这种方法适合对付一架敌机，如果敌机有队友在，就会被人"黄雀在后"。另一种就是"上升倒转战术"，即先是一个俯冲，接着突然抬起机头，改成垂直状态继续向上冲，跃升之后的飞机腹部朝上成了倒飞状态，再来一个横滚，飞机恢复正常。这种办法，可以轻松摆脱在自己上方尾追的敌机，同时反超到敌机上方。这一技术在现代的空军训练中还在使用。

福克 E3 战斗机复制品。德国福克飞机厂于 1913 年开始研制，1914 年 5 月试飞成功。除 E3 外，还发明过各种改型的福克 E 战斗机，只有 E3 是最成功的，它占总产量的三分之二。福克 E3 战斗机大量击落协约国的飞机，空战形势发生了有利于德国的呈一边倒的戏剧性变化。由于大批英机被很容易地击落，引发了空战史上所谓的"福克灾难"。

风光不再
没落的骑兵

扫灭一切的机关枪，
难以跨越的堑壕，
让曾经叱咤疆场的骑兵们越来越边缘化。

第一次世界大战是骑兵作为主力兵种参战并发挥作用的最后一场战争，参战各国都组建了自己强大的骑兵军团，一战给人们展现出的不仅仅是堑壕战、铁丝网、毒气战的残酷，同时也是骑兵这一古老而伟大兵种的绝唱。但是，在机械化还没有在军队中普及的一战中，骑兵在有些区域战场上表现优异，特别是在巴勒斯坦的战场上。

西线战场

一战刚爆发时，每一支军队都拥有骑兵，有的甚至为数众多。俄国有骑兵师 29 个，多得令人咋舌；同等的编制在德国有 11 个，而法国和英国则分别只有 10 个和 1 个骑兵师。但这些骑兵在 1918 年时几乎和所有的战斗都没有联系了。将军们原本指望还能看到一些传统的作战场景，譬如

在凡尔登战役的第一天，7000 匹马在德军的炮火中丧命。一战是骑兵没落的开始。

说两队骑兵互冲，一方骑兵骑着战马追击溃不成军的敌人之类。实际上，绝大部分骑兵确实是戴着他们的宝剑或者手持长矛坐在马背上走向战场的，但也有很多人已经开始学着翻下马背，使用现代化的武器作战了。

从 1914 年年末战争的主要形式从运动战转为堑壕战开始，西线战场上的骑兵就基本上只能坐冷板凳了。不过回首开战之初，骑兵也是在战场上亮过相的。1914 年 9 月 6 日，英国第九骑兵兵团就曾负责进攻蒙赛尔的德国第一龙骑兵护卫队，不过这一仗却没给骑兵作战开个好头。几天之后，大约 70 名德国骑兵在法耶斯负责应付第十八骑兵师的一支徒步的骑兵中队，结果吃了不少步枪枪子儿。受此战影响，接下来的时间里，骑兵就只好一直龟缩在后方，等候机会一雪前耻，但这个机会却永远不会来临了。泥泞的战场，秋风扫落叶般的机关枪，挂满倒刺的铁丝网，所有这一切对于骑兵来说没有一样不是束缚他们手脚、妨碍他们战斗的桎梏。

1918 年，野外运动作战再次走上舞台，但骑兵却遭到了大规模的削减。许多骑兵部队被解散，士兵们则被分散到了其他编制的部队之中继续服役，剩下的骑兵也很少再跨上战马驰骋疆场，反而经常步行作战。英国还曾经尝试过让骑兵和轻型坦克联合作战，结果却失败了。坦克跟不上骑兵的速度，而冲到前面去的骑兵没有坦克的防弹功能，根本扛不住敌军机关枪的扫射。

在东线战场上，阿拉伯人的主要兵种是骑兵。德鲁兹人是阿拉伯人的一支，主要分布在西叙利亚豪朗山区。他们没有自己独立的国家，19世纪后期受土耳其人统治，在一战期间参与协约国对土耳其的战争。

其他战场

但在西线战场之外，骑兵部队却经常在战场上出现。德国、奥匈帝国和俄国在东线战场上布置了很多骑兵，毕竟这里的战场实在太过辽阔了，修一条从波罗的海直达罗马尼亚边境的战壕就是天方夜谭。所以，这里的战斗要比西线战场机动得多。

最大规模的骑兵作战发生在巴勒斯坦。英国皇家部队在这里布置的大量骑兵中包括来自澳大利亚和新西兰的队伍。这些骑兵惯于骑马冲入敌阵后下马砍杀，最有代表性的就是1917年年末的比尔谢巴之战中的澳大利亚第二和第三骑兵旅。与此战役同一天，另两支骑兵部

哥萨克人世世代代游牧在东欧的大草原，从波罗的海到黑海都有他们的身影。哥萨克以英勇善战著称。哥萨克人组成的骑兵，是独立的武装力量，并不单独服从于任何政权。哥萨克早年效力于克里米亚汗国，后期效力于俄国。第一次世界大战中，俄国大约组建了30万人的11支哥萨克军团参与作战。

 知识链接：哥萨克骑兵

哥萨克骑兵是沙俄的一支重要武装力量，多次为俄国开疆拓土立下赫赫战功。第一次世界大战中，俄国大约组建了30万人的11支哥萨克军团，在加利西亚战场上的奥匈帝国军队就曾惨败于哥萨克骑兵。但是由于现代化武器机枪、坦克等的投入，他们在加利西亚教训过奥匈军队几次之后，也就没有什么惊人的战绩了。

队——澳大利亚第四和第十二骑兵旅冲击了他们阵营前方两条长约2750米的土耳其战壕。这些澳大利亚骑兵没有佩戴宝剑，所以他们是拔出刺刀向敌军冲击的。看到这一幕的土耳其守军几乎全部拔腿就跑。到1918年为止，协约国在巴勒斯坦的骑兵兵团包括了来自澳大利亚、新西兰、英国本土、印度和法国的若干骑兵部队。作为英国盟友的阿拉伯军队，在对抗阿拉伯半岛的土耳其军队以及进入巴勒斯坦时，几乎全部是骑着战马或者骆驼的。

视觉上的欺骗
军事伪装

视觉上的欺骗

为了保护作战单位，迷惑敌方，大战期间交战双方大规模地运用了军事伪装技术。

第一次世界大战中侦察机的出现迫使伪装隐蔽技术不得不改进，普通的伪装手段根本无法躲过搜索面积极大的飞机的侦察。为了避免被敌方火力集中攻击，保护重要的设备和军事给养，为战争服务的军事伪装技术也首次被参战各国广泛应用。

军事伪装部门建立

视觉欺骗是最基本的伪装，而这种战场上的常用伎俩，古已有之。在侦测技术还很不发达的时候，侦察兵最可靠的工具就是自己的双眼，视力所及之处就是观察范围，所以要躲开敌人的观察也很简单，只要想办法迷惑侦察人员的双眼就行了。

军事伪装技术的应用最早是在士兵的军服上体

在第一次世界大战中，各国军队还没有专门作战的服装，普遍是穿着军服打仗，所以在军服的颜色上，逐渐统一在绿色色调上。在绿色色调中，有深绿、草绿、墨绿和橄榄绿等。在当时的情况下，绿色调能较好适应丛林、草地、农田地区的活动和作战。

现的。在英布战争时，熟悉地形、善于伪装的布尔人给英军带来了很大的麻烦。英军军士亚历山大·麦肯齐在对布尔人的战术进行了深入研究后，对伪装技术做了初步的研究并投入实战。1902年后，浅褐色成为所有英军军服的颜色。但英军的这种做法在当时并没有普及开来，各国军队主流观点仍然是倾向于使用明亮、单一且显眼的颜色来制作军服，军方将领们认为这有助于震慑敌军、辨认友军，甚至对吸引新兵入伍也有帮助。虽然1910年德军制服的颜色从传统的普鲁士蓝变为绿色，但在1911年法军试图改变传统的下红上蓝的军服颜色时遭到强烈的抵制。前战争部长欧仁·艾迪安的观点颇具代表性："废除红裤子？不，绝不，法国人就穿红裤子。"这种保守的现象一直持续到一战前，随着枪械的命中率与射速的不断上升，军事伪装的重要性逐渐显现出来，并受到各国军方的重视。

一战爆发后，法国和英国军队分别于1915年和1916年成立了专门的军事伪装部门。1917年刚刚参战的美军也专门组建了美国伪装团。德国和奥地利虽然也开展战场伪装工作，但还没有设立专门的部门。军事伪装在战场上用于伪装、掩护、欺骗、突袭。立体图画、使人产生混乱的绘画、拟态伪装、看起来与自然场景相似的伪装是军事伪装技术常用的手法。伪装专家中除了画家和雕塑家外，还包括建筑师、场景画家、广告画家、金属工匠、家具工、木工、铁匠、石膏模具

一战期间，一名穿着海纹衫的俄国海军士兵。从迷彩军服的发展历史来说，海纹衫是最早的迷彩服。

知识链接：军舰的伪装

在战争期间，军舰舰身也涂上了保护色。这是一种海军专用的伪装技巧，在特别鲜明的色彩对比和黑白灰三色的线条图案之中，军舰的吃水线、甲板和舰桥位置都变得很不明显。而试图通过这些数据来分析战舰去向、航速和相对距离的潜艇指挥官，也将因失去了进攻的准确性而无法发出鱼雷攻击的指令。

师、舞美设计师和化学家。

花样百出的隐蔽伪装技术

在战场上只要能达到隐蔽自身，而不被敌方发现的伪装都是可行的，因此在战场上就出现了许多让人脑洞大开的伪装技术。火线是新伪装最好的试验田，英军则以其无处不在的巧思妙想成为最佳伪装部队。当时，谁要是敢在光天化日之下把头探出战壕侦察敌情，那他十有八九会被敌军狙击手击毙。为了解决白天无法进行阵地观察的难题，英军发明了一种形似枯树桩的观察哨。

为了保护炮兵阵地，法国人在初期大量使用着色混乱的帆布罩，而到了1916年，这种帆布罩就已经被配有着色的酒椰树叶或条纹帆布的网罩所取代。到1917年晚期，英国人新式的平顶网罩已经成为最有效的伪装大炮及其炮位的方法。

英军甚至还专门辟出了专供坦克集结的伪装阵地，保证坦克部队在接到进军命令之前可以安心地养精蓄锐，也只有这样，才能让这些"隐形战车"在敌军阵地前突然出现时给对方以惊吓。而此时，英军对伪装的理解更是已经超出了视觉这一层面，将听觉效果也纳入其中。在坦克部队出动时，他们

还会派出一小股飞行部队，用飞机引擎的轰鸣遮盖坦克前进时发出的隆隆声，从而分散敌人的注意力，干扰对方的侦察。

一名穿着浅绿色伪装服的士兵，与当地的地貌颜色有一定的相似性。衣帽的迷彩色会降低战场上士兵的死亡率。

作战神经系统
军事通信

战争期间作战指挥信息的传递是非常重要的，
有时候直接左右了战争的胜负。

军事通信是军队为实施指挥，运用通信工具或其他方法进行的信息传递，它是保障军队指挥的基本手段。为完成军事通信任务而建立的通信系统是军队指挥系统的重要组成部分，是军队战斗力的要素之一。对军事通信的基本要求是：迅速、准确、保密、不间断。第一次世界大战中开始的现代化大兵团作战，更是需要强有力的军事通信指挥系统。

无线电通信

在第一次世界大战之前的各种军事对抗中，由于战场面积小，参与战斗的部队规模也很有限，所以指挥官们经常是亲自到战场上走一走、看一看，根据所见所闻制定出作战方案。但是第一次世界大战战场波及欧、亚、非三大洲，参战部队动辄数以百万，想要在闲庭信步中就能指点江山已经不再可能了。所以，指挥官们只好把指令细化到每一个方面，制定出一个详细的时刻表，让每一个战斗单位都清楚地知道自己该在什么时候做什么事。但问题依然存在，毕竟战争不会按照任何人的计划不偏不倚地进行下去。所以，军事通信依然制约着将军们对战场动态的掌握。

在第一次世界大战前夕，年轻的意大利科学家古列尔莫·马可尼发明的无线电技术被交战各国广泛使用。但这一通信技术却有两个致命的弱点：第一，由于摩尔斯电码的编码方式是一定的，而无线电信号又可能被敌方截获，所以信息内容很容易被对方破译。1914 年 8 月，协约国就非常幸运地两次截获了德国的电报，而其中一次直到 1918 年才被德国察觉。俄国更是由于对电报的加密工作的滞后，在东线的作战信息大多被德军截获而蒙受巨大损失。第二，无线电发报设备不仅又大又重，而且非常珍贵，根本就无法在前线火力交错的情况下长时间工作。随着战争进程的推进，较为轻便小巧而又更为耐用的发报机开始被军队广泛使用，并逐渐得以配置到侦察机或侦察热气球上。但其他的通信设备仍然只能供地面部队使用。

电话系统

随着堑壕战的发展，通过电话或蜂鸣器传送的摩尔斯电码愈发流行，而包括当时的移动通信设备在内，所有的电话都是依赖电缆才能运作的。有线电话虽然方便，但缺点也是很明显的。即使电话线埋在战场地面一米以下，也还是很容易被敌军的火

"无线电之父"马可尼，意大利无线电工程师、企业家、实用无线电报通信的创始人。他用电磁波进行约 2 公里距离的无线电通信实验，获得成功。1909 年获得诺贝尔物理学奖。图为马可尼在用这些有线装置来发射或者接收无线电信号。

MORSE CODE

A		1		
B		2		
C		3		
D		4		
E		5		
F		6		
G		7		
H		8		
I		9		
J		0		
K				
L				
M				
N		Period .		
O		Comma ,		
P		Question mark ?		
Q		Exclamation mark !		
R		Colon :		
S		Double dash =		
T		Plus +		
U		Minus -		
V				
W				
X				
Y				
Z				

1. The length of a dot is one unit.
2. A dash is three units.
3. The space between parts of the same letter is one unit.
4. The space between letters is three units.
5. The space between words is seven units.

摩尔斯电码，一种时通时断的信号代码，通过不同的排列顺序来表达不同的英文字母、数字和标点符号，发明于1837年。摩尔斯电码是一种早期的数字化通信形式，但是它不同于现代只使用二进制代码，它的代码包括五种：点、划、点和划之间的停顿、每个字符间短的停顿（在点和划之间）、每个词之间中等的停顿以及句子之间长的停顿。

力切断，而且移动通信设备的电缆一般都暴露在无人区的地面上，这里正是双方炮火交织最密集的地方，所以断线的频率也就格外的高。对于通信员来说，维修断掉的电话线是一件困难而又危险的工作，但为了保证战时通信的正常工作，他们也没有别的选择。

活信使

在战场上还有很多其他的联系方式，但也有各自的缺陷。手写或口述的信息一般靠信使跑步传递，在死亡和负伤随时都会降临到移动者头上的第一次世界大战战场，这种传递方式恐怕是最不安全的，信息很有可能随着信使的死亡而半路消失。使用军犬或者信鸽等的效果相对好一些，但这种活信使在大炮面前仍然显得过于脆弱了。1916

年凡尔登战役时，镇守沃克斯要塞的法军部队就曾将信鸽作为重要的通信兵，这些信鸽死后以其勇敢获得了法国的最高荣誉。

其他的通信方式则较为少见。在紧急情况下使用的信号弹，往往是为了示意向预定目标一齐开火。1916年索姆河会战期间，英军还曾经在士兵的背包上缀上可以反光的金属三角形，以使后备部队可以随时观察部队的进程。

在人类的军事冲突史中，信鸽在一战、二战中都曾经有卓越的表现。著名的滑铁卢战役的结果就是由信鸽传递到罗瑟希尔德斯的。在今天，人类利用它进行隐蔽通信，海上航行时利用它跟陆上联系，森林保护巡逻队有效地使用信鸽跟总部联系等。

隐秘的谍战风云

　　20世纪初的一战前夕，松散的情报机构在协约国及同盟国已经存在，但经常处于一种紧急时受重视，一旦危机过后就被忘却、被闲置一边的状态，并不存在统一的、永久性的、工作内容及技巧可以得到继承的情报组织。但是随着第一次世界大战的爆发，各交战国才开始把间谍工作机构化。德国的主要情报机构是瓦尔特·尼古拉少校领导的陆军总参谋部军事情报局，以及下属的分设在各大军区的秘密情报站。英国负责海外领域工作的是秘密情报局，由皇家海军上校曼斯菲尔德·卡明领导，后来演变成陆军情报六局（又称"军情六处"）。再一个声名远扬的情报机构就是苏俄的红色契卡，后来的克格勃前身。

　　很多人开始痴迷于特工，可能是受到了美国电影大片《007》系列的影响，香车美女、华服美景、阴谋诡计、尔虞我诈，是邦德的人生关键词。他总能挽狂澜于既倒，总能救国家于危难。他的阿斯顿·马丁副驾驶座上总有美女，后座却装着火箭炮。他总有各种神奇的武器，对付敌人的时候甚至不会让西服褶皱。"邦德，詹姆斯·邦德"，成为一句经典的性感台词。邦德效力的机构就是英国的军情六处。但生活不是电影，不是每个特工都能过邦德式的生活。在谍战这条隐蔽的战线上，有人一战成名，也有人囹圄终老；有人成为一国领袖，更多人则终生姓名不闻。

谍海女王
玛塔·哈丽

她是美貌和智慧的化身，
但最终却不得善终。

玛塔·哈丽（Mata Hari，1876—1917年）的事迹在间谍界和非间谍界广泛流传，她拥有"谍海女王""谍海明珠"等多个头衔，从默默无闻的乡下女子到轰动巴黎的脱衣舞娘，直至左右逢源的双重女间谍的传奇身世，在卧室里瞒天过海最后时机闪现智慧火花以及种种经历使她成为间谍史上独一无二的人物。有关她的故事被写成文章、拍成电影、出版成书，很多人还对她本人进行专门的研究。在她传奇故事的诸多版本中，始终离不开这些关键字眼：美貌、智慧、悲惨命运。

惊艳巴黎的舞娘

当时法国报刊对玛塔·哈丽的形容："不可思议无与伦比的美貌"，是"造物主最完美的人体作品"。1905年4月的一天傍晚，玛塔·哈丽在巴黎登台亮相，性感的肚皮、撩人的舞姿，神秘莫测、奥妙无穷的"印度婆罗门艺术"舞蹈，把见多识广

玛塔·哈丽舞女形象打扮的蜡像。她是巴黎红得发紫的脱衣舞女，更是一位周旋在法德两国之间的"美女双料间谍"，跻身历史上"最著名的十大超级间谍"之列。

一战爆发，德军重金拖她下水。天资聪颖过人的玛塔·哈丽很快将她的"表演"天才运用到间谍这一新行当里，利用自己无坚不摧的"强大武器"——柔顺的躯体，从那些贪图欢乐、迷恋女色的大臣、将军的口中源源不断地套取情报。后被法国情报部门招安，成为双料间谍。

的巴黎人迅速地卷了进去，整个巴黎都拜倒在她迷人的舞裙和风姿下。第二天几乎所有的报纸都毫不吝啬地给了她最抢眼的版面并配以巨幅艳照，一夜之间，玛塔·哈丽成了巴黎社交界的新偶像。

玛塔·哈丽，爪哇语是"清晨的明眸"，在这个充满诗意的名字后面是另一个不起眼的名字：玛格丽特·格特鲁德·范泽勒。她出生于荷兰北部的吕伐登小城，15岁时母亲去世父亲再婚，她被弃于寄宿学校，由于过分的美貌早早招致学校校长和老师们的骚扰、玩弄与纠缠。为了摆脱这种可悲的生活，她胡乱从报纸的征婚启事上，找了一个名叫鲁道夫·里奥德的人结婚。1899年，她与丈夫离婚，在爪哇岛迷上并熟练掌握爪哇舞蹈；1904年她

到了巴黎，并成为著名的脱衣舞星。

受命德国情报局

从贫穷到上层社会，美貌是她最重要和决定性的资本。她的美貌和名气被德国情报机构看中，高薪诱惑她加入并给她以几个月特别侦察学校的系统训练。然后，她以H–21的特务代号，偷偷潜入敌国。

不同于其他专业的间谍，哈丽最重要的技巧是准确有效地运用"急智"，而其中最出色的是在窃取英19坦克设计图过程中最后时刻的成功发挥，称为"哈式急智"。1915年，英军一种新型坦克正在秘密研制中，德国方面得知，这种坦克的其中一份设计图纸就放在法军统帅部高级机要官莫尔根将军家的保险柜中。哈丽奉命窃取这份图纸。在一次家庭舞会上，她借机与莫尔根相识，并在莫尔根家中找到了藏在油画后面的保险柜。但密码是什么？情急之下，哈丽发现墙上的挂钟一直没有走动，指针停在21点35分15秒，于是哈丽就用这组数字打开了保险柜。

悲惨命运

好景不长，法国的情报机关发现了哈丽的真实身份，鉴于哈丽的能力，决定将计就计，招募哈丽为双料间谍。1916年，法国间谍头目杜拉秘密会见了哈丽，并派她去西班牙引诱德国特使卡伦上校。哈丽没让人失望，很快就从卡伦口中获得了重要情报。但是，哈丽的反叛行为很快就被德国人觉察了，于是，故意用已被协约国破译的电码向其发报，很快法国二局的谍报部门就破译了电报，哈丽的法国间谍身份也被曝光。

此时，法国在战场上连连失利，为了给数万牺牲的士兵一个说法，为了挽救法国情报部门的名誉，法国决定牺牲哈丽。在哈丽受审期间，杜

知识链接：恩尼格玛密码机

在密码学史中，恩尼格玛密码机又称哑谜机，它是一种用于加密机密文件的机械，准确地说，恩尼格玛密码机是一系列相似的转子机械的统称。在一战期间，德国军事情报机构除了将之前的间谍活动方式发扬光大外，更是不断翻新，恩尼格玛密码机就是其中之一。

拉上尉刻意夸大哈丽为德国卖命的罪行，却只字不提自1916年以来，哈丽也为法国提供情报的真相。她被多方利用，又被多方抛弃，最终成为法国军方的替罪羊。1917年10月15日，哈丽被执行枪决。

1904年，她孤身一人来到了花都巴黎。为了生计，成了职业舞娘，是当时巴黎红得发紫的舞星。1905年的《巴黎人报》如此评价道："只要她一出场，台下的观众便如痴如狂。"

话　说　世　界

传奇谍王
卡纳里斯

他有一段死里逃生的军人经历，
更有一段传奇的间谍生涯。

"政治和外交活动是他的强项。他善于与外国人打交道，而且能立即赢得他们的信任。如果分配他做此类工作，他是不会有什么困难的。没有哪个区域对他来说是禁区，他可以出入任何地方，接触所需接触的人，然后以惊人的速度展开工作，而且还能以一副天真无邪的面孔出现。"威廉·弗朗茨·卡纳里斯（Wilhelm Franz Canaris，1877—1945 年）的上司是这样评价他的。

出身良好，有勇有谋

卡纳里斯 1877 年出生于德国北部多特蒙德市郊一个非常富有、颇有权势的资产阶级家庭。毕业后参加海军，1905 年时进入基尔海军学院学习。之后被分配到"德累斯顿号"轻巡洋舰上服役。除了学业出色外，他在此期间表现出超凡的语言天赋。据说他英语流利，还掌握了法语、意大利语，也能说一些俄语，并利用他远航南美的机会又掌握了西班牙语，这些为其后来的间谍活动打下重要的基础。

第一次世界大战爆发时，卡纳里斯任职于"德累斯顿号"轻巡洋舰，担任军舰上的旗手和情报官。1914 年 12 月 8 日的福克兰群岛之战中，英国海军击沉了除"德累斯顿号"之外的所有德国舰船。这艘军舰在逃窜的过程中最终也没能免于被击沉的命运，所有的船员被拘禁在智利的基里基纳岛上。这时，卡纳里斯第一次显露了他的间谍天赋。他设法逃到了智利本土，而后又骑马跋涉了几百公里，翻

卡纳里斯在西班牙从事他有生以来的第一次间谍活动：在当地德国海军武官的指导下，组织对直布罗陀的监视和从西班牙、葡萄牙领土对德国潜艇实施补给，收集关于协约国海军的情报。战争结束之时，卡纳里斯是德国在地中海上的一艘潜艇的艇长。

越了安第斯山脉，进入亲德国的阿根廷境内。在布宜诺斯艾利斯，他化装成英裔智利人，搞到了护照，并混上了属于中立国荷兰的海轮返回德国。当他最终回到柏林的时候，离他出逃之始已有两个多月了。

投身谍战，备受重用

卡纳里斯孤身万里逃脱的经历引起了德国海军情报部门的极大注意。从此他开始备受重用，节节升迁。1915 年 12 月他以雷德·罗萨斯之名被德国间谍机关派往西班牙首都马德里，开始了他富有传奇色彩的情报生涯。1916 年，再一次潜入西班牙时，他与日后的死对头、英国上尉斯图尔特·孟席斯勋爵（后来的英国情报局局长）开始了第一次较量。刚到马德里不久的卡纳里斯就患了重病，德国海军驻马德里谍报站给海军部发了一份电报，要求派一艘潜艇接卡纳里斯回国治疗。这份电报被英国海军部的密码分析局截获。根据这一

情报，英国海军命令两艘正在德国沿海活动的潜艇随时准备截击前来接卡纳里斯的德国潜艇，同时命令孟席斯领导的驻马德里间谍小组监视卡纳里斯的动向，及时准确地掌握其登艇的时间和地点，以便引导潜艇进行拦截。不想卡纳里斯经过化装后，乘渔船出港，在外海换乘一艘来接他的德国潜艇逃之夭夭。在与未来的强劲对手的第一次较量中，卡纳里斯占了上风。他的成功回国受到英雄凯旋般的欢迎，并为他赢得了一级铁十字勋章。

误入歧途，投身纳粹

　　一战后的德国，党派众多，主张纷杂，卡纳里斯认为只有希特勒的纳粹党执政才能重振德国，因此积极参加纳粹党的活动。他通过戈林结识希特勒，并向希特勒送交了有关德军全体军官的政治倾向、人品素质和经济情况的材料，为希特勒日后控制德军军官层起了重要作用。

　　此后，虽然他不在情报部门而是在海军部门任职，比如在波罗的海舰队执行海上任务、在"柏林号"巡洋舰及威廉港分舰队司令部任职，但私下里却为希特勒的事业四

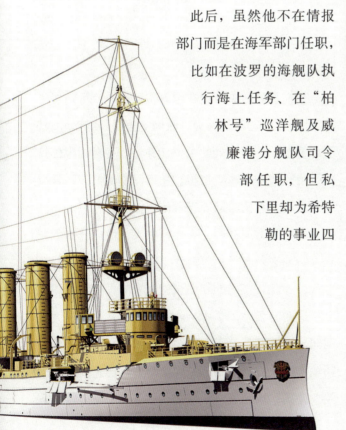

西班牙首都马德里，欧洲著名的历史名城。两次世界大战都没有波及西班牙，因此马德里成为各国间谍的渊薮。卡纳里斯曾两次去马德里刺探英国情报。

处奔走。总之，卡纳里斯有着传奇的个人经历，天才的间谍能力却因遭遇混乱的历史环境，最终成为一代纳粹谍王。

　　"德累斯顿号"轻巡洋舰。一战爆发时，卡纳里斯任职于该舰，任旗手和情报官。1914年11月1日，在智利附近的科罗内尔角海战中击沉了两艘英国重巡洋舰，卡纳里斯因此受到了奖励。1915年被英国军舰"格拉斯哥号"击沉，卡纳里斯侥幸逃生。

英国情报机构的 "开山祖师" 军情六处

它是传奇特工 007 效力的神秘部门，它是世界四大情报组织之一。

"军情六处"的全称是"英国陆军情报六处"（Military Intelligence Section 6），代号 MI6。对外又称"政府电信局"或"英国外交部常务次官办事处"，西方情报界把 MI6 看成是英国情报机构的"开山祖师"。从开创初期至今，它和它的前身都是严格保密的，也称秘密情报处，原为英国情报机构海外谍报系统。2011 年 5 月 28 日，《军情六处》中文版问世，解密真实 007 谍战传奇。以诡秘著称于世，与美国中央情报局、苏联国家安全委员会（克格勃）和以色列摩萨德一起并称为"世界四大情报组织"。

军情六处徽标。军情六处是英国在 1909 年建立的情报局，在第一次和第二次世界大战中起到重要的情报收集作用，在冷战时期和今天仍然是全球知名的谍报机构。直到 1994 年，官方才承认 MI6 的存在。

草创时期的情报机构

1907 年，退休的海军情报局局长查尔斯·奥特利被任命为英国的防务委员会秘书，他的助手莫里斯·汉基在调查全国谍报机构时惊奇地发现，整个欧洲连一个英国特工人员都没有。1909 年 8 月，在防务委员会的支持下，奥特利建议成立一个秘密情报局，负责情报搜集的一切事宜，这个建议得到了内阁的批准。他把秘密情报局分为两部分，分别负责国外和国内两个领域的工作。国外部分决定由皇家海军上校曼斯菲尔德·卡明（Manthfield Cumming，生卒年份不详）领导，后扩展为英国陆军情报六处。

军情六处的总部设在伦敦维斯密斯特桥南边一栋 20 层楼内，对外称为"政府电信局"，该处由外交部管辖。军情六处的主要任务是负责在国内外搜集政治、经济和军事情报，从事间谍情报和国外反间谍活动。它招收间谍有着传统标准，理想的间谍是一个出身上层社会、有经济收入、性格开朗的年轻人，他必须受过高等教育，英俊、勇敢、冷静和客观。因此，英国的间谍机构历来都重视从牛津和剑桥这两所名牌大学中招收间谍。第一次世界大战期间，军情六处一直在陆军部、海军部、外交部之间调来调去，虽然不利的因素很多，但它还是在荷兰、德国、埃及建立了情报站，安插了众多特工人

军情六处办公楼。军情六处负责为英国政府在全球各地收集情报，主要任务包括反对恐怖主义、武器扩散与海外地区动乱带来的威胁等。

员，与其他情报机构进行有效的联系，积极指挥反间谍活动、审讯俘虏，从敌占区搜集情报等，到1915年以后，逐渐成为英国最主要的情报机构。

神秘的代号"C"

军情六处的首位掌门人曼斯菲尔德·卡明极其重视保密工作，他严禁属下们将自己的秘密工作内容公布于公众，同时作为一个独腿的海军军官，卡明有着许多怪癖，对于间谍活动也许这种怪癖是必要的，那就是神秘兮兮的。因而他所缔造的军情六处也就笼罩在昏暗、神秘的气氛中。为了使自己的身份像其他组织工作一样保密，卡明用他名字的首个字母C给自己起了一个代号"C"，他喜欢使用绿色的墨水，所以军情六处的许多文件上都有个用绿墨水签的"C"字。

一战后，英国外交部接收了秘密情报局，此后，又接收了电码密码学校，校长由军情六处的掌门担任。这个校长的到来为而后的军情六处的发展带来无限生机，军情六处以后能在密码的破译上成为世界的顶尖高手正是得益于此，这期间军情六处的组织机构也逐渐健全。因为卡明与"首领"在英

文中都是以字母C开头，或许是出于对卡明的尊敬，此后军情六处的历任掌门都被称为"代号C"。

一战后，英国就把情报工作的重点从德国转向了苏联，因为那段时间它一直视苏联为头号威胁，军情六处很快就加强了对苏俄及其周边地区的情报收集，但是遭到了接连打击。丘吉尔担任首相后，情报机构得到了前所未有的重视，在二战期间军情六处迎来了最辉煌的时期。

知识链接：曾为英国情报部门工作的墨索里尼

俄国十月革命后，意大利成了英国最不可靠的盟友。为了加强在意大利的舆论力度，从1917年秋天开始，英国军情五处，以每周100英镑的薪水（当时相当可观）雇佣了在意大利有一些影响力的墨索里尼为英国情报部门工作，给他的任务就是帮助英国在意大利开展有利于战争的宣传，随着一战结束，这种关系也结束了。

风靡全球的系列谍战电影《007》。詹姆斯·邦德是系列电影的主角名称，英国情报机构军情六处的间谍，代号007，被授予可以除去任何妨碍行动的人的权力。詹姆斯·邦德总是有美女"邦女郎"相伴。因其扣人心弦的精彩剧情，这部系列影片自1962年开拍直至今天仍被广大影迷所热爱。

克格勃之父
捷尔任斯基

他是保卫苏联的红色卫士，
他是闻名世界的克格勃的创建者。

2004年9月11日，时任俄罗斯总统普京授权，在首都莫斯科市中心的卢比扬卡广场上举行了一场不同寻常的雕像安放仪式，相隔13年之后捷尔任斯基雕像又重新被立了起来，这足以说明他的功劳和影响至今仍然深入人心。

革命斗士

费利克斯·埃德蒙多维奇·捷尔任斯基（1877—1926年）是苏联党和国家早期的主要领导人之一，曾任联共（布）中央政治局候补委员、全俄肃反委员会主席、苏联最高国民经济委员会主席等职，苏联克格勃创始人。

捷尔任斯基是一名犹太人，出生于俄属波兰维尔诺省的一个小地主贵族的家庭。1887年8月，进入维尔诺第一中学学习。1894年秋，加入维尔诺社会民主主义小组。1895年秋加入了立陶宛社会民主党，参加该党的国际主义左翼，领导维尔诺手工业和工厂徒工小组。1896年4月，从维尔诺中学自愿退学，走上职业革命家的道路。

1897年3月，捷尔任斯基从维尔诺转移到科夫诺从事革命工作，出版第一期波兰文地下报纸《科夫诺工人报》，并领导了阿列克索特（科夫诺市郊区）的罢工斗争。1897年7月，因叛徒告密第一次被捕，判处三年流放。但两年后，他从流放地维特亚卡省秘密逃回到维尔诺，后转到华沙继续从事工人运动。

捷尔任斯基的革命生涯可谓多灾多难，不管是在俄国还是在波兰，从未有过连续三年不被逮捕的时候。在经过了20年的囚禁、流放、漂泊之后，获得了自由的捷尔任斯基加入了布尔什维克党。在1917年俄国十月革命中，他负责斯莫尔尼宫与起义军的通信联络，积极参加了攻打冬宫的组织工作。在全俄苏维埃第二次代表大会上被选为全俄中央执行委员会委员。在全俄中央执行委员会的会议

捷尔任斯基，俄国革命家，波兰裔白俄罗斯贵族，全俄肃反委员会（简称"契卡"）的创始人。捷尔任斯基的一句名言："别以为我会寻求革命的公道途径。我们现在不需要公道，现在是面对面的战争，是你死我活的战争。我建议并请求建立一个同反革命进行革命清算的机构。"

1917 年 12 月 20 日捷尔任斯基创立契卡。捷尔任斯基将契卡的任务概括为："在全国范围内消灭和制止反革命和怠工行为，将其积极分子交由法庭处理，同时还进行前期侦查和预审。"实际上，契卡的主要职能还包括逮捕苏联国内的反革命分子，并负责管理监狱、搜查、逮捕、拘禁。

上被选为全俄中央执行委员会主席团委员。

红色契卡

十月革命胜利后，意图颠覆新政权的敌对势力开始在全俄鼓动怠工，列宁为此事找到捷尔任斯基，要他建立一个专门机构，通过最有力的革命措施来同罢工一类现象作斗争。捷尔任斯基接受了任务，1917 年 12 月 4 日彼得格勒军事革命委员会通过了《关于建立肃反委员会的决议》。12 月 20 日，设立以捷尔任斯基为主席的"全俄肃清反革命及怠工非常委员会"，简称"全俄肃反委员会"，俄文缩写的音译就是——契卡。

成立之初的契卡总部设在彼得格勒霍瓦亚大街 2 号，1918 年苏俄政府迁都莫斯科后，契卡总部迁到了莫斯科克里姆林宫附近的卢比扬卡广场 11 号。契卡由工人和士兵中的先进分子组成，他们都是布尔什维克主义的坚决拥护者，主要任务是用暴力镇压国内的反动势力，反间谍以及情报工作只是它的

知识链接：列宁遇刺事件

1917 年 8 月 30 日，列宁在一工厂作完演讲之后遭杀手枪击，身中两枪，经抢救得以生还。行凶的芬妮·卡普兰被当场抓获，9 月 3 日未经审判便被枪决。此次事件把契卡的红色恐怖推向高潮，在彼得格勒就逮捕了 1000 多人，大部分被枪决。10 月份，契卡汇报中说，有 800 多名反革命被枪决，还有 6000 多名被监禁。当然，这还只是小数目。

一小部分职能。契卡被授予了巨大的权力，拥有不经审讯就地枪决罪犯和抓捕人质的权力，但是在捷尔任斯基的领导下却纪律严明。到了 1922 年，随着国内形势的好转，捷尔任斯基削减了契卡一半的人员，改组为国家政治保安总局，再后来发展成为赫赫有名的"克格勃"。

捷尔任斯基虽然是契卡这一以暴制暴机构的领导者，但是他并不是一个独裁者，更不残忍好杀，他坚定地信仰共产主义，是一个自制、善良而仁慈的人，当时人们评价他"生活下去只需要三样东西：工作、面包和清水"，并送他绰号"钢铁般的费利克斯"。1926 年 7 月 20 日，捷尔任斯基在中央全会上发言时，心脏病突发而猝然逝世，葬于莫斯科红场。

克格勃徽章。克格勃简称 KGB，即苏联国家安全委员会，前身为捷尔任斯基创立的"契卡"。1954 年至 1991 年期间苏联的情报机构，以实力和高明而著称于世。1991 年苏联解体后，改制为俄罗斯联邦安全局，其第一总局另外成立俄罗斯对外情报局。

科技文明的负能量

在第一次世界大战中，为了尽量杀伤对方有生力量，大批的武器被发明和应用，虽然有一些让人啼笑皆非的发明，但是真正装备到军队的武器还是发挥了它们冷酷的作用。例如，机关枪的普遍运用极大地改变了地面战场的作战形态。对于身处一战战场上的步兵来说，每次冲锋都是与死神的"致命约会"——等待他们的是一挺挺机枪喷射出的一道道火焰构成的枪林弹雨，以至于有人将机枪比喻为"死神手中的镰刀"。鉴于正面冲锋带来的巨大伤亡，双方开始进入了僵持的堑壕战。为了打败堑壕中的敌方，英国人率先发明并使用了坦克——这种集运动性、防护性、攻击性于一体的钢铁怪兽；德国人则为了取胜不择手段，完全不顾及人道主义，在战场上首先使用了毒气弹。

在这场史无前例的世界大战中，双方利用了人类文明从物理到化学全面的科技成果，使人类深刻感受到了文明的负能量。协约国和同盟国两大集团疯狂地扩军，并建立起发达的军事工业，许多新式的武器被投入到战场上，飞机、坦克、机枪和毒气的首次使用，完全改变了以往的战争形式，大大增加了这场战争的残酷性，客观上也促进了许多军事理论的产生。在海战方面，无畏级战列舰、潜水艇以及航空母舰的初次使用，则拉开了大洋海战新形式的序幕。

陆地巡洋舰
坦克

庞大的体型和坚固的装甲，坦克在战场上闪亮登场后，马上成为各国的新宠。

第一次世界大战期间，交战双方为突破由堑壕、铁丝网、机枪火力点组成的防御阵地，打破阵地战的僵局，迫切需要研制一种火力、机动、防护三者有机结合的新式武器。1916年初，英国人率先发明了坦克并投入战场，这种新式武器出场后取得了不小的战绩，但是由于还处于初创阶段，坦克的速度极慢、故障频发，所以在一战期间没能发挥出最大的威力。

坦克的研发

1914年10月，第一次世界大战中的欧洲战场陷入了僵局。正在英国远征部队服役的斯温顿中校提出，需要制造一种能够在遍布铁丝网的战场上开辟道路、翻越壕沟并能摧毁和压制机枪火力的装甲车来打破西部前线的这种沉闷僵局。当时的英国陆军对此毫无兴趣，时任海军大臣的丘吉尔却如获至宝，下令组建"陆地战舰委员会"，亲自领导"陆地战舰"的研制工作。1915年2月，英国政府采纳了斯温顿的建议，利用汽车、拖拉机、枪炮制造和冶金技术，于1915年9月制成样车进行了首次试验并获得成功，样车被称为"小游民"，全重18.289吨，装甲厚度为6毫米，配有一挺7.7毫米马克沁重机枪和几挺7.7毫米刘易斯重机枪，发动机功率77.175千瓦，最大时速3.2公里，越壕1.2米，能通过0.3米高的障碍物。

1916年批量生产了马克I型坦克，外廓呈菱形，刚性悬挂，车体两侧履带架上有突出的炮座，两条履带从顶上绕过车体，车后伸出一对转向轮。该坦克乘员8人，有"雄性"和"雌性"两种。"雄性"装有2门57毫米火炮和4挺机枪，"雌性"仅装5挺机枪。在1918年，法国也研制出了雷诺FT-17坦克，亦在一战中立下战功。

战场上的怪兽

1916年9月15日，有几十辆马克I型坦克首次投入索姆河战役，但因为各种原因只有18辆投入了战斗。虽然故障频发，但却发挥了奇效。坦克的出现使过去攻不动的德军阵地一片混乱，跟在坦克后面的英军轻而易举地突破了德军防线。当时，一辆坦克开进了一个村庄，面对这庞大的怪物，德军惊恐不已，纷纷逃离据点，就这样，

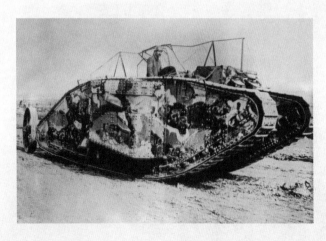

马克I型坦克，1916年英国制造的新式武器，被称为坦克鼻祖。马克I型坦克外廓呈菱形，刚性悬挂，车体两侧履带架上有突出的炮座，两条履带从顶上绕过车体，车后伸出一对转向轮。1916年9月15日，有几十辆马克I型坦克首次投入索姆河战役。

话说世界

一辆坦克就占领了一个村庄。还有一辆坦克无意间闯进了一条堑壕，吓得德军无处可逃，300多名德军只好缴械投降。这次胜利，使那些对坦克不以为然的将军们大吃一惊，更使英国士兵受到莫大的鼓舞。从此，人们对这种能攻善守的兵器产生了浓厚的兴趣。

一战期间，坦克作战最出彩的要算康布雷之战，这次战役中第一次使用了坦克群组团作战的战斗模式。战役开始前，英国为了最大地发挥坦克的威力，研制出了一种可以肃清堑壕伏兵的战法：以三辆坦克为一组，第一辆在遭遇的第一道堑壕处左转，并向壕内开火；此时，也已接近这道堑壕的第二辆坦克将随车携带的木材、铁架之类的填充物扔入堑壕，填平道路，继而左转向壕内开火；第三辆坦克从堑壕填平处直接跨过，并向下一道堑壕推进，在跨过用随车填充物填平的第二道堑壕后，左转对敌人开火，此时第一辆坦克已经

🦉 **知识链接：坦克名字由来**

Tank 原意为"大水柜"，因为制造战车是在极机密的情况下进行的，最初是因当时参与建造的工人误以为他们在建造军舰装淡水的大水柜（即"Tank"），而英国军方为了在 1915 年首次使用坦克作战之前对外保密。因此他们给送往战场的战车贴上"Tank"的字样，并对外宣称它们是盛载饮水和食物的容器，该名称便一直沿用至今。

一战期间，英国首先发明坦克，成为战场上的制胜利器。

康布雷战役是大规模使用坦克的第一个范例，对于军事学术的发展有重大影响。步兵与坦克协同原则和对坦克防御原则的形成，以及精密法决定开始诸元的炮兵射击方法的产生，均与这次战役有着密切的联系。这次战役被后人公认为是协同战术形成的重要实战标志。

赶到，它将用自己携带的填充物填平第三道堑壕，如此循环往复，即可不断前进。1917 年 11 月 20 日，300 多辆坦克同时轰鸣，向敌军阵地冲去。这次大规模的坦克冲击所取得的效果，使英军用很小的代价，就夺得了德军的阵地，赢得了康布雷战役的胜利。

一战时，坦克虽然还存在这样那样的技术问题，但是这些都在随后逐渐改进。坦克的出现改变了从前的战争模式，使大规模运动战成为现实，一种面貌全新的战争出现了。

屠杀利器
机枪

只要按下一个按钮，就可以让子弹倾巢而出，

机枪在战争中的威力让人闻声色变。

在第一次世界大战的整个过程中，机枪的应用对战争模式的影响最大，直接促使了骑兵的没落，改变了传统的步兵进攻战术，促进了步炮协同作战、装甲作战等新的战术的发展。一分钟数百发子弹的射速，所到之处犹如秋风扫落叶，无论是进攻还是防御，都是最有效的武器。战争开始时，只有德国配备了大量的机枪，但到了战争末期，机枪已经在敌对双方军队中普遍使用。

马克沁机枪

1884 年，海勒姆·史蒂文斯·马克沁（Hiram Stevens Maxim 1840—1916 年）制造出了世界上第一支以火药燃气为能源的自动连续射击重机枪，原型口径为 12 毫米，枪重 23 公斤，采用水冷枪管，容弹量为 333 发，理论射速达每分钟 600 发子弹，可以单、连发射击，也可以通过射速调节器调整为慢射速每分钟 100 发。马克沁机枪结构复杂，采用水冷枪管较为笨重，帆布弹带受潮后可靠性变差，士兵携带极为不便。后来马克沁多次对此机枪作了

马克沁重机枪是世界上第一种真正成功的以火药燃气为能源的自动武器。采用枪管短后坐式自动方式，水冷枪管，弹带可以接续，在一战和二战中曾被普遍使用。

改进，增加了气冷型，并对点射功能进行了改进。加之世界各国对此机枪的研究改进，使马克沁机枪形成一个系列，有重型、中型、轻型等许多品种，成为近现代战争中采用最多的轻武器之一。

由于机枪在射击时声音特别大，噪声让人觉得心烦意乱，马克沁喜欢安静，所以发明机枪之后他就开始琢磨怎么才能让机枪发射时的声音小一点。他发现，通过某种装置使枪弹击发时排出的气体做旋转运动，就可充分消除噪声。1908 年 3 月 25 日，马克沁获得了一项有关消音器的专利，后来这种消音器被装到了步枪上，也发挥了极大的作用。

马克沁机枪的问世，是世界武器发展史上一个重要的里程碑。在一战爆发时，真正认识到机枪重要性的只有德国，当时，德国陆军装备的马

机枪的发明者马克沁，出生于美国缅因州，后来移居英国。1901 年被维多利亚女王封为爵士。他是一名优秀的武器设计师，他设计发明的马克沁机枪开创了世界自动武器发展的新纪元。马克沁在无烟火药的研制中也作出很大贡献，这种火药使他的机枪更能发挥效力。

克沁机枪超过 1.3 万挺。1916 年 7 月在索姆河战役中，德国人以平均每百米一挺马克沁机枪的火力密度，向 40 公里正面进攻德国的 14 个英国师疯狂扫射，一天之内就使 6 万名英军士兵伤亡，机枪的杀伤力和血腥气在这一天达到了顶点。马克沁机枪还率先登上刚刚出现在战场上的飞机和坦克上，因此马克沁机枪也是航空机枪和车载机枪的鼻祖。

轻型机枪

重型机枪名副其实，大多数都在 32 公斤到 40 公斤之间，这还不算每挺机枪开火时所需配备弹药的重量。例如，英国维克斯重机枪的标准配置是 16 条 250 发的子弹带，每条就有 10 公斤重。在交战时想要改变一下开火位置，需要多人协作才能完成。为了满足机枪快速射击的需要，还要专门安排人来背弹药，所以战场上多数的机枪操作都需要有一个 4 人至 6 人的小组。

为了适应战场的需要，手提式轻型机枪应运而生。这种机枪的重量一般为 10 公斤至 14 公斤，其中以 10 公斤的居多。在理想状况下，气冷机枪每分钟可发射 250 发至 600 发子弹。轻机枪可用供弹

知识链接：狙击枪

狙击枪在第一次世界大战中体现了前所未有的价值，特别是在堑壕战发展起来以后。狙击手一般两人为一组进行作战，此外还有一个人利用双筒望远镜或者战壕潜望镜负责目标的锁定。狙击手通常躲在掩体或者金属板后面，为了不暴露自己，他们会在金属板上撕开一个刚好可以让步枪穿过的孔进行射击。

带或弹匣装填子弹，而弹匣则较为实用。德军给 08 型机枪系上了一个枪垛后制成了 08/15 型机枪，而法国生产的乔奇型轻机枪不仅是法军在第一次世界大战的标准配置，也在其盟友中流行了很长时间。协约国军队一共配备了 25 万挺乔奇型轻机枪，其中美国于 1917 年订购了 3.4 万挺。由于缺乏行业规范，流行一时的乔奇机枪重量是减轻了，但却不够耐用。

第一次世界大战中最好的轻机枪应属刘易斯型，这种机枪是美国 1911 年设计的，后来在比利时和英国的军工厂里得以批量生产。虽然这种机枪移动起米还是有些沉，但性能却很稳定。因此不仅是比利时和英国步兵部队的基本配置之一，更被用来武装飞机和坦克。

经历过一战、二战的刘易斯轻机枪，曾经广泛装备英联邦国家。刘易斯机枪有两个特征，一个是采用粗大的散热筒包着枪管，作用是当开火时冷空气被吸入筒中成为风把枪管吹冷；另一个是在枪身上方的弹鼓，刘易斯机枪原本采用 47 发弹鼓，弹鼓采用中心固定式，开火时弹鼓轴承转动把子弹推入枪内。

一话一说一世一界一

潘多拉魔盒的开启
毒气弹

为了获得胜利，交战双方不择手段，在战场上大规模地使用了惨无人道的化学毒气。

毒气弹在第一次世界大战以前就已被归于武器之列，但人们一直认为这是一种不人道的作战工具。然而，在堑壕战出现之后，为了打破战场上的僵持局面，交战双方放弃了基本的道义，转而追寻最有效的武器装备。在这种情况下，毒气弹不仅开始为大多数人接受，其种类也从最初单纯的短期药物刺激型变化成后来的迅速致死型。

初次使用

1915 年初，德国学者哈伯（F. Haber，1868—1934 年）向德国参谋总部建议用有毒的氯气来杀伤敌人，德国参谋总部采纳了哈伯的建议，并开始筹备在战场上使用化学毒气。德军将氯气首次大规模用于实战是在比利时佛兰德斯省的第二次伊珀尔战役中。

自 1914 年下半年以来，德军和协约国的联军在此展开了激烈的堑壕战，彼此都伤亡惨重，企图突破佛兰德斯防线的德军冲锋一次次被英法联军击退，战局毫无进展。1915 年 4 月 22 日下午 4 时，德军再次对防守在那里的联军阵地发起了猛烈的炮击，炮击停止后，只见一片黄绿色的烟雾在联军阵地前升起，随着轻微的北风向联军的堑壕飘去。在这片烟雾飘到联军面前时，联军的士兵们顿时窒息得喘不过气来，他们的眼睛、鼻子和喉咙好像被灼烧似的疼痛，窒息使许多人倒了下去。德军首次将氯气用于实战，它的战果实在惊人，联军近两万人失去了战斗力，德军轻而易举地突破了联军的防御阵地。

鉴于毒气弹的强大杀伤力，绝大多数国家都在第一次世界大战中使用了毒气弹。整个大战过程中，德国总共制造了约 6.8 万吨毒气弹，是使用这种武器最多的国家，法国和英国制造的同类武器也分别达到了 3.7 万吨和 2.5 万吨。

毒气弹类型及操作

毒气战中最常用的除了前面提到的氯气之外，还有几乎没有气味的"毒气之王"，芥子气。这种气体起效很慢，但却能同时引起生物体的内出血和外出血，并伴有催吐的效果，一旦中毒，基本就意味着被判了死刑。一些支持发动毒气战的人认为，毒气弹没有必要置人于死地，而且最好是没有致死性。这样，那些在毒气战中中毒而不死的人不仅会大量地消耗医药资源，更重要的是，这些伤员的存在将会给被打击方的士气带来长期

毒气弹是装填着毒剂和毒气的弹药。历史上大规模使用毒气武器，是在第一次世界大战。德国首先使用榴弹炮发射毒气炮弹。1915 年光气与氯气的混合化学武器在实战中被英军使用。1917年芥子气被引入协约国和同盟国的冲突中。

随着毒气战的普遍化，各国纷纷开始研制出防毒面具，而面具的精密性也随着时间的推移越来越高。早期的面罩不过是在口鼻处垫了一些浸过苏打水或是重碳酸盐的棉花，最多为了保护双眼再加上一副独立的风镜而已。待后来，装有过滤器的复合型面具出现，其过滤器中的木炭和其他化学成分可以中和毒气中的有毒成分。

随着交战双方纷纷在战场上大规模使用毒气弹，为了保障官兵的安全，双方军队均配备防毒面具。

的打压作用。

施放毒气弹通常有两种方式。一种是把毒气储存在特定的容器内，再把这种毒气罐埋在火线上或者火线附近，等毒气罐爆炸时毒气就会自然地变成蒸汽状，随风飘散。如果采用这种方法，则风向的作用非常关键，只有在有利的风向时才能使用毒气弹。这种方式的另一个缺点，就是毒气的作用距离比较短。另一种释放法即炮兵较为常用的"混合式"毒气弹，也就是把毒气以液态形式存储到炮弹里，当炮弹落到敌军阵地时，爆炸产生的热量将液态毒气气化，再利用同时产生的爆破力将毒气送到更远的地方。这种方法大大拓宽了毒气弹的起效范围，可谓进步不少，但仍有许多问题需要解决。毒气发威需要风向、温度等多方面因素的相互配合，对环境条件要求高也大大限制了它的作用效果。因此尽管毒气弹威力骇人，却一直都

不是决定胜负的关键。

第一次世界大战期间，国际红十字会成立后，曾呼吁停止使用这种惨无人道的大规模杀伤性武器。1925 年的《日内瓦议定书》中，毒气被列为在战争中禁止使用的武器，该议定书目前依然有效。但在第二次世界大战中，仍有一些国家使用了毒气，特别是侵略中国的日本军队。

1917 年，美国士兵展示了盟军和德国军队使用的不同风格的防毒面具。

海上巨无霸
航空母舰的诞生

战争末期航空母舰应运而生，没有参加到实战中，但是它的出现开创了海军的新时代。

航空母舰，是一种以舰载机为主要作战武器的大型水面舰艇，舰体通常拥有巨大的甲板和坐落于其中一侧的舰岛。航母是航空母舰战斗群的核心，舰队中的其他舰船只提供保护和供给，而航母则提供空中掩护和远程打击能力。第一次世界大战时期，随着飞机战略地位的不断提高，以英国为首的海上强国开始尝试了海军与空军结合的办法，其中最有效的途径就是建造航空母舰。

航空母舰概念的提出

飞机诞生之后，马上被运用到各种军事用途之中。而把飞机和军舰结合起来，这种大胆的想法很

"皇家公主号"战列巡洋舰前部有宽大的甲板，本来是作为酒林舞池之地，但在战争到来时也得参战，甚至在1914年将其作为水上飞机搭载舰，这也是飞机与军舰第一次结合。图为英国战列巡洋舰"皇家公主号"参与战斗后停在船坞。

快就被人们谈论起来。最早系统地论述"航空母舰"这一概念的是一个法国人。1909年，法国著名发明家克雷曼·阿德第一次向世界描述了飞机和军舰结合这个迷人的梦想。他在当年出版的《军事飞行》一书中，提出了航母的基本概念和建造航母的初步设想，并第一次使用了"航空母舰"这一概念。

克雷曼认为这种军舰必须拥有平整开阔的飞行甲板、用于提升飞机的大型升降机、岛式上层建筑以及甲板下的机库等。而这些设计思想，事实上都被后来发展起来的航空母舰普遍采用。作为世界上最大的战斗舰艇，作为各国海军的中坚力量和海上实力的重要象征，航空母舰以其强大的制海、制空、续航能力和辉煌的战绩而著称于世。然而，航母的问世却经历了一番不寻常的曲折和坎坷。

航空母舰的建造

当法国人还痴迷于理论探索的时候，乐于实践的美国人已经开始动手制造航母了。1910年，在美军新型轻巡洋舰"伯明翰号"的前甲板上，铺起了一个长26米、向前倾斜的木质跑道。一个名叫尤金·伊利的民间飞行员，坐在一架"柯蒂斯"式单座双翼民用飞机上，在跑道的一端发动了飞机。在巡洋舰上成功进行的飞机起降试验，用事实说明了建造航空母舰，把飞机和军舰结合起来的设想是完全可行的。美国虽说技术上率先突破，但是真正

索普维斯"骆驼"战斗机，英国索普维斯飞机公司在一战期间设计的最著名的一种飞机。它具有良好的机动性和强大的火力。在一战最后一年多的时间里，共击落敌机1294架。该公司最应该骄傲的是它设计的"索普维斯"807式水上侦察机，是最早从军舰上起飞的军用飞机。

建造出航空母舰的却是英国。

1914年，三架"索普维斯"807式水上侦察机在英国"皇家方舟号"战列巡洋舰起飞获得成功，很快，英国海军将此舰改装成为水上飞机搭载舰。次年底，这艘水上飞机母舰作为英国海军第一艘正式的水上飞机母舰服役。后来，它改名为"柏加索斯号"，也就是有些人认为的世界上第一艘航空母舰。但实际上，"柏加索斯号"只能称为可以在舰上起飞飞机的第一艘水上飞机母舰，因为飞机仍然不能在舰上降落。再接再厉的英国人下决心建造一艘真正意义上的航空母舰。从1917年开始，英国海军将建造中的客轮"库迪罗索号"改装成为世界上第一艘具有全通飞行甲板的航空母舰"百眼巨人号"。舰上原有的烟囱被拆除，设计人员设计出从主甲板下面通向舰尾的水平排烟通道，从而清除了妨碍飞机起降的最大障碍。飞机跑道前后贯通，形成了全通式的飞行甲板，极大地方便了舰载机的起降作业。这种结构的航母被称为"平原型"。

知识链接：水上飞机

普通飞机起落架装上滑板，整个机身裹上一层防水外壳，这就创造出了"水上飞机"。这种改良版的飞机是一战中的"宠儿"，大多负责海上侦察任务，但只要有需要，还可以进行空中对抗，对敌舰实施攻击，袭击沿海军用设备。这类飞机一般选择海边的飞机场起飞，而以英国为代表的部分国家还可以用水上飞机母舰作为起飞跳板。

"百眼巨人号"于1918年5月完工，排水量1.5万吨，可载机20架，同年9月正式编入英国皇家海军。由于此时第一次世界大战已经接近尾声，匆忙入役的"百眼巨人号"尚未来得及接受战火的洗礼，战争就结束了。虽然它没有参加过实战，但它是世界上第一艘真正意义上的现代航母，其诞生标志着世界海上力量发生了从制海到制空、制海相结合的一次革命性变化。

"百眼巨人号"航空母舰。英国对意大利的客轮"库迪罗索号"的船体进行改造，建成世界上第一艘直通型平坦飞行甲板的"百眼巨人号"航空母舰。"百眼巨人号"于1918年5月完工，排水量14459吨，可载机20架。虽然"百眼巨人号"未参加过战争，但它是世界上第一艘真正意义上的现代航母。

最常规的武器
步枪和手枪

步枪和手枪虽然不是杀伤力最大的武器，却是步兵手中最常见的武器。

虽然第一次世界大战中出现了机枪、大炮、飞机等新型武器，但是士兵们手中配备最多的还是步枪和手枪。为了适应战场的需要，步枪的射击速度和有效射程都得到了大幅的改进；适合近距离使用的手枪则是军官们最常用的武器，在一定意义上成了军阶的象征。

步枪

步枪是第一次世界大战中最常见的武器。尽管当时欧洲有数不清的兵工厂都在制造步枪，但投入使用的型号之间无论是原理还是细节大多非常相似。所有的步枪都是闩锁式（多半还是直推式），配有可以填装若干子弹的弹匣以保证不用频繁地填充弹药。有一些步枪的弹匣可以拆卸，但更多则与枪身连为一体，使用者在填充弹药时只需把子弹塞进去。

大多数步枪的弹匣只能装 5 发子弹，英国和法国使用的枪型还可以多装一点。例如，法国 1916 年型勒贝尔步枪配备的弹匣可装 8 发子弹，而英国的第 1 型李-恩菲尔德步枪和第 3 型李-恩菲尔德弹匣式短步枪配备的则是可拆卸的 10 发装弹匣。这两种设计都是为了满足英军对于快速射击的需要，他们相信射击频率越快，对敌人的克制效果就越好，它最快的射击速度是每分钟 15—20 个目标，比一般军队每分钟 8—12 发的射击频率高出近一倍。同时，李-恩菲尔德步枪的枪栓设计成朝下的形式也极大地方便了士兵的操作。

步枪的口径差异很小。例如，德国的 1898 版毛瑟枪口径为 7.92 毫米，莫辛纳甘型步枪的口径为 7.62 毫米。英国使用的所有步枪都是 7.7 毫米口径的，而美国使用的枪型如 1903 版斯普林菲尔德步枪则是 7.62 毫米口径。大多数步枪的枪身长度都在 1.25 米左右，重量约 4 千克。

步枪的射程一般在 2560 米左右，但一般每一个确定瞄准的射击目标都不会超过 550 米远，属于

法国于 1886 年推出的手动枪机式勒贝尔步枪，是史上第一种最成功的无烟火药枪械。勒贝尔步枪发射 8×50 毫米的金属外壳步枪子弹，载弹量为 8 发，并以内置弹仓供弹。它还可配备一种长针型的重剑式刺刀以应付白刃战。在 1887 年，勒贝尔步枪被法国军队列装为制式步枪，应用于一战及二战。

因生产厂商斯普林菲尔德兵工厂而得名斯普林菲尔德步枪（也有译成春田步枪），是一种手动枪机弹仓式步枪。1903 年命名"0.30 英寸口径 M1903 步枪"，是美军在第一次世界大战中的制式装备。

近距离射击。更远一些的地方，根据英军的定义，550 米—1280 米为有效射程，1280 米—1830 米以内的属于长距离射击，而 1830 米—2560 米的则属于远距离射击。在实战中，后两种距离的射击则是完全没有意义的。

手枪

从年轻的陆军中尉到最资深的陆军元帅，任何一个级别的军官都会配备左轮手枪或者自动手枪，这些可以近距离置人死地的武器几乎已经成为权力的象征。在有限的空间里，步枪之类长武器施展不开，手枪就变得非常有用。也正因为如此，一些不是军官的军人，像飞行员、隧道挖掘兵、坦克兵等也非常青睐这种武器。

1914 年时，手枪的种类还比较少，只有一款可以往转轮里填装 6 发子弹的左轮手枪和两款配备匣式弹夹、利用后坐力发射子弹的自动手枪。从 1915 年开始，韦伯利公司共为英国军队提供了 30 万把马克Ⅵ型左轮手枪。但仍然满足不了部队作战的需要。对手枪的巨大需求，促进了各国手枪的研发和制造。德军也小规模使用过毛瑟枪和比霍拉自动手枪，奥匈帝国也开发了自己的 1911 斯泰尔自动手枪。在协约国方面，法国的勒贝尔公司、意大利的格里森迪和贝列塔公司，以及美国的柯尔特和史密斯维森公司都是制造这种随身

 知识链接：刺刀

刺刀主要分为三类。最常见的一类形如刀刃，另一类形如薄薄的针头，易于折断。德军最常使用的则是一类刀刃呈锯齿状的刺刀。虽然战前士兵们被要求进行刺刀刺杀训练。但是真正在第一次世界大战的战场上，几乎没有人在战场上使用刺刀。以英国为例，整个战争里，所有伤员中只有 1% 左右的情况是由刺刀造成的。

武器的巨头。

由于手枪已经成为军阶的象征，两军短兵相接时，往往可以通过手枪的配备与否来判断一个军人是士兵还是军官，先将主要攻击重点放在持枪者身上。所以，有经验的军官往往会在此时选择丢掉手枪来保证自己的安全，甚至还会端起一把步枪来掩饰自己的军阶。但也有很多人则不肯为了降低风险而丢弃这种可以表露自己地位的武器，所以战场上还是能看到不少佩戴着手枪的军官。

英国伯明翰兵工厂生产的马克型左轮手枪。马克Ⅵ型直到第一次世界大战前一年才出现，陆续装备部队直到战争结束。这种 6 发手枪有一个 6 英寸的枪管，握把变为有滚花的胶木衬板的矩形握把，可以双动发射也能单动发射。

制空权的争夺
空中武器

科学技术的进步，让人类实现了飞翔的梦想，也让天空成为战斗的新场所。

第一次世界大战期间，协约国与同盟国除了在地面和海上你死我活的战斗之外，随着飞艇、飞机等飞行器的运用，在天空这一更为广阔的战场上进行着激烈的角逐。

飞艇

在第一次世界大战中，德国皇家空军和海军都经常用刚性结构的飞艇执行侦察或夜间轰炸任务。这种飞艇有两类：一类是广为人知的"齐柏林"系列，而另一类则是不太出名的"舒特－兰兹"系列。这两类飞艇的骨架结构不同，但填充的都是可燃性的纯氢气。

齐柏林设计的飞艇于 1909 年 3 月首次被德军采用，这也是大战中最常见的一类飞艇。这类飞艇的款式很丰富，但都采用了铝合金骨架。早期的 L3 型长约 158.5 米，可乘坐 16 名飞行员，最高时速为 72 公里；而 R 型飞艇则更为先进，除了飞艇身长增至 200 米之外，乘坐成员也增至 19 人，最

高时速可达 96 公里。

舒特教授和兰兹博士设计的舒兰飞艇体型相对较小。这种飞艇的缺点在于他采用的胶合板骨架容易在飞行中吸收空气中的水分，一旦受潮，飞艇就会变得很难操控。也正是这个原因，飞行员都不太喜欢这个系列的产品。

德军花费了很多的心力研制飞艇，又投入了大量的财力去购置不同型号飞艇。但才开战没几周，他们就发现自己的那么多心血白费了，齐柏林飞艇和舒兰飞艇在实战中能够制造的威胁比理论上的要弱许多。但凡被派出执行任务的飞艇，只要是白天出动，无一不遭到守军地面防空武器的猛烈攻击。此外，恶劣的天气也是致命的障碍。随着飞机技术的迅速成熟，天空变成了飞机的天下。

飞机

美国的莱特兄弟成功地研制出了世界上第一架有人驾驶飞机的时候，距离第一次世界大战爆发仅

1900 年，德国的齐柏林伯爵制造了第一艘硬式飞艇。齐柏林飞艇使用结构完整的龙骨保持气囊的外形，采用活塞式发动机作动力，因而飞行性能好，装载量大。齐柏林飞艇不仅用于商业，而且用于军事。仅在最初的 10 年中这个公司就制造了 113 艘军用飞艇，在第一次世界大战中大显神威。

法国复翼战斗机具有优秀的可操作性和优秀的爬升率，法国、意大利和俄国都将其投入战斗，甚至德国也模仿制造。

知识链接：热气球

第一次世界大战里广泛使用的热气球是一种作战装备，这种装备向没有任何金属或木制骨架的气囊里充入加热过的空气或煤气，使之比重较空气轻，从而得以升空。当时的热气球有两种用途：其一是用来监测敌军地面或海上部队的行动；其二是将它固定在防空阵地上，用来对抗敌军的飞行器。

有 10 年。在莱特兄弟的首次飞行中，只飞行了不到 300 米的距离，当时他们的实验成果也并没有引起美国政府及公众的重视。

飞机诞生后的数年间，一直受到人们的冷落，但是 1909 年和 1911 年发生的两个事件却让飞机在欧洲得到了人们的认可。1909 年底，法国人路易·布莱里奥创造了一项飞行纪录，他驾驶的飞机从法国飞越了英吉利海峡，成功地降落到了英国的国土上。这件事让英国人大吃一惊，当时的英国号称"海上霸主"，拥有世界上最强的海军，现在他们预感到似乎仅仅靠海上力量已经不能够保证英国的安全了。直到这时，欧洲的部分国家开始认识到飞机在军事领域的潜能了。1911 年，意土战争期间，意大利第一次把飞机用在了军事上，意大利共出动了 9 架飞机。当时奥斯曼帝国完全没有防空力量，只要飞机自己不出事故，就可以在空中随心所欲。意大利的飞行员使用飞机侦察，而且还对敌军进行了轰炸。

战争确实在事实上对武器和军工技术的发展起到了巨大推进作用，当然对航空工业的刺激作用也不例外。战争开始后，飞机的发展日新月异，当飞机作为一种战斗武器在欧洲上空出现的时候，人们未曾预料到这种东西竟然彻底改变了战争的形态。

一战初期，飞机主要用于侦察敌情，但是人们开始不满足于此，交战双方开始试着把机枪安装到飞机上，这就产生了战斗机；让飞机带上炸弹，轰炸敌方军事要地，这就产生了轰炸机；飞机装上滑板，刷上防水材料，又产生了水上飞机。

总之，飞机在战争中的运用，彻底改变了战争形态，在陆军、海军之外又诞生了空军这一新的军种，海、陆、空三军协同作战成为新的战争形态，尤其是制空权成为各国新的必争领域。

福克 E.Ⅲ采用一战期间罕见的单机翼形式。长长的矩形断面机身用钢管焊成骨架，外覆蒙布。一挺口径 7.92 毫米的机枪直接装在机头上，处于一台空冷的星形活塞发动机的顶部，每分钟可发射子弹 800 发。设计精巧的"射击协调器"使福克一举成名，它是航空兵器上的一次伟大的革命。福克 E.Ⅲ也被人们普遍誉为世界上最早的战斗机。

水下超级杀手
潜艇

在茫茫大海中，悄无声息的从海底对敌人予以致命攻击。
潜艇"水下杀手"的名号让海上的敌舰闻风丧胆。

潜艇在第一次世界大战中日益显露出了其强大的攻击威力，整个战争期间，德国的350余艘潜艇，共击沉协约国和中立国船只约6000艘，其中战斗舰艇197艘，运输船5800多艘，总吨位约1800万吨。为了对付德国的潜艇，协约国动用了900多艘驱逐舰和大型护卫舰。德国的潜艇极大地牵制了协约国的海上势力。在第一次世界大战中，潜艇创造下了人类海战史上的新篇章。自此，潜艇在偌大的舰艇家族中拥有了一席之地。

潜艇的诞生

据说，意大利艺术大师兼发明家达·芬奇最早进行了关于潜艇的设计，而最早见于文字记载的潜艇研究者则是意大利人伦纳德，他于1500年提出了"水下航行船体结构"的理论。1578年，英国人威廉·伯恩出版了一本有关潜艇的著作《发明》。1620年，荷兰物理科学家尼里斯·德雷尔成功制造出人类历史上第一艘潜水船，它是第一艘能够潜入水下，并能在水下行进的船，所以德雷尔被称为"潜艇之父"。

从诞生的那一天起，潜艇就成了世界各国密切关注的焦点，各军事强国不惜动用大量的人力、物力及财力，纷纷加入了潜艇研制发展的行列，使潜艇的性能得以迅速提高。当第一次世界大战爆发时，德国在潜艇的制造方面占据了绝对的优势，特别是在潜艇的作战使用方面，更是具有其独到的见

解。正是因为如此，一战中德国的潜艇创造了一次又一次惊人的战绩。

德国潜艇战

德国研制潜艇起步并不算早，1905年，克虏伯公司开始建造德国海军历史上第一艘潜艇。这种新型武器被称为"U艇"，建造一艘潜艇所需要的费用大约150万马克，这是一个惊人的数字，是当时建造大小相同的水面战舰所需费用的60倍。第一次世界大战爆发前几年，潜艇装备逐步完善，性能逐渐提高，出现了具备一定实战能力的潜艇。这些潜艇采用双层壳体，具有良好的适航性，排水量为数百吨，使用柴油机-电动机双推进系统，水面航速约15节，水下航速8节，续航能力明显提高，

一战开始时，鱼雷已被公认为是仅次于火炮的舰艇主要武器。大战期间，被鱼雷击沉的运输船达1153万吨，占被击沉运输船总吨位的89%；舰艇162艘，占被击沉舰艇总数的49%。

　　德国U型潜艇。1906年初，德国人建造了以柴油机为主动力的U型潜艇，U型潜艇以其卓越的水下机动性和作战能力让盟军头疼不已。一战中，德国潜艇击沉的商船总数达5906艘，总吨位超过1320万吨；击沉的各种战斗舰共达192艘，其中有战列舰12艘，巡洋舰23艘，驱逐舰39艘，潜艇30艘。战争中各参与国共建造了640余艘潜艇，而德国建造的潜艇就有300多艘。

武器主要有火炮、水雷和鱼雷。

　　一战爆发后，各国海军的主力还是水面舰艇，尤其是当时叱咤风云的战列舰，潜艇还只是处于辅助性的地位。战前，各国的潜艇数量也不是很多，德国有28艘，法国有38艘，俄国有23艘，美国有50艘左右，英国最多，为76艘。其中，以德国潜艇性能最为优秀，它的蓄电池可供潜艇在水下航行1小时左右，蓄电池能量耗尽后需浮出水面用柴油机充电。柴油机和自身具有推动力的鱼雷的使用，不仅加大了潜艇的续航力，也大大提高了潜艇的攻击能力。尤其是一战时探测潜艇和反潜的手段还不发达，因此，潜艇如同水中蛟龙，几乎可以随心所欲地漫游在海里。

　　一战期间，英国利用其强大的海军对德国实施了海上封锁，试图反击的德国海军却在1914年8月底的赫尔果兰湾战役中惨遭失败。于是，德国海军上将阿尔弗雷德·冯·提尔皮茨毅然打出了他的王牌，亮出了杀手锏。一时，大批的德国潜艇倾巢出动，杀向正在庆贺海上胜利的英国海军。出乎意料，潜艇在海战中取得了惊人的战绩。例如，1914年9月，德国潜艇艇长奥托·维根在25分钟内击沉了3艘英国皇家海军轻型巡洋舰，创造了"一艇沉三舰"的神话。

　　随着潜艇战斗力的显现，德国打算用潜艇来对英国实施封锁战，1917年1月，德国开始了疯狂的"无限制潜艇战"，对来往英国的交战国和非交战国的所有船只进行攻击。虽然给英国带来了极大的困难，但是却成了美国直接参战的诱因。

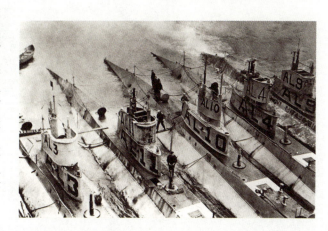

　　一战期间，美国L级潜艇驻扎在亚速尔群岛，L级潜艇采用了空气净化装置，通过将不新鲜的空气经过化学制剂处理，压缩氧气会释放出来，用来补充内部的气体。

攻坚利器 火炮

面对坚固的要塞、隐藏的堡垒，能够穿山破甲的火炮成为战争中必不可少的利器。

第一次世界大战之初，对交战双方尤其是协约国，火炮都是稀缺物质，但是随着各国为了适应堑壕战而纷纷构建防御工事，火炮就成了各国兵工厂里制造的最主要的武器了。

一战时期的榴弹炮最初主要用在西线战场上，英军、澳大利亚、加拿大军队都有配备。榴弹炮在战场上具有显赫的杀伤威力。

野战炮

战争伊始，野战炮是运动战中的一种基本武器，随着堑壕战的开始其重要性逐渐降低。野战炮使用的子母弹对于掩体的目标杀伤力有限，高爆弹只能进行浅层打击，对于深埋在地下的防空洞等坚固的军事目标则无能为力。尽管火力有限，但整场战争中西线战场上的野战炮数量却一直非常巨大。

野战炮主要有两种类型：普通大炮的炮弹速度快，但弹道较平，多用于攻击平原开放地带的敌人；榴弹炮的炮弹速度慢，但弹道呈抛物线形，可以攻击有掩护的敌人。两种炮可以通过炮管的口径或炮弹的重量来加以区别，前者属于欧洲大陆的常用分类系统，后者则基本只在英国使用。1914 年，法军装备最多的是 1897 年版的 75 野战炮，英国步兵使用的则是马克 I 型大炮。其他参战各国也配置了类似的火炮，德国惯用 77 毫米口径的野战炮，而俄国则配置了 76.2 毫米的 M1902 型大炮。

重炮

一战时期，为了摧毁固若金汤的要塞，清除拦截去路的战壕堡垒，重炮这种重型武器越来越受到交战双方的喜爱。最早研发和使用重炮的是德国和奥匈帝国，奥匈帝国率先使用了斯柯达制造的 305 毫米口径榴弹炮"苗条的艾玛"，德国的克虏伯则发展出 420 毫米口径的重炮"丰满的贝莎"。1914 年 8 月 12 日，两者在号称全欧洲最坚固的比利时列日要塞首次亮相。12 台"艾玛"和"贝莎"在短短四天时间里就把所谓坚不可摧的钢筋混凝土防线撕成了碎片。

1914 年末，沿西部前线修筑了战壕，所有的战斗都是为了让重炮撕裂带刺的铁丝网，破坏并填平所有为了包围战而准备的战壕，更有大批的重炮被造出来对付余下的要塞。例如，1914 年，法军只有 8% 左右的大炮属于重型炮，但四年后，这一比例就接近 50% 了。为了提高杀伤力，当时交战

420毫米重型炮，昵称是"丰满的贝莎"，克虏伯军工技术的集大成者。巨炮长7米，重达42吨，每颗炮弹有1吨重，威力极其巨大。德军在久攻不下的比利时列日要塞，首先使用"丰满的贝莎"。两门"丰满的贝莎"炮弹击中要塞之后，爆炸形成的尘土、碎片、硝烟，升上了300多米的高空。

各国都把炮弹越做越重，与之相适应炮身经过各种部件改良，有的本身装配了轮子，可以作为一个整体在战斗中移动；也有的被拆分成零部件，运到战场之后，在加强过的底座上进行组装。

迫击炮

最早的迫击炮产生于18世纪，是一种弹道呈高弧线形的短射程慢射步兵炮。不管敌人是隐藏在山丘之类的自然掩体后，还是被要塞堡垒之类的人造掩体层层包裹，炮兵们都可以用迫击炮击中目标。随着堑壕战的出现，在第一次世界大战前一度显得有些过时的迫击炮让很多军队眼前一亮，这正是打击敌方战壕的最佳武器。德、英、法三国是迫击炮的主要制造者和使用者。

开战时，德国已拥有了大批精良的投雷型迫击炮，这种炮利用火药推动爆破弹、燃烧弹或毒气弹的发射，利用膛线可以更精确地瞄准目标。根据所发射炮弹重量的不同，迫击炮可分为轻型、中型和重型三个等级。为了提高迫击炮的移动性，德国研

 知识链接：士兵的保护神——钢盔

现代头盔诞生于第一次世界大战，据说1914年的一天，法军一名炊事员在遭到德军炮击时把铁锅顶在头上，因此只受了轻伤，而其他很多人都死于猛烈的炮火，法军的亚德里安将军得知此事后，深受启发，要求部队研制金属制成的头盔，后来人们将法军的制式头盔称作"亚德里安钢盔"。一战后，许多国家纷纷效仿生产制式钢盔。

制出了一种以拔下了插销的手榴弹为弹药的小型迫击炮。

相比之下，英法的迫击炮研制开始比较晚，但是进步很快。1916年，在当时质量最好而且外观最新颖的英国斯托克斯系列迫击炮登场。该系列迫击炮与大多数英法迫击炮一样采用滑膛设计，包括许多口径类型，使用形似火箭的炮弹，可以被拆解为炮管、底座和可调节的双脚架三个部分，是真正意义上的可移动迫击炮。

迫击炮是一种炮身短、射角大，弹道弧线高，以座钣承受后坐力，采用炮口装填、发射带尾翼弹的曲射滑膛火炮。一战中，由于堑壕战的展开，各国开始重视迫击炮的作用，研制出多种专用迫击炮。

风云人物，各领风骚

　　有人说，如果加夫里洛·普林西普因为害怕没有敢去刺杀斐迪南大公夫妇，就不会发生萨拉热窝事件；有人说，如果德皇威廉二世能够听从俾斯麦的劝告，德国就不会走上战争之路；有人说，如果霞飞再多犹豫不决几天，可能德军就占领了巴黎，就不会有马恩河的奇迹。回顾历史人们会有太多的假设，但是历史的发展有其客观的规律，谁也无法改变。第一次世界大战对于交战双方而言都是为了争夺霸权、追逐利益的非正义的战争，无论哪方失败都理所应当，挑起战争的德国和奥匈帝国更是失道寡助最终战败而已。但是，通过对影响大战过程中人物的了解，却能给后人提供很多有益的启示和帮助。

　　第一次世界大战爆发后，政治家们基本无事可干了，广阔的舞台让位给了众多的将军们。在战争中，将军们手握大权，地位尊荣。但战场上大量的伤亡，使交战双方的指挥者声誉受损，为人诟病。战后不少人认为，第一次世界大战是战争艺术的大倒退，战争走进了死胡同。但是，公平地说，消耗战带来的僵局和痛苦，不能完全怪罪那些手握重权的将军们。世界规模的战争，作战双方在军事力量上的相对平衡，武装斗争手段的不够完善，以及缺乏进行世界战争的指挥经验等，使当时各国的将军们不得不依靠消耗成千上万的士兵和炮弹来赢得战争。最主要的是，他们生活在战争史上火力大大超过机动力的时代，机枪和火炮的威力巨大，这是造成第一次世界大战血流成河的重要原因。

点燃一战导火索的青年
加夫里洛·普林西普

没有人唆使做这件事
刺杀奥匈皇储，因为我热爱我的人民。

德国前首相俾斯麦在去世前一年曾说："有一天欧洲大战会因为巴尔干该死的蠢事而爆发"，他猜到了结果，却没猜到如何开始。历史总是在必然中夹杂着种种偶然，各国插手巴尔干引发的混乱，必然会造成冲突，但是谁曾想，开启欧洲战争之门的确是一个微不足道的人物。加夫里洛·普林西普（Gavrilo Princip，1894—1918 年），这位年仅 19 岁、来自塞尔维亚首都贝尔格莱德的大学生，他勇敢地刺杀了奥匈帝国皇储，进而点燃了大战的导火索。

特殊的日期

20 世纪初，奥匈帝国吞并了波斯尼亚，又想把塞尔维亚纳入帝国的版图，塞尔维亚民族主义者对此早已义愤填膺。1914 年 6 月 28 日，注定是一个

1914 年 6 月 28 日演讲结束后，斐迪南大公和他的妻子苏菲离开萨拉热窝市政厅。5 分钟后他们被刺杀了。

不平凡的日子，这天是塞尔维亚人民的国耻日，斐迪南大公此时检阅军事演习，这是对塞尔维亚人民的极大羞辱。

斐迪南大公是哈布斯堡王朝皇帝弗朗茨·约瑟夫的侄子，皇帝的独生儿子自杀身亡后，斐迪南大公便成了奥匈帝国皇位的合法继承人。他这次是以奥匈帝国军队总检察官的身份访问萨拉热窝，妻子苏菲也随他同行。6 月 28 日是他俩结婚 14 周年的纪念日，因为苏菲出身低微，斐迪南大公想利用这

普林西普，波斯尼亚人，塞尔维亚族民族主义者，刺杀王储斐迪南时，他还不满 20 岁，不能判死刑。1914 年 10 月被判 20 年有期徒刑，1918 年 4 月因肺结核死于监狱中。

次旅行把妻子置于最重要的位置上，给妻子她应该得到的尊重。

1914 年 4 月末的一个晚上，在贝尔格莱德的一家小咖啡馆，几个年轻人围坐在一张小桌旁，默默传递着从报纸上剪下来的消息：奥匈帝国皇储斐迪南夫妇将于 6 月 28 日到萨拉热窝访问。这些人中有个名叫加夫里洛·普林西普的 19 岁塞尔维亚大学生，他们属于一个激进的秘密团体"年轻的波斯尼亚人"。在摇曳的灯光下，年轻人情绪激动，甘愿为把祖国从奥匈帝国的占领下解放出来而献出生命。

刺杀行动

6 月 28 日，斐迪南大公一行开始了对萨拉热窝的访问。当车队行驶到阿佩尔码头附近时，暗杀者中第一个付诸行动的是印刷工查卜林诺维奇，他鼓足勇气向车里投掷了一枚炸弹，但可惜的是他没有投准，炸弹在敞篷车的后面爆炸了，斐迪南大公毫发无损。行刺后的查卜林诺维奇迅速吞下一个氰化物胶囊，然后纵身跳下运河，由于运河的水很浅，奄奄一息的他很快就被几个警察打捞上来，而斐迪南大公的车队连忙开足马力，向市政厅驶去。按照原定安排，欢迎仪式之后去参观博物馆，为了安全起见，警卫改变了原来的行车路线。但事与愿违，当车队走到一个叫拉丁桥的路口时，人群中窜出的普林西普向斐迪南夫妇连开两枪，一枪打在斐迪南的脖子上，另一枪打在斐迪南妻子的腹部，普林西普开枪后马上就被逮捕。斐迪南夫妇被送到医院因抢救无效相继死去。

行刺事件爆发之后，包括普林西普在内，一共有 25 人受到审判。普林西普承认了自己的罪行，被判 20 年有期

🦉 知识链接：引发第一次世界大战的怪车

斐迪南夫妇遇刺身亡，当时真的很奇怪，大公的车恰恰在刺客身边抛锚，如果不是这样，刺客也不一定得手。皇储出事后，这部车被视为不祥之物。接下来几经转手，转手的原因都是类似的，新的车主不是出车祸身亡，就是厄运缠身。最后，政府出资将其放入维也纳一家博物馆，但遗憾的是这家博物馆在二战时遭飞机轰炸不复存在了。

徒刑，并于 1918 年 4 月死于监狱中。1920 年其遗骸被塞尔维亚政府迁葬萨拉热窝墓地的英雄冢。为纪念他的爱国行为，把他行刺时所在的桥改名为"普林西普桥"，十字路口铺上一块石板，上面刻着他的两只脚印，在路旁的墙上用塞语和英语写着：1914 年 6 月 28 日，加夫里洛·普林西普就是从这个地方刺杀了奥匈帝国斐迪南皇储及其夫人苏菲王妃。

拉丁桥位于波斯尼亚与黑塞哥维那首都萨拉热窝市中心的一座桥梁，在南斯拉夫时期被称为普林西普桥。拉丁桥的北端是萨拉热窝事件的现场。

狂妄自大的君主
德国皇帝
威廉二世

德意志帝国将要成为世界帝国，地球上将不会存在没有听说过我名字的人。

——德皇威廉二世

20世纪初的德国，绝对是欧洲大陆上的闪耀之星。统一后的德国在铁血宰相俾斯麦的治理下，国势蒸蒸日上。到了1914年，德国已经成为欧洲最现代、最强大的经济体。不仅在工业上超越了英法等老牌国家成为欧洲的领袖，而且在科学、艺术等方面也是如此。但是，正当德国如日中天的时候，狂妄自大的德国皇帝威廉二世，为了实现其争霸全球的"世界政策"，挑起了第一次世界大战，给人民带来灾难。战败后，德国被协约国残酷地宰割，割地赔款，威廉二世（Wilhelm II von Deutschland，1859—1941年）也被人民抛弃，逃亡荷兰渡过余生。

天生残疾的皇位继承人

威廉二世生于1859年，他的父亲是腓特烈三世，而他的母亲维多利亚则是英国长公主，

德皇威廉二世，腓特烈三世与维多利亚公主（英格兰维多利亚女王的女儿）的长子，末代德意志皇帝和普鲁士国王以及霍亨索伦家族首领。1941年在荷兰多伦病逝，葬于多伦庄园。

英王爱德华七世的姐姐。由于出生时母亲发生臀位生产，令他患上了臂丛神经产伤，以至于左臂萎缩。

1877年，他以皇长孙的身份进入著名学府波恩大学，专攻法律与国家学，1881年获学士学位。1888年，威廉一世逝世后，他57岁的父亲被加冕为腓特烈三世皇帝，但却在99天后死于咽喉癌。同年6月，29岁的威廉二世继位成为皇帝。

威廉二世生理上的缺陷可能导致他的性格让人捉摸不定。他是一个野心勃勃、鲁莽冲动而又爱冒险的人，与人相处时傲慢自负，且经常口无遮拦。威廉二世的这一性格，不仅给德国带来了不幸，更给世界带来了灾难。

狂妄自大，外交处处树敌

1890年，为了全面掌握统治帝国的最高权力，威廉二世罢免了宰相俾斯麦。此举宣告了德国一个时代的结束，也使德国的外交政策陷入了摇摆不定的境地。德国的外交政策完全随着他的性子走，一方面他在行为上表现得咄咄逼人；另一方面，他又不时冒出与列强谋求合作的念头。

威廉二世抛弃了俾斯麦以德国为核心的稳健的"欧洲大陆政策"，开始积极推行争霸全球的"世界政策"，想要借殖民地扩张，为德国寻找"一个

"德皇威廉二世号"，德国战列舰，建于1897年。建成之后，被认为是踏破海洋无疆界的战舰。威廉二世乘该舰访问众多西欧国家来炫耀。1908年，无畏舰开始服役后，德皇威廉二世号退役并投入备用。一战爆发，一度作为现役战舰。大战结束后，于20世纪20年代初报废。

太阳下的位置"。在帝国议会的一次讲演中，威廉二世以无比的热情说："柏林应当是'世界都市柏林'，德国贸易应当是'德国世界贸易'，德国与世界的含义是一致的，因为世界各地都应体现德国政策。"

全世界，尤其是欧洲的英国、法国、俄国等大国，惊悸地听着这称霸世界的宣言。法国担心德国将再次对它发动侵略战争；俄国则对德国与俄国宿敌奥匈帝国日益发展的暧昧关系而感到惶恐不安；英国则对德国海军规模的扩大和武器装备的改善而心绪不宁，因为一支强大的德国海军有朝一日将会对英国传统的海上霸权产生严峻的挑战。随着德国在摩洛哥危机、巴尔干问题上与英国、法国、俄国交恶，这三个国家一步步结成盟友以对付德国。

穷兵黩武，发动战争

1914年在萨拉热窝发生了奥匈帝国皇储被刺事件，威廉二世欣喜若狂，极力鼓动奥匈帝国以此

为借口瓜分塞尔维亚甚至吞并塞尔维亚，并最后通牒俄国和法国，企图逼其就范。在未得到满意解决后，7月29日，奥匈帝国率先向塞尔维亚宣战，随后德国向俄国、法国宣战，一战爆发。

随着速决战计划的破产，德国在战场上被东西两线夹击，失败已经是必然趋势。军事上的失利加速了德意志帝国的政治危机和崩溃，威廉二世四面楚歌。1918年11月10日，在以马克斯·巴登亲王为首的新内阁的逼迫下，威廉二世宣布退位，流亡到荷兰，并于1941年6月5日病逝。

威廉二世（中）与兴登堡（左）和鲁登道夫（右）一起研究作战地图

"统帅是天生而不是任命的" 小毛奇

他是第一次世界大战的极力发动者，他一生的工作都是为了准备发动世界性战争。

赫尔穆特·约翰内斯·路德维希·冯·毛奇（Helmuth Johannes Ludwig von Moltke，1848—1916年），德意志帝国陆军大将，因为他伟大的叔父老毛奇的名字和他是一样的，所以人们称他为小毛奇。他曾担任德皇威廉二世的侍从武官，出任德军总参谋长，主持一战初期的施里芬计划，计划失败后被解除职务。

接任德军总参谋长

小毛奇出生于梅克伦堡·什未林的一个典型的普鲁士贵族家庭，从小就受到狂热的军国主义思想熏染。普法战争时，他在掷弹兵第七旅服役，因作战英勇而著名。1875—1878年，他入读战争学院。

1880年加入参谋部。1882年成为当时任参谋部长的叔父的副官。在此期间，接受了大量正规的总参谋部训练，接触了大量部队实践。1891年叔父去世后，他成为威廉二世的副官，进入皇帝的权力核心。19世纪90年代末，他先后领导旅和师，并于1902年升任中将。1906年接替施里芬继任德军总参谋长。

小毛奇健壮高大，长着一副宽大肩膀，待人和蔼，举止端庄，他具有极为广泛的兴趣爱好，因此极受皇帝的宠信。此外，在宫廷中一个人的外貌仪表即所谓的"堂堂的军人形象"也起着重要作用，至少威廉二世是这样看的。皇帝还深信，总参谋部由第二个"毛奇"领导，会在世界上产生极好

1882年，小毛奇成为参谋部长的叔父老毛奇的副官。1891年叔父去世后，他成为威廉二世的副官，进入皇帝的权力核心。

的印象。毛奇靠着他叔父的声望，带着人们出于一种神秘感而对他的尊重，顾虑重重地接受了皇帝的委任。

"施里芬-小毛奇计划"

小毛奇接任德军总参谋长之后便加紧了战争准备。在制定德军新的作战计划时，他基本继承了施里芬将军的方案，就是集中主力于西线，先用6—8周时间击溃法军，然后再挥师向东打败俄军，在几个月内结束战争。然而，在小毛奇开始对施里芬计划进行审查时，一个问题一直使他心神不定：如果法国从其东部要塞地域向洛林发动进攻，直指德军中央部位并向莱茵平原实施突破，那将会出现什么情况？那必将是，位于比利时的德军强大右翼与后方的一切联系都会受到威胁。施里芬计划在左翼只配置了极少部队，准备在上莱茵孤注一掷。小毛奇认为此举过于冒险，因此，他对施里芬计划做了修改，准备将来展开两个集团军：第六集团军在洛林，第七集团军在阿尔萨斯，用以掩护左翼。如果能使右翼的机动再向北靠近一些即经过巴黎的东南，从两翼将敌人合围，那么可以在洛林对法军要塞地带实施突破。或者依据形势的发展，将左翼部队及时向右翼转移。这个修改后的计划被称为"施里芬-小毛奇计划"，该计划最终放弃了通过荷兰南部林堡省的想法，把荷兰排除在战争之外。

战败

1914年5月，小毛奇认为战争的全部准备工作已经完成，6月1日，他按捺不住急切的心情，公开发出了战争叫嚣："我们已经准备就绪，战争对我们是越快越好！"战争爆发后，出于担心，在指挥作战时，他削弱了德军的右翼而加强

知识链接："统帅是天生而不是任命的"

当年小毛奇被德皇威廉二世任命为德军总参谋长时，施里芬对于这项任命曾发出这样的感慨："一位统帅已经被放在陆军的头上，皇帝若相信他所任命的是一位统帅，那么他将完全失望。因为统帅不是任命的，而是天生的。"对照历史，究竟是施里芬有识人之明，还是威廉二世错爱了小毛奇呢？

小毛奇墓。被免职后，小毛奇只担任德军一些后勤工作。郁郁不得志的他健康状况持续恶化，1916年在柏林去世，葬在柏林荣军公墓。他死后留下他写的一本小册子，名为《战争的责任》。

了左翼，同时在大战最为关键的时刻把西线的兵力调往东线，这一切都违背了"施里芬-小毛奇计划"的精髓。他改动的结果很快就在随后的战斗中显现出来，其擅自调兵和对正确部署的擅自更改使得德国军队阵脚大乱，注定了德国在第一次世界大战中的败局。马恩河会战失败后，小毛奇被解除了德军总参谋长的职务，两年后便抑郁而死。

179

护国之神
保罗·冯·兴登堡

他把忠于国家和履行命令做到了完美。
他被誉为德国的"护国之神"。

保罗·冯·兴登堡（Paul von Hindenburg，1847—1934年），德军总参谋长，陆军元帅，军事家。一战爆发后，在东线战场坦能堡会战中击败俄国军队后晋升为陆军元帅。兴登堡是一个出色的军人，他最为著名的成就在于一战中和鲁登道夫所形成的完美组合。

从军生涯

1847年10月2日，兴登堡出生于东普鲁士波森市一个贵族家庭里。父亲是少尉军官，母亲是军医的女儿。兴登堡从小就受到普鲁士尚武精神的熏陶，立志当一名军人。到了12岁那一年，他秉承父亲的意志，就读军事学校。军事学校的生活非常艰苦，整日操练，灌输给学生一套忠君报国的思想，普鲁士那种绝对服从、对上忠诚、勇猛果敢、

兴登堡刚从军事学校毕业，就陆续参加了1866年的普奥战争和1870年的普法战争。1871年，德意志帝国成立时，兴登堡作为部队的一名代表，参加了在凡尔赛宫镜厅举行的典礼，这是他毕生引以为荣的一件大事。

永不言败的精神在少年兴登堡的心里扎下了根。

1866年，普奥战争爆发。普奥战争是德意志统一过程中的关键一仗。兴登堡作为一名刚从军事学校毕业的年轻军官，率领一个排跟随部队开往波西米亚，参加7月3日的萨多瓦战役。三个月后，他随军胜利归来，第一次通过柏林凯旋门，受到威廉一世的称赞。1870年8月，普法战争爆发。兴登堡作为第三步兵近卫团一营营长的副官参战。不久，该团团长在战斗中负伤，一营营长代理团长之职，兴登堡也跟着晋升一级。普法战争后，德意志帝国宣告成立，兴登堡成为德意志帝国一位颇有前途的少壮派军官。1873年，兴登堡被推荐到柏林军事学院学习，以优异成绩毕业的他受到老毛奇和施里芬的赏识，进入陆军参谋总部工作。1903年，兴登堡升任军长并晋升为中将军衔。

崛起东线

1914年，第一次世界大战爆发，德军东线形势很糟，德军总参谋长小毛奇决定派在列日一战中表现突出的鲁登道夫接任第八集团军总参谋长。鲁登道夫野心勃勃，锋芒毕露，需要挑选一个善于同他相处的人担任主将，以便他放手去干。这样，便选中了秉性随和且善于处事的兴登堡。兴登堡临危受命，接管了第八集团军。

1914年8月25日，兴登堡和鲁登道夫到达第

八集团军军部所在地马林堡。兴登堡采纳了鲁登道夫和霍夫曼拟定的作战计划，于 8 月 25 日发动反攻并从两翼包围歼灭了萨姆索诺夫的俄国第二集团军，取得了坦能堡战役的辉煌胜利。坦能堡战役的胜利不仅提高了德军在这场欧洲战争中的战略地位，更主要的是激发了德军的士气，使协约国对俄国的信心减弱。坦能堡战役两周后，德军又在东线取得了马祖里湖战役的胜利，俄军被逐出东普鲁士并丧失了战略上的主动。兴登堡被德国人誉为"护国之神"，全国掀起了"兴登堡热"。兴登堡和鲁登道夫成为 20 世纪军事史上经典的名将默契配合、克敌制胜的典范。

统领全军

1916 年 8 月，兴登堡被任命为总参谋长，鲁登道夫担任军需总监。由于德皇和国会放弃了权力与责任，他们俩实际上变成了德国命运至高无上的支配者。战争后期，虽然兴登堡和鲁登道夫指挥德军取得了不少胜利，但已无力扭转战局。到了 1918

知识链接：珠联璧合的一对统帅

兴登堡把他和鲁登道夫的关系说成像一对夫妻一样恩爱，鲁登道夫在霍夫曼和其他人的协助下制订出各种作战计划，然后把这些计划呈交给兴登堡，按鲁登道夫的话说，兴登堡总是欣然接受。兴登堡的沉着使鲁登道夫能够克制住冲动。一位传记作家说："从来没看见兴登堡发过脾气，也从来没见鲁登道夫笑过。"毫无疑问，他们两人合作得很好。

年，德国经济几乎崩溃，德军士气一落千丈，以兴登堡命名的、易守难攻的"兴登堡防线"也被协约国军队突破了。与此同时，德国国内的革命运动也汹涌澎湃地发展起来。在这种形势下，兴登堡不得不劝说威廉二世退位。11 月 11 日，德国代表在福煦将军的火车车厢里签订了停战协议，第一次世界大战至此结束。

"珠联璧合的一对统帅"，第八集团军的司令兴登堡（左）和参谋长鲁登道夫在东线作战捷报频传，得此称誉。兴登堡冷静果断，是第八集团军的定海神针；鲁登道夫锋芒毕露，喜爱张扬，只有兴登堡才能降得住他。

这些静静的掩体，曾经是兴登堡防线防御工事的一部分。到 1917 年，协约国占据了优势，兴登堡鉴于凡尔登和索姆河的失败教训，决定在西线采取守势，于是将部队撤回到一个新的设防阵地"齐格菲防线"，也就是人们通常所说的"兴登堡防线"。

将"总体战"进行到底
埃里希·冯·鲁登道夫

他是一战中最好的陆军指挥官。他拥有出类拔萃的战略眼光、组织能力和战术手腕。

埃里希·冯·鲁登道夫（Erich Von Ludendorff，1865—1937年），德国陆军将领。第一次世界大战爆发后，鲁登道夫凭借他在列日战役中的功劳，被任命为第八集团军参谋长。

从军生涯

埃里希·冯·鲁登道夫出生在波森附近的一个小镇克鲁谢维亚，其父是没落的普鲁士地主。12岁时，他就进入了陆军幼年学校。1881年他从陆军士官学校毕业并于第二年入伍，被授予少尉军衔。由于他出身平民，要想有所成就，必须加倍付出。1890年，他凭借耿直的个性、出色的才智和胜任艰苦工作的能力进入柏林陆军军事学院，并在1893年以优异成绩毕业。1894年，鲁登道夫进入总参谋部工作，颇受施里芬赏识，参与了施里芬计划的历

次修订。从1904年开始，鲁登道夫在德军负责训练和动员的第二处任职，并在1908年升任该处处长。1912年，他提出扩充常备军30万的方案，受到德皇重视。1913年，鲁登道夫调任第三十九明火枪团指挥官，年末任驻斯特拉斯堡的第85步兵旅旅长，1914年晋升为少将，任冯·贝洛的第二集团军的副参谋长。

列日之功

1914年8月3日，德国向法国宣战。次日早上，德军就冲入中立国比利时境内，准备借道进攻法国。比利时是个小国，夹在德法两个强国之间，所以全民的备战意识极强。为了对付东面德国的入侵，比利时政府斥巨资在国境东部的马斯河边修建了以列日城为核心的要塞防御体系。整个列日防御体系被认为是欧洲最坚强的要塞，德军日夜进攻列日，损兵无数，三天三夜却毫无进展。德军参谋总长小毛奇闻报大惊，再这样下去势必要延误整个西线的德军进攻行动，他马上派鲁登道夫率军前去增援，并从总参谋部调运巨型攻城武器运往列日。鲁登道夫急率三个抽出来的德军旅赶往列日，于8月6日下午到达前线。在详细地分析了列日的情况之后，鲁登道夫率领他的部队在晚上经由弗莱龙和埃夫涅的缺口悄悄地进入列日，为最后反败为胜夺取要塞起到了关键作用。鲁登道夫因列日之功而被德

鲁登道夫，1908年任陆军总参谋部处长，在总参谋长小毛奇的领导下对修改施里芬计划曾起到重要作用。1913年调任步兵团团长。1914年第一次世界大战爆发后，调往东线任第八集团军参谋长，从此成为兴登堡将军的得力副手。

列日战役是一战初期比利时军队为抗击德军入侵于 1914 年 8 月在列日进行的要塞防御战。鲁登道夫指挥德军用持续炮击，攻下列日要塞，失去列日要塞屏护的布鲁塞尔随后不战而降。鲁登道夫因此役声名鹊起。

皇威廉二世授予十字形德军最高军功奖章，开始了他一生事业的飞跃，成为德国军界一颗耀眼的新星。

兴登堡和鲁登道夫组合

为了表彰鲁登道夫在列日战役中的行动，德国皇帝任命鲁登道夫接替瓦尔德泽成为第八集团军的参谋长。鲁登道夫迅速乘专列在汉诺威和新任第八集团军司令兴登堡会合，并赶往东线。德皇本意是指派鲁登道夫成为东线战场的实际负责人，但由于鲁登道夫的中下等阶级出身和德意志帝国军队严格的等级观念，使他不能被任命为指挥官。但是这种安排却形成了兴登堡和鲁登道夫这一对绝妙的组合，对德国产生了重大影响。

在第八集团军杰出的参谋官霍夫曼的协助下，鲁登道夫与兴登堡采取诱敌深入、各个击破的战术，先后打败了俄国第一和第二集团军，一举扭转了东线的不利战局。在随后的一年中，在鲁登道夫的谋划下，德军获得了一连串的巨大胜利。俄军被从东普鲁士驱逐出去，而且还被迫放弃了波兰、立陶宛、里加以西的土地和沃伦地区，人员损失超过

知识链接：《总体战》

20 世纪 20 年代之后，鲁登道夫致力于撰写关于战略和总体战的著作，出版了《总体战》一书，认为战争凌驾于政治之上，要求国家生活的各个方面在平时就应服从战争准备的需要，主张采取一切手段进行战争。虽然这一理论基于一个错误的出发点，但是鲁登道夫是第一个集中论述总体战的理论家，对很多问题的探讨很有价值。

170 万。由于这一连串的辉煌胜利，鲁登道夫和兴登堡成为德国民众心中的偶像。

坦能堡战役后合影。鲁登道夫（左）与兴登堡（前）虽被誉为最好搭档，但是两人面和心不和。后来，鲁登道夫和兴登堡闹翻了以后，为了突出自己，自吹自己是坦能堡战役的实际计划者和决策者。

水手国王
英国国王
乔治五世

他是温莎王朝的开创者。
他是英国人心中的"水手国王"。

乔治五世（George V，1865—1936 年），英国国王，温莎王朝的开创者，英国人称他为"水手国王"。第一次世界大战爆发后，乔治五世全力以赴支持英国参战，为了安抚民心，他舍弃了自己的德国姓氏，将王室改称"温莎"。

"水手王子"

乔治五世于 1865 年 6 月 3 日生于英国伦敦，是威尔士亲王的次子。他的童年大部分在英格兰的诺福克度过，不过也常去伦敦和其父亲威尔士亲王的庄园。他和兄长维克托王子一起师从道尔顿牧师。1877 年，作为海军学员的乔治和他的哥哥被派到"不列颠号"战舰上，接受航海教育。在 1879—1882 年的服役期间，两位王子游览了在加勒比地区、南非、澳大利亚的英国殖民地，还去了美国维吉尼亚州的诺福克、南美洲、地中海、埃及与东亚。乔治 18 岁时，两位王子分开了。维克托王子到剑桥大学三一学院接受教育，为继承王位做好准备，而乔治则在海军中做一名职业军官。1889 年，乔治成为一艘鱼雷艇的艇长，并在两年后升任海军中队长。

继承王位

一次意外的肺炎导致维克托王子早逝，彻底改变了乔治的生涯。作为仅存的王位继承人，他被封为约克公爵，进入上院，并在 27 岁那年开始接受

乔治五世开创了王室接近民众的作风，经常参观学校、医院、工厂、农场，看到伦敦的孩子在肮脏的小胡同玩耍，他便将王室举办庆典活动的广场让出来给孩子们。乔治五世晚年正值两次世界大战之间，他与民众共赴国难，广受欢迎和尊敬。

新的教育，学习英国宪法和德语。28 岁那年，乔治与玛丽公主结婚，婚后生下四个男孩和一个女儿，使皇家的王位继承有了保证。36 岁时，乔治被封为威尔士亲王，作为王储，他出访了澳大利亚、新西兰、爱尔兰、加拿大和印度，成为一位强有力的公众演说家。

1910 年，爱德华七世去世，乔治继位，称为乔治五世。刚继位时，完全没有经验的乔治有些不知所措，他的妻子玛丽王后在背后给了他强有力的支持。王后劝他说，作为君主立宪国的一位君主，要超然于党派政治之外，国家事务放手让首相和内阁大臣们去办。乔治五世登位时正是第一次世界大战爆发前夕，国际和国内局势错综复杂，这时的大英帝国的统治虽然依旧牢固，但在靠近英国的地方

乔治五世在法国视察部队时，拿着一个德军头盔观看。这次视察部队时他从马背上摔下，骨盆严重摔伤。

并不安全。爱尔兰和英国的冲突，是使乔治五世最不安的问题。国王最关心的是避免内战。根据乔治五世的建议，1914年7月，英国政府的代表和爱尔兰以及北爱尔兰代表在白金汉宫会晤，试图达成协议。虽然会议没有成功，但创造了进行谈判的良好开端。

参与一战

1914年，第一次世界大战爆发。以德意志帝国、奥匈帝国为一方，与俄罗斯帝国和法国开战。英国宣称将站在俄国和法国一边。德国皇帝威廉二世是乔治五世的表兄，他认为英国的声明只不过是吓唬人。然而，德皇威廉二世判断错了，乔治五世曾不止一次明确宣布英国的立场。在为期四年的战争期间，乔治五世全力以赴地支持战争胜利。他视察陆军和海军部队、医院、工厂和船坞。他向国库作捐献，在一名议员的建议下，戒了酒并遵守配给规定。他还把两个王子送到军中服役。

1917年，英国的反德情绪高涨，乔治五世的德国姓氏引起了英国民众的强烈不满。这是因为英国自1714年以来，王室的始祖是乔治一世，乔治一世是德国人，是英王詹姆斯一世的外孙女、汉诺

威选帝侯夫人苏菲亚的儿子。英国国会为避免英国王位再次落入天主教徒手上，根据王位继承法邀请具有新教背景的乔治一世来英国继承王位。有着德国姓氏的乔治五世接受了私人秘书的建议，改姓温莎，这一变化拉近了王室与英国民众的关系。

乔治五世做王子时是海军的一名职业军官，1889年成为一艘鱼雷艇的艇长，1891年升为海军中队长。海军的经历养成了他一生都热爱航行的习惯，做国王时也常驾船出海。

"索姆河的屠夫"
道格拉斯·黑格

他是第一次世界大战时期极其出色的战将，同时他也是最受争议的将领。

道格拉斯·黑格（Douglas Haig，1861—1928年）是第一次世界大战时期英军中极其出色的战将，他意志坚定，善于组织和训练士兵。与此同时，黑格也是最受争议的将领，因为他的作战几乎总是伴随着双方的大量人员伤亡，甚至因此获得了"屠夫"的外号。

远征军司令

道格拉斯·黑格出生于爱丁堡，其父约翰·黑格是一位富有的苏格兰酿酒业主。他在牛津大学的克利夫登和伯拉森诺斯学院接受教育，并于1884年进入桑赫斯特的皇家军事学院。1885年，他以全班第一名的成绩完成了在桑赫斯特的学业，进入

英国远征军司令黑格，他在与英国政治家们和法国人打交道中获得很大的成功。但是意志坚定的黑格也是一战中最受争议的将领。"屠夫"的外号使得他有时成为冷酷、愚蠢和漠视士兵生命的代名词。

第七轻骑兵团。随后的9年间他曾在英国服役，但主要还是在印度担任骑兵指挥官。第二次布尔战争中，黑格负责指挥第十七枪骑兵团在开普省与斯马特的游击队作战。1903年黑格返回印度，在基钦纳的手下担任监察长。黑格意志坚定，善于组织和训练士兵，因此颇受上级赏识，在仕途上也一帆风顺。1905年，黑格晋升为少将，成为当时英军中最年轻的将军。1906年，黑格成为陆军部军事训练局局长。在这三年的任期内，他协助完成总参谋部和地方自卫队的组建工作。此外，他的另一个重要职责是为和德国之间可能即将展开的战争建设一支英国远征军。1909—1912年，黑格担任印度军队的总参谋长。1914年8月一战爆发，黑格在远征军司令约翰·弗伦奇爵士手下负责指挥英国远征军中的第一军。这时的黑格由于在战争中表现活跃，很快被晋升为上将。1915年2月，黑格升任第一集团军司令。1915年末，由于黑格的上司弗伦奇不能适应这场战争，面对获胜的机会往往迟疑不决，引起英国领导层的不满。1915年12月，弗伦奇被调回英国，黑格取代饱受责难的弗伦奇担任英国远征军的新司令。

"索姆河的屠夫"

1916年6月24日开始的索姆河攻势常常和黑格的名字联系在一起。为了缓解法军在年初开始

黑格从军校一毕业就进入第七轻骑兵团，随后在印度担任骑兵指挥官。在第二次布尔战争中，黑格负责指挥第十七轻骑兵团在开普省与斯马特的游击队作战。服役骑兵部队的经历，使黑格对骑兵痴爱，但在一战时已经不合时宜。

的凡尔登战役中惨重的人员伤亡，黑格不得不将开始进攻的日期提前到8月。黑格在取得了初期战果后继续攻击，保持了对德军的压力。在索姆河战役的第一天，英军即遭受其历史上最惨重的人员伤亡：一共有57470人死去或受重伤。在这场最后于1916年11月13日放弃的进攻中，由于不必要地将大量的士兵送入死地，黑格获得这样一个外号："索姆河的屠夫"。无论这次战役是否成功，都始终伴随着争议：大部分历史学家都认为相对于微不足道的收获而言，人员损失实在是太高了——黑格付出了包括42万英国人和20万法国人的重大伤亡，仅仅只推进了12公里。

巨大的伤亡与黑格简单粗暴的作战方法不无关系，他看不到机枪和新式火炮给战争带来的巨

大变化，固执地认为战斗的胜利取决于士气和决心。黑格凭借其坚定的意志无视大量的人员伤亡，坚持发动猛烈的直接攻击，最终把索姆河变成了一个屠宰场。他的战术一直遭到很多人的批评，被认为是有着严重缺陷的。但也有人为黑格辩护，认为黑格主要受制于必须在西线持续援助法国人所产生的压力。不过值得一提的是，黑格在索姆河战役中干了一件足以影响世界战争发展史的大事，他在富勒的鼓动下，把刚出世没多久的坦克送上了战场，此乃军事史上坦克第一次上阵冲杀，揭开了装甲战时代的序幕。

英军索姆河墓地。在索姆河战役的第一天，英军即遭受其历史上最惨重的人员伤亡：一共有57470人死去或受重伤。

"流血的公牛"
艾伦比

他是一战期间英国最好的陆军指挥官，对战略战术的透彻理解使他成为一位天才、巧妙的计划者。

话说世界

埃德蒙·亨利·海因曼·艾伦比（Edmund Allenby，1861—1936 年），英国陆军元帅，驻埃及最后一任行政长官，绰号"流血的公牛"。艾伦比是一战期间英国伟大的陆军指挥官，也是最后的骑兵统帅。

西线经历

艾伦比出生于英国诺丁汉郡的布莱肯霍斯特，在英国的乡间他度过了一个舒适而活跃的童年。他早年并没有梦想成为一个伟大的将军，而是去考公务员，结果考了两次都没考上。当他心灰意冷的时候，却接到军事学院的录取通知书，他就这样当了兵。第一次世界大战爆发后，艾伦比在西线的英国远征军中指挥一个骑兵师。随后不久，该骑兵师扩充为一个骑兵军，仍由艾伦比统辖。11 月，他转任第五军指挥官。由于表现出色，在第一次伊普斯会战后，他于 1915 年 10 月再次晋升为第三集团军的司令官。在 1917 年 4 月英军发动的阿拉斯

艾伦比对战略战术的透彻理解使他成为一位天才的、巧妙的计划者。他在美吉多利用步兵、飞机和骑兵紧密配合取得的胜利是突破战和追击战的典范。

攻势中，他计划加强炮轰，由步兵团乘敌不备提前发动进攻，但是他的作战方法并不为英军最高司令部所赞同。由于受到上级和同盟军法军的牵制，所以战果微乎其微，他和道格拉斯·黑格爵士的冲突，导致他于 1917 年 6 月被调往次要的中东战场。

转入中东

在巴勒斯坦战场上，陆军上将默里率领的英国埃及远征军两年半来一直在西奈沙漠与一支土德联军对垒，但战果甚微，英军将士士气低落、怨气满腹。而默里却只待在富丽堂皇的开罗萨伏伊饭店，从来没有去过前线，面对困局一筹莫展。1917 年 6 月，艾伦比来到中东战场，取代默里担任驻埃及的英军司令。7 月，艾伦比会见了原来驻开罗的英军情报官劳伦斯，接受了他的建议，把亚喀巴变成一个重要基地，提供装备和黄金，以实现阿拉伯人向叙利亚的北进。艾伦比把劳伦斯提升为少校，命令费萨尔的部队组成他自己部队的右翼，从而把劳伦斯和费萨尔直接置于自己的麾下。劳伦斯对汉志地区的铁路展开了"打了就跑"的袭击，实质上切断了该条铁路，使驻麦地那的土耳其部队朝不保夕。一切准备就绪后，艾伦比于 1917 年 10 月发动了进攻，他派出一支军队佯攻加沙，自己也率领步兵和"沙漠战马骆驼军团"突袭了土耳其军队在贝尔谢巴的防御工事。艾伦比成功攻陷贝尔谢巴，并夺取了至关重要的

费萨尔出生在今天的沙特阿拉伯，在一战期间和协约国方合作。劳伦斯和费萨尔以一次漂亮的迂回机动出其不意拿下了红海北端的亚喀巴港。为了争取阿拉伯人利益，1919 年巴黎和平会议期间，劳伦斯（二排右二）陪同费萨尔（最前）的代表团来到凡尔赛。

水源。这些战绩使得土德联军全线崩溃，不得不急忙后撤，先后放弃加沙和耶路撒冷。12 月 10 日，耶路撒冷为英军占领。

在这次战役后，土德联军最高指挥官法金汉以地中海和犹地亚丘陵为依托，在耶路撒冷北边建立了美吉多防线。由于美吉多防线十分坚固，加上部分部队被抽调往法国，艾伦比只能暂时按兵不动。1918 年，艾伦比展开大量欺敌行动，如在约旦河谷建立假司令部和假军营，却在东边对土军发动了强攻，土军一败涂地。艾伦比一路穷追猛打，连续攻占大马士革、霍姆斯和阿勒颇，至此，土耳其军队所有有组织的抵抗都崩溃了，奥斯曼帝国政府于 10 月 30 日投降。此战役中，英军在 38 天里推进 350 英里，夺取了整个巴勒斯坦、黎巴嫩和叙利亚，并孤立了美索不达米亚，迫

《贝尔福宣言》

为了争取世界犹太人对协约国的支持，1917年 11 月 2 日，英国外交大臣贝尔福致函英国犹太复国主义者联盟副主席罗斯柴尔德，英国支持在巴勒斯坦建立一个"犹太民族之家"。《贝尔福宣言》为犹太复国主义者在巴勒斯坦建立犹太国提供了依据，也埋下了犹太复国主义者和阿拉伯人之间的纠纷和冲突的祸根。

使那里的土耳其军队撤退。在此期间，英军歼灭了敌军三个集团军，仅俘虏就达 7.5 万人，而自己的伤亡却不到 5000 人。这是一场带着二战色彩的一战战役，也是骑兵的最后一场伟大战役。

艾伦比进入耶路撒冷。1917 年 10 月 30 日，艾伦比成功地攻陷贝尔谢巴。尽管面临土军抵抗增强，缺乏水源和物资供应等问题，他仍于 11 月 13 日至 15 日期间在交叉站击溃土军，并夺取至关重要的水源。这些战绩使得土德联军全线崩溃，12 月 10 日，耶路撒冷为英军占领。

狡猾的狐狸
英国首相
劳合·乔治

他在一战期间出任英国首相，
他是巴黎和会的"三巨头"之一。

劳合·乔治（Lloyd George，1863—1945 年），英国自由党领袖。第一次世界大战期间任军需大臣、陆军大臣等职。1916 年 12 月出任首相。1919 年他出席并操纵巴黎和会，是巴黎和会"三巨头"之一，签署了《凡尔赛条约》。

崭露头角

1863 年 1 月 17 日，劳合·乔治出生于曼彻斯特。父亲威廉·乔治是威尔士地方一所小学的校长，在他不足两岁时就去世了。母亲带着他在威尔士依靠兄弟为生。劳合·乔治的舅父是鞋匠兼浸礼派牧师，乔治的许多信念就是从舅父那里吸收形成的。劳合·乔治 14 岁时，舅父引领他走上当律师的道路。1890 年，劳合·乔治在卡那封自治市补缺选举中获胜，进入议会，很快以大胆、具有魅力、机智和掌握辩论的技巧而蜚声下院。1895 年选举后，自由党处于在野地位长达 10 年，在这期间，乔治成为自由党激进派领袖。1905 年 12 月，保守党政府倒台后，自由党的坎贝尔·班纳曼组阁。1906 年，劳合·乔治应邀入阁，主持对外贸易部。1908 年 4 月，财政大臣阿斯奎斯接替班纳曼当首相，财政大臣的职务由劳合·乔治担任。

参加一战

1914 年 8 月第一次世界大战爆发。不久，前

劳合·乔治，英国自由党领袖。1911 年任财政大臣期间提出国民保险法，被公认为英国福利国家的先声。1916 年 12 月出任首相，对内扩大政府对经济的控制。战争结束后，在联合政府中仍任首相。1918 年议会通过选举改革法，扩大选民范围，颁布国民教育改革法，实行 14 岁以下儿童的义务教育。

线暴露军火供应的严重不足。为解决枪支弹药问题，英国政府成立了军需部，任命劳合·乔治为军需大臣，保证了军火生产大幅度增长。1915 年，劳合·乔治主张实行征兵制，以使参战人员得到充分的补充。1916 年，劳合·乔治被任命为陆军大臣。

同年 12 月 6 日，劳合·乔治就任首相，建立了由五人组成的"战时内阁"，目的是要摆脱各部的领导以便全力指导作战，并把过去各部对内阁负责制改为对首相负责制，以加强首相的职权。劳

在索姆河战役的第一天，在堑壕里的爱尔兰军队。尽管爱尔兰在战前要求独立的呼声很高，但还是作为英国皇家的步兵参加了一战。1921年，劳合·乔治政府给予爱尔兰以自治领地位。

知识链接：马可尼事件

1912年，马可尼公司申请承建国有无线电台，在进行签订合同具体条款的过程中，首席检察官伊萨克爵士劝说劳合·乔治购买2000镑美国公司的股票。报纸揭露了这一事实。议会成立专门委员会进行调查。调查报告认为这一指控是"荒唐的"，因为这两个公司在法律上是完全分开的。"马可尼事件"对劳合·乔治的政治生涯投下了阴影。

合·乔治担任首相后，在军事上一意孤行，推行他的东线派主张，与当时担任总司令的道格拉斯·黑格元帅和帝国参谋总长威廉·罗伯特·罗伯逊元帅意见相左。他越过总司令和参谋总长而单独指挥。1917年初，俄国发生革命，与德国单独媾和，使德国能抽调大量兵力支援西线。劳合·乔治却不顾西线危急，仍要抽调五个师的兵力增援意大利。劳合·乔治对黑格要求增援的请求置之不理，致使其兵力遭到巨大损失。为此，原在陆军部担任要职的毛里斯爵士发表了一封公开信，指责他在西线的错误。1917年4月，美国正式对德宣战，这对英法是极大的支援。1918年英法军队开始反攻，11月初德国接受停战条件，第一次世界大战以协约国的胜利而告终。

巴黎和会

1919年1月10日，劳合·乔治组成新政府，次日，率领英国代表团出席巴黎和会。劳合·乔治与法国总理克里孟梭以及美国总统威尔逊组成巴黎和会的"三巨头"。在会议过程中，三巨头各怀鬼胎。英国希望得到海上霸权、殖民霸权，而且希望欧洲大陆各国实力均等，即大陆均势。法国希望得到欧陆霸权。美国希望获得世界霸权。于是，很有意思的一幕出现了，每一个国家都会与另两个国家互为对手，而又都能与另两个国家的任意一个联

手。所以，这场会议足足开了5个多月。为了索取战败国的赔款，英国首相劳合·乔治和法国总理克里孟梭吵得不可开交。巴黎和会上签订了处置德国的《凡尔赛条约》，同时还分别同奥地利、匈牙利、土耳其等国签订了一系列和约，它们构成了凡尔赛体系，确立了一战后由美、英、法等主要战胜国主导的国际政治格局。

巴黎和会"三巨头"。劳合·乔治代表英国在巴黎和会上，与法国总理克里孟梭（左）和意大利总理奥兰多（右）发生冲突。劳合·乔治不想彻底摧毁德国的经济和政治体制，而克里孟梭要求德国巨额赔偿。

和平主义者 威尔逊

他是美国第二十八任总统。
因倡导国际联盟而获得诺贝尔和平奖。

托马斯·伍德罗·威尔逊（Thomas Woodrow Wilson，1856—1924 年），美国第二十八任总统。他将美国带入了第一次世界大战，为协约国的胜利奠定了基础。一战结束后，他因倡导创建国际联盟而获得 1919 年的诺贝尔和平奖。

总统之路

1856 年 12 月 28 日，威尔逊生于弗吉尼亚州斯汤顿的一个牧师家庭。1873 年威尔逊在戴维森学院上了一年学，之后作为新生转到普林斯顿就读，并

伍德罗·威尔逊，唯一一名拥有哲学博士头衔的美国总统。1917 年，威尔逊为"使世界安全以确保民主"，将美国带入了第一次世界大战。不过，他没有和英法签署一个正式的同盟，而只是作为合作力量加入。1919 年，威尔逊被授予当年的诺贝尔和平奖。

于 1879 年毕业。1890 年，威尔逊进入普林斯顿大学，任法学和政治经济学教授。1902 年，校董事会晋升威尔逊为校长，他所开发的课程方针后被证明为高等教育领域中非常重要的发展性创新。

1912 年 6 月 25 日，威尔逊赢得民主党总统候选人的身份。此后，由于共和党候选人塔夫脱和进步党候选人、前共和党人和总统西奥多·罗斯福的竞争严重分散了本应投给共和党唯一候选人的选票，他在 40 个州获胜，得到总共 531 张选举人票中的 435 张。威尔逊顺利赢得竞选胜利。1916 年，威尔逊再次获得总统竞选重新提名后，在竞选中打出了"他让我们远离了战争"的口号，提示选民他任期内既维持了坚定的国策、又避免了与德国或墨西哥的公开冲突的业绩。在这个不参战的口号下，威尔逊获得连任。

参加一战

在 1917 年之前，美国一直恪守 1914 年的中立宣言。在这段期间，威尔逊为确保一个更宽泛的外交政策，警告美国公民不要在交战阵营中选择他们的所属方。尽管载有大量美国公民的英国客轮"卢西塔尼亚号"被德国潜艇击沉的事件给威尔逊增加了参战压力，中立原则还是得到了维持。但后来由于德国发起无限制潜艇战，威胁到美国的商业海运，这种中立性开始倾斜。在德国于 1917 年早些时候发动无限制潜艇战，并秘邀墨西哥与德国结盟反美之后，威尔逊为"使世界安全以确保民主"，将美

在法国索姆河埋葬着参战牺牲的美军将士，这里是美国总统来法国访问常来祭奠的场所。

国带入了第一次世界大战。此时，威尔逊认定这场战争已变成了一个对人类的真正威胁。1917 年 4 月 2 日，他在宣战演讲中说到，美国如不参战，整个西方文明都将被摧毁，美国将进行一场"结束一切战争的战争"。威尔逊通过征兵大幅扩军，并将高度自由的指挥权包括战术战略以至外交行动授予了约翰·潘兴将军，为战争的胜利做了很大努力。正是由于美国的加入，战争迅速以同盟国的失败而告终。

巴黎和会

1919 年，作为巴黎和会的"三巨头"之一，威尔逊带着他宣扬已久的、被称为"世界和平纲领"的十四点原则参加了巴黎和会。在巴黎和会上，威尔逊幻想美国能登上世界第一大国的宝座，从此称霸世界，但美国在国际舞台上根基不深，他的十四点原则在巴黎和会上成为一纸空文。威尔逊极力倡导国际联盟方案，旨在确立美国领导下的战后世界秩序，他为此东奔西走竭尽全力。虽然在他的努力下，最终实现了在《凡尔赛条约》中加入关于创建国际联盟的章节，但可笑的是，他没能在加入国际

联盟一事上赢得美国国会的支持，美国此后从未加入国联。虽然美国没有加入国联，但威尔逊因此获得了 1919 年的诺贝尔和平奖。历史学家普遍认为威尔逊未能使美国加入国联是他任内所犯的最大错误，甚至可能是美国历史上所有总统任期内的最大失败之一。

巴黎和会四巨头。参加巴黎和会的各国代表有 1000 多人，其中全权代表 70 人，后改为"四人会议"，即美国总统威尔逊（右一）、英国首相劳合·乔治（右四）、法国总理克里孟梭（右二）和意大利首相奥兰多（右三）。因意大利在大战中作用不大，被英法冷落一边，所以实际上又变为"三人会议"，他们是巴黎和会的主宰者。

特写

美国特级上将
约翰·约瑟夫·潘兴

美国陆军最高的官阶称为 Gerenal of the Army，一般人理解为"五星上将"，然而在其之上还有一个特殊的官阶——"陆军特级上将"（General of the Armies，注意 Army 变成了复数的 Armies），至今美军历史上获此殊荣的只有一位将军，他就

潘兴，美国著名军事家、陆军特级上将，又称"铁锤将军"。1917年4月美国宣布参加第一次世界大战后，任美国远征军司令，在法国前线组织指挥美军的训练和作战。大战末期，率领美军单独进行圣米耶尔等战役，并协同英法联军对德国发动总攻，突破兴登堡防线。著有《我在世界大战中的经历》等书。

是在第一次世界大战中指挥 200 多万美国远征军的最高长官——约翰·约瑟夫·潘兴（John Joseph Pershing，1860—1948年）。

潘兴 1860 年出生于美国密苏里州的拉克里德小镇，父亲是一个卖杂货的小商店店主。潘兴中学毕业后因家中经济拮据，无法承担他学习律师的费用，只好报考公费的西点军校。在西点这所军官摇篮里，他勤奋刻苦地学习，于 1886 年以优异的成绩毕业，进入军队服役。1891 年，潘兴离开军队，进入了内布拉斯加大学任教，开始了从教生涯。经过两年刻苦自学，他终于在 1893 年获得了法学学士学位。1897 年 6 月，潘兴进入西点军校担任战术教官。

1898 年，由于在美西战争中的表现优异，潘兴被派往菲律宾，担任美军副官，指挥军队击退了摩洛游击队对棉兰老岛的进攻；1905年被晋升为驻日使馆武官；1906 年，得到西奥多·罗斯福总统赏识，被破格提拔，从上尉一跃成为准将；1906—1913 年，潘兴又返回菲律宾，担任省督。

1916—1917 年，墨西哥战事进一步稳固了潘兴在政治家们心目中的地位。当陆军少将范斯顿去世后，潘兴晋升为少将，继任墨西哥边境司令。1916 年 3 月 9 日，墨西哥人弗朗西斯科·维拉率兵袭击了美国新墨西哥州哥伦布城。潘兴奉命追捕维拉，但美军的入侵激起了墨西哥人的愤怒，追击行动十分困难。面对困境，潘兴忠于职守，苦苦支撑，直到 1917 年初威尔逊总统下令撤回为止。

潘兴是一个完美主义者，他总是以一个正规军人的姿态出现在公众面前，"严于律己"的潘兴并不"宽以待人"，他要求他的部下也得和他一样，于是他的部下私下称他为"恐怖的杰克"，为什么会有此绰号？这还要追溯到对墨西哥的武装干涉行动。有一次当部队急行军到达目的地之后，顾不得擦皮鞋就休息，当时潘兴看到了之后非常生气，就批评值日军官，命令大家立即起来擦皮鞋，直到锃亮为止。

1917 年 4 月美国对德国宣战后，潘兴随即被任命为驻欧洲的美国远征军司令，率部前往法国参加第一次世界大战。当法军总司令贝当和英军总司令黑格听说美军远征军司令是潘兴时，不禁一惊："恐怖的杰克"？怎么会是他？这可是个很难打交道的家伙！正如他们所料，潘兴一到就与协约国产生了分歧。

随着俄国退出战争，德国开始在西线发起强攻，英法联军损失惨重，协约国强烈要求已经到达法国的美军马上参加战斗，但遭到潘兴坚决反对。潘兴的这种坚持不是毫无道理，他到战场考察之后，不仅被双方在这场可怕的消耗战中进行的大屠杀吓了一大跳，而且对美军近乎空白的战斗训练感到震惊，他绝不让士兵去给协约国充当炮灰。在之后将近 10 个月的时间里，美军都在后方以师、团为单位进行实战训练。鉴于美军还没有独立的作战能力，协约国试图将美军拆分成连级单位分派到英法联军中去，听从联军的统一指挥，美军只需要给英法联军提供兵源就可以了。但是，潘兴强烈坚持美军参加第一次世界大战是基于合作的原则，美国不属于法定的协约国，美国远征军是协约国军中单独和独立的组成部分，这一身份必须加以保留。

1918 年 5 月，为了支援已经无法坚持的英法联军，美军开始全力出击，并取得了一系列的胜利，大大提升了协约国军的士气。潘兴激动地致电美国国防部："我坚信，我们的军队在欧洲首屈一指，我们的参谋人员不比任何军队逊色。"随后，协约国采纳潘兴的建议，变战略防御为主动进攻，以美军为主力发动了亚眠战役和圣米耶尔战役。1918 年 11 月初，兴登堡防线被突破，德国宣布投降。

美国国会为了褒奖潘兴，重新修订了授衔条件，于 1919 年 9 月正式授予潘兴美国陆军五星上将军衔。这一军衔，当时只有美国首任总统华盛顿曾经获得过。1921—1924 年，潘兴担任总参谋长，他吸取了一战的经验，进一步加强总参谋部的地位和权力。在他的协助下，通过了 1921 年的国防法。1924 年，潘兴退役。由于他对美国的杰出贡献，被授予六星上将的荣誉，这是美国历史上第一个、也是唯一的一个特级上将。1948 年 7 月 15 日，潘兴在华盛顿病逝，为了纪念他，美国的战略导弹以及坦克均曾以他的名字命名。

美军开赴圣米耶尔前线。圣米耶尔战役是美国一战中胜利的最大战役之一。潘兴集结了超过 55 万的美军和 11 万法军的兵力、1500 架飞机、约 400 辆法国坦克、3000 门以上大炮。德军防御力量包括在火线的 8 个师和两个旅，以及作后备的 5 个师。30 小时结束战斗，德军有 1.6 万名被俘。

1898 年美西战争期间，潘兴到古巴战场作战。圣胡安山之战是美西战争中关键战役之一。美军向城东制高点圣胡安山发起猛攻。西班牙战斗力最强的部队也在圣胡安山。在格林机枪的掩护下，美军经激烈的白刃战攻占了圣胡安山。占领圣胡安山，就控制了整个圣地亚哥。

法国的"老虎"总理
克里孟梭

他是第一次世界大战期间法国赫赫有名的
"老虎总理",
他被法国人誉为"胜利之父"。

克里孟梭(Georges Clemenceau, 1841—1929年),法国近代史上少数几个最负盛名的政治家之一。他为第一次世界大战协约国的胜利和《凡尔赛条约》的签订作出重要贡献,当时被法国人称为"胜利之父"。

出任总理

克里孟梭出生于法国旺代省一个偏僻乡村,青年时期他是在农民中间度过的。他的父亲邦雅曼是当地的一名医生。作为医生的邦雅曼思想比较开明,拥护共和,不信宗教。克里孟梭自幼受父亲影响,富有正义感,主张共和、民主与新闻自由。从学生时代起,他便在报上撰写政治评论和文艺评论。1865年底,他以《时报》通讯记者身份赴美国实地考察共和制,对美国共和制深为赞赏。1876年克里孟梭当选为众议员,不久便成为激进派领袖。克里孟梭有着较高的政治威望,作为激进派的代表人物,他不断抨击温和派的政府。他在议会质询时,发言咄咄逼人、富有煽动性,曾导致好几届内阁总理垮台,从而获得了"老虎"的绰号。克里孟梭过于激进的态度使他四面树敌,导致他在1893年的选举中落选。从1893—1902年的9年间,克里孟梭在政治上很不得意,只好埋头从事报界活动,创办了《集团》周刊,并主持《震旦报》的主要工作,报纸成为他从事政治活动的重要基地和有力武器。由于克里孟梭的报纸敢于坚持正义,并且语言犀利,他的声望再次提高。1906年,他先是担任了内政部长,接着终于如愿以偿地坐上了法国总理的宝座。

参加一战

1917年,法国前线失利,伤亡很重,士气低落。俄国退出了战争。法国政府内部以前总理卡约为代表的一派主张立即议和,实现"没有胜利者的和平"。在这紧急情况下,主战的雷蒙·普恩加莱总统决定请克里孟梭组阁。其时克里孟梭已76岁高龄,身兼总理与陆军部长重任。1918年3月8日,他在众议院的政策演说中说:"我的对内政策是:我要作战。我的对外政策是:我要作战。任何时候,任何地方,我都要作战……而且我将不断作战直至

克里孟梭,法国政治家、新闻记者、法兰西第三共和国总理。他独断专行,实际上是在保留议会的情况下实行了个人独裁。他杀伐果断,威重令行。多次亲赴前线,重振士气,在国内强力镇压反战力量,并一概斥之为"失败主义分子"。

克里孟梭虽然已是 76 岁高龄，但不辞辛苦和危险，来到前线视察，以激励军队将士胜利的信心。

> **知识链接**：克里孟梭与"德雷福斯事件"
>
> 　　1894 年，法国犹太军官德雷福斯蒙冤，以叛国罪被判处无期徒刑。后来虽然发现了真正的罪犯，但由于政府和军队当局竭力掩盖真相，引起了群众的公愤。克里孟梭在了解真相后为之奔走呼吁，先后在《震旦报》等报纸撰文 800 多篇，为德雷福斯伸张正义。这一事件使克里孟梭的威望大大提高，成为他东山再起的开端。

生命的最后一刻。"

　　1917 年底，威尔逊总统领导的美国派兵在法国登陆，支援筋疲力尽的英法军队对德作战，战局出现了有利于协约国的转变。然而，"一山容不下二虎"，克里孟梭与陆军司令贝当的矛盾又暴露出来。他在战争紧要关头提出联合军事司令部的建议，取得协约各国政府的同意，建立以福煦为首的统一司令部。1918 年 11 月德国投降的消息传来，77 岁的克里孟梭老泪纵横地高喊："我总算等到了这个复仇的日子！"法国参议院一致通过法令，确认了他的功绩，指出："乔治·克里孟梭作为公民、总理兼陆军部长，为祖国立下了伟大的功勋。"克里孟梭从此被人称为"胜利之父"。

巴黎和会

　　1919 年克里孟梭代表法国出席了巴黎和会。在"三巨头"会议上，克里孟梭力主肢解德国，最大限度地削弱德国，以便法国称霸欧洲大陆。他提出的和约方案，除收回阿尔萨斯和洛林外，要求占有萨尔区，并使莱茵河左岸脱离德国而成

为在法国控制下的缓冲国；德国东部的一部分领土分给波兰、捷克等；由德国赔偿全部战争损失；根据战时密约，瓜分德国殖民地。由于英、美的反对，他不得不作出一些让步，但最后签订的对德和约仍然部分地满足了法国的要求。1919 年 6 月 28 日签订的《凡尔赛条约》无疑是克里孟梭的杰作。

克里孟梭签署和平条约。《凡尔赛条约》是克里孟梭的杰作，但是他并没有因此而得到法国人的普遍赞赏。由于英、美的反对，在要求德国赔偿全部战争损失和瓜分德国殖民地等方面，他不得不作出一些让步。

第一次世界大战的终结者
协约国统帅
斐迪南·福煦

他是第一次世界大战的终结者，也是世界战争史上绝无仅有的三国元帅。

斐迪南·福煦（Ferdinand Foch，1851—1929 年），法国元帅，第一次世界大战最后几个月协约国军总司令，被公认为协约国获胜的最主要的领导人。1918 年代表协约国在贡比涅森林签订对德停战协定，成为第一次世界大战的终结者。

进攻精神

福煦出生于上比利牛斯的塔贝斯，其父拿破仑·福煦是个文职官员。1869 年，福煦考入著名的麦茨地区的圣克里门耶稣会学院，为报考工艺专科学校做准备。在麦茨，他亲身经历和目睹了普法

福煦在前线。福煦具有超凡的军事协同组织能力，他成功地指挥英法美等协约国部队取得了对德国最后决战的胜利，也为未来战争中多国联合部队的统率、组织和作战提供了重要的经验。

战争中弗朗索瓦·阿希尔·巴赞的被围与投降。法国的失败，给他留下了永不磨灭的印象。他奔赴家乡，报名入伍，但没赶上参加战斗。停战以后，他回到圣克里门，这时麦茨已经成为德国的城市了。战败的悲痛与耻辱使他立下誓愿：入伍当兵，光复阿尔萨斯和洛林！福煦从工艺专科学校毕业后进入炮兵学校成为教官。1885 年，他被调到高等军事学院工作，1891 年调陆军总参谋部三局任职，晋升少校。不久，又入高等军事学院攻读研究生，毕业后留校任教，主要讲授战略课。1901 年福煦返回军队，1903 年升任上校团长，1905 年调任第五军参谋长，1907 年调回总参谋部。1908 年，他晋升准将，同时被总理克里孟梭任命为军事学院院长。在该学院的 25 年中，他一直在研究和教授军事理论，不仅为法国培养了整整一代军官，而且还形成了一套完整的军事理论。其理论的核心是进攻学说：进攻是作战的最高原则，是获得胜利的唯一途径，即使濒于失败也不要放弃进攻。以后相当长的一段时期内，这种军事思想在法国军事界一直占统治地位。

扬名一战

1911 年，福煦离开军事学院，升任第十三师师长。1913 年 8 月，出任第二十军军长，坐镇南锡，守卫着洛林前线。第一次世界大战爆发初期，

福煦，法国元帅，第一次世界大战后期就任最后协约国军总司令，公认的协约国获胜的最主要的领导人之一。1918年代表法国在贡比涅森林签订对德停战协定，后又在巴黎和会上发挥重要作用。

福煦率领他的二十军成功阻止了德军的进攻，一举收复三个城镇和10英里的国土，稳住了法军右翼的战线并实施了熟练的撤退。在接下来的马恩河会战中，福煦与德军狭路相逢。他在给霞飞的电报中说，我的左翼在撤退，我的右翼在撤退，我的正面受到敌军的猛攻，好极了，我正在进攻。福煦成功地阻止了气势汹汹的德军进攻，守住了阵地，使危在旦夕的巴黎转危为安。福煦在这一战斗中名声大震，成为法军的中流砥柱，被法国舆论界誉为"欧洲第一军事家"。

三国元帅

1918年3月，德国垂死挣扎，鲁登道夫竭尽全国之力，发动了最后的突袭。德军迅速突破了英法联军的数道防线，兵锋直指巴黎。英、法、美联军由于意见分歧，导致了指挥上的混乱，联军的防线出现了漏洞，面临崩溃的危险。在这种情况下，众人推举福煦出来协同指挥。1918年4月14日，福煦就任协约国盟军总司令，统

一指挥协约国军队对德军发起总攻。在协约国军队的强大攻势下，德军防线土崩瓦解，这时德国内部也爆发了革命，德国在内外交困的形势下被迫于11月7日与协约国开始停战议和。11月11日，福煦代表协约国与德国代表在法国东北部贡比涅森林自己的车厢里签订了停战协定。第一次世界大战结束后，福煦成为战争的英雄，英国和波兰都授予他元帅称号，他是世界战争史上绝无仅有的三国元帅。

福煦车厢内景。1918年11月11日，福煦代表协约国与德国代表在车厢里签订了停战协定，11时，各战胜国鸣放礼炮101响，宣告第一次世界大战结束。第一次世界大战后，福煦车厢被放入了博物馆。

"法兰西的救星"
菲利普·贝当

他是"凡尔登的胜利者",
他被视为"法兰西的救星"。

亨利·菲利普·贝当（Henri Philippe Pétain，1856—1951年），法国陆军将领、政治家，也是法国维希政府的元首。他曾在第一次世界大战期间担任法军总司令，带领法国与德国作战，被视为民族英雄。1918年升任法国元帅，战后曾任陆军总监、国防部长等职。1940年任法国总理时，因投降议和而在二战后的审判中被判处死刑，后改判终身监禁。虽然贝当在历史上的形象是一个叛国者，但作为一个军人，他在第一次世界大战中颇有建树，是一战期间法国最成功的指挥官。

凡尔登"圣路"。没有补给，保卫凡尔登是不可能的。几千名本土军士兵和成群平民一起工作，用铁镐和铁锹拓宽和铺砌路面。每24小时有6000辆卡车可以通过这条公路（平均每14秒钟有一辆卡车），因此有"圣路"之称。有50多万部队和17万头供拖曳之用的牲畜沿着圣路运往前线，这应该归功于贝当在后勤工作上的革新。

早年经历

菲利普·贝当出生于法国北部加来省考奇拉退尔小镇的一个贫寒家庭，他的父亲是个农民，母亲早逝。1871年法国在普法战争中的失败促使贝当立志做一名军人。1875年，贝当中学毕业后

贝当一生颇为坎坷，集民族英雄和叛徒于一身。第一次世界大战期间因领导1916年凡尔登战役而出名，成为当时的英雄。二战法国战败后，出任维希政府总理，成为纳粹德国的傀儡。

考入圣西尔军事学校，毕业后进入山地步兵团任职，军衔为少尉。1888年，贝当被调回圣西尔军校，担任军事教官。在战略思想上，贝当大力提倡防守，与法国当时盛行的进攻战略思想大相径庭，因此不受重用，一直升迁得很慢，少尉当了5年，中尉当了7年，上尉当了10年。1900年才升到少校军衔，指挥一个营。第一次世界大战爆发前夕，贝当仅为陆军上校，任第三十三团团长，时年58岁。

"法兰西的救星"

第一次世界大战的爆发给贝当提供了一显身手的机会。战争爆发后，由于其对部队的杰出领导，贝当被提升为旅长，军衔是准将。在 1914 年 9 月的马恩河会战中，贝当由于指挥得当，晋升为少将，任第六师师长。10 月 25 日，贝当再次晋升为第三十三军军长。

1916 年 2 月 21 日，德军大举进攻法国重镇凡尔登，在法军失利的情况下，在后方休整的贝当所部于 2 月 24 日被紧急调往凡尔登前线，接手坚守凡尔登要塞的重任。当贝当到任时，法军情况已经糟到极点，防线多处被撕裂，一向被认为坚不可摧的堡垒也落入德军之手。在这种情况下，贝当提出了著名的防御口号"他们不会通过"。在他严厉的领导下，5 月 1 日他取代卡利将军担任中央集团军司令之时，凡尔登已经转危为安。四个月后，法军在索姆河发动大举进攻，德军停止了对凡尔登的攻击，凡尔登战役胜利结束。贝当作为"凡尔登的胜利者"成为法国的民族英雄，名扬世界。贝当也因此被视为"法兰西的救星"。

1917 年 4 月，盲目的攻击至上主义仍在法国延续。霞飞的继任者尼维勒将军发动的自杀式攻击，被德国的兴登堡和鲁登道夫击溃，伤亡 12 万多人，丧失士气的法军潮水一样的溃退。由于指挥官的冷酷和士兵惨遭屠杀激起了兵变，陆军部队拒绝开往前线。1917 年 5 月 15 日，贝当取代尼维勒接任法军总司令。他一上来就提出了"多用钢铁，少流鲜血"的口号，并亲自下到每一个师中走访，缓和士兵的不平心理，改革伙食和休假制度。他用他的威望迅速地平定了叛乱，随后又成功地发动了多次有限的攻势，使法军的士气大振。贝当再次拯救了法国。

1918 年福煦就任盟军总司令后，贝当接替他

 知识链接：集民族英雄和叛徒于一身的贝当

贝当在一战期间因领导凡尔登战役而出名，成为当时的英雄。然而，在历史上，贝当的形象却是一个叛国者。二战法国战败后，贝当宣布法国停火，同德国签订丧权辱国的条约，组建与法西斯合作的维希政府并出任总理，成为纳粹德国的傀儡。贝当的投降主义对法国丧失民族主权独立、蒙受德国欺凌负有不可推卸的责任。

负责指挥所有的法国军队参加协约国对德军的总进攻，在西部前线最后一个月的艰苦战斗中发挥重要作用。而后，他又策划了埃纳河-马恩河和亚眠攻势，协助约翰·约瑟夫·潘兴实施圣米耶尔和默兹-阿尔贡攻势。1918 年 11 月 11 日，德国签署了投降协议，第一次世界大战从此落下帷幕。11 月 19 日，贝当因为其战时的卓越表现被授予法国元帅军衔。

希特勒与贝当握手。1940 年 5 月，德军开始进攻法国，作为永久性防御工事的马其诺防线不攻自破。1940 年 6 月，贝当宣布法国停火，同德国签订丧权辱国的条约，组建与法西斯合作的维希政府并出任总理。令人想起，1939 年有人建议他竞选总统时，他曾说过这样一句话："总统是战败后的元帅来充任的职务。"由此可见他投降时的悲凉心情。

"法国的镇静剂"
约瑟夫·霞飞

没有他就没有法国最后的胜利，
他是整个法国的镇静剂。

约瑟夫·霞飞（Joseph Joffre，1852—1931年），法国元帅和军事家。第一次世界大战时期，霞飞担任法军总指挥，为法国击败德国、取得世界大战的胜利打下了坚实的基础。

早年经历

霞飞出生于法国比利牛斯省里沃萨尔特城一个酿酒商家庭。1868年进入巴黎著名的查理大帝公立中学，17岁时考上巴黎综合工科学校学习工程学。1870年普法战争爆发时以工兵少尉应征入伍，并被提升为陆军中尉，战后返回学校获得工程学学位。但他没有从事土木工程，而是考进陆军实习学校，1872年毕业后被分配到工程部队任职。1876年法国与西班牙关系紧张时，他驻守比利牛斯山脉，负责建造明达利防御阵地。1884年随部队入侵越南，成为殖民官员。在随后的中法战争期间，他在台湾建造一条防御工事，以防止中国军队刘铭传部的反攻。在返回巴黎途中成为陆军部成员，1891年成为枫丹白露军事工程学教授。在法国和英国关系紧张的时候，他还修筑了马达加斯加岛的防御工事。在接下来的10年里，他获得迅速提升，1901年晋升为旅长，1905年升任师长，1908年又被提为第三军军长。

统帅三军

1911年法、德两国为争夺摩洛哥而剑拔弩张，战争一触即发。新上任的法国陆军部长阿多福·梅西米举荐贤才，把当时政治上属温和派的霞飞推上高位，让他当了最高军事委员会副主席兼总参谋长，霞飞从此圆了统帅三军之梦。面对德国咄咄逼人的气势，霞飞主持制定了新的对德作战计划，即"第十七号计划"，该计划规定法军主力直取阿尔萨斯和洛林，正好掉进"施里芬计划"的陷阱中。

第一次世界大战爆发时，霞飞出任法军总司令。德军执行"施里芬计划"，从法军设防薄弱的方向攻入。法军在1914年8月的边境交战中损失30万人，全军溃退。在每个人都惊慌失措的时候，只有霞飞若无其事，他那惊人的冷静使他成为整个

霞飞，法国元帅和军事家。第一次世界大战初期的法军总指挥。性格稳重，木讷寡言，虽略显迟钝，却极其坚韧，人称"迟钝将军"。但其外表掩盖了他固执的个性，他讨厌那些试图改变他想法的企图。在很大程度上，他应该为1914年8月降临到法军头上近乎灾难性的失败负责；同样，几个星期后在马恩河解救法军也可以归功于他。

霞飞视察罗马尼亚军队。一战期间，罗马尼亚在1916年加入协约国向同盟国宣战。结果德意志帝国与奥匈帝国联军立刻进攻并迅速占领了罗马尼亚。直到一战结束奥匈帝国瓦解，罗马尼亚才重获新生。罗马尼亚国家虽小，但民族彪悍斗狠，尤其它的骑兵在欧洲名声显赫。

知识链接："第十七号计划"

"第十七号计划"的战略部署是动员四个军，分南北二路进攻德国，南路目标是占领阿尔萨斯及洛林两省，北路则视德军攻势，在洛林或阿顿森林区迎战德军。由于法军深信英国对低地国家的重视会使德国不敢取道比利时攻打法国，没有在法比边界设防，导致德军采用施里芬计划轻易占领了比利时大部分及法国东北部。

登战役是第一次世界大战的重要转折点，霞飞因此赢得了更大的荣誉。

"法国的镇静剂"。霞飞指挥部队一边撤退一边抵抗，当两路德军在巴黎城下由于配合不良出现巨大空隙且把侧翼暴露出来的时候，他在约瑟夫·加利埃尼的不断催促下发动了反攻，在马恩河会战中阻止了德军的进攻，粉碎了德军"速战速决"计划。法国得救了，霞飞因此名声大震。

马恩河会战之后，霞飞接着指挥军队进行一系列迂回行动。1915年春季，他发动了香槟和阿尔图斯攻势，遭受了极大的伤亡，而所获甚少，从此西线战争从机动作战转入持久的阵地战阶段。1916年2月，德军在东线取得对俄作战胜利后，决定在西线重点进攻法国的凡尔登要塞。霞飞集中兵力死守凡尔登，不断向凡尔登增兵。由于双方死伤惨重，使凡尔登战役获得了"绞肉机"之称。经过六个半月的拉锯和争夺，法军终于转守为攻，夺回了失地，德军的战略企图落空。为减轻凡尔登守军的压力，从7月1日开始，霞飞指挥英法联军在索姆河一带发起对德军的强大攻势，迫使德军降低了在凡尔登的进攻势头。在掌握战役主动权之后，法军于10月和12月发动两次反击，并取得胜利。凡尔

霞飞（前中）提倡进攻理论，自己也常亲临前线督战。他的进攻理论无论是从战略上还是战术上都和自杀没有什么两样，也因此为二战史学家所诟病。

俄国悲惨的末代皇帝
尼古拉二世

他是俄国罗曼诺夫王朝最后一位沙皇，也是发动第一次世界大战的罪魁之一。

尼古拉·亚历山德罗维奇·罗曼诺夫，即尼古拉二世（Nicholas II，1868—1918 年），是俄国罗曼诺夫王朝最后一位沙皇，把俄国推进罪恶的帝国主义战争之中。

继承王位

尼古拉二世出生于圣彼得堡附近的沙皇村，是沙皇亚历山大三世与皇后玛丽亚·费奥多萝芙娜的长子。年轻时代的尼古拉因为身体虚弱、优柔寡断，没有博得亚历山大三世的欢心。亚历山大三世没有认真考虑过让他来继承自己的皇位。然而，尼古拉毕竟受过严格的教育。他会说一口流利的德语、英语和法语，也受过一定的军事训练。亚历山

尼古拉二世，俄国末代皇帝（1894—1917 年在位）。他登基之时，沙皇制度已经开始摇摇欲坠，他对外扩张、对内改革却不尽如人意。1905 年日俄战争失败，又陷入复杂的巴尔干问题。之后俄国军队在一战前线损兵折将的消息更是彻底摧毁了皇帝"小父亲"的形象。其执政末期俄国先后爆发了二月革命和十月革命，推翻了沙皇统治。

大三世的谋臣、东正教事务总管理局局长颇别多诺斯柴夫是尼古拉的私人教师，对尼古拉的思想有很大影响。1894 年 10 月 20 日，亚历山大三世逝世。尼古拉二世继位。1894 年 11 月 14 日，尼古拉二世结婚。皇后是德国黑森-达姆施塔特大公爵路德维希四世的女儿，她是一个玩弄权术的女人，在一定程度上对尼古拉二世起着举足轻重的作用。

挑起一战

20 世纪初，由于英德矛盾尖锐，德国曾企图拉拢俄国。1904 年，德皇威廉二世向尼古拉二世提议建立反英同盟，并把法国拉进来。尼古拉二世复电威廉二世，表示同意，但认为必须先得到法国的赞同，威廉二世对此大为不满。1905 年 7 月，威廉二世利用沙皇政府因国内革命高涨和对日战争失利所处的困境，再次提议德俄结盟。两国皇帝在芬兰的比约克岛上签订了反英同盟条约。对尼古拉二世来说，这是轻率的决定。他的大臣们为之手足失措，因为这意味着俄国将摆脱对法国的依赖，并加剧了同英国的冲突，不能从巴黎和伦敦得到俄国所急需的借款。尼古拉二世只好写信告诉德皇：在同法国谈判以前，条约不应生效。从此，俄国加紧同法英勾结。1907 年，英俄协定签订，形成了英、法、俄协约国帝国主义集团，同德奥同盟国帝国主义集团对峙。

1914 年，俄国参加第一次世界大战。它企图从奥斯曼帝国手里夺取黑海海峡、君士坦丁堡和土属亚美尼亚，从奥匈帝国手里夺取加里西亚。和一

一话一说一世一界一

尼古拉二世家庭照。1918 年 7 月 17 日凌晨 2 时，当苏维埃行刑队举起枪瞄准尼古拉二世一家老小连带仆人、家庭厨师等 11 人的时候，作为东正教徒的尼古拉二世不可能理解怎么会有这样的流血、这样的杀戮、这样的残酷，据说这位虔诚的教徒对着枪口只能发出一连串的"为什么、为什么、为什么……"

 知识链接：枪杀沙皇一家

1918 年 7 月 17 日凌晨，尼古拉二世家族包括仆人在内的 11 人被看管他们的布尔什维克秘密警察赶到地下室，使用机关枪扫射集体处决。他们的尸体被浇上硫酸和汽油销毁，残余骨渣被埋藏在叶卡捷琳堡地区的一个废弃洞穴中。

切帝国主义者常常用和平的谎言来掩盖自己的侵略阴谋和发动战争的准备一样，尼古拉二世在第一次世界大战前，不但把自己打扮成和平的维护者，而且把自己打扮成世界和平的倡议者。他曾先后两次主持了海牙国际和平会议。但是，尼古拉二世一面高唱和平、裁军，鼓吹"寻求防止威胁整个世界的灾难的途径"，一面加紧制定侵略战争计划，扩充军备，终于成为发动第一次世界大战的罪魁之一。尼古拉二世签署了战争的动员令，并在 1915 年解除了颇有才干的皇叔尼古拉·尼古拉耶维奇大公的职务，亲自担任俄军最高总司令，把俄国推进罪恶的帝国主义战争之中。由于战况不利、粮食困难等原因，激起人民的不满。

被迫退位

1917 年初，俄国革命时机已经成熟。在彼得格勒，罢工运动迅猛展开。2 月 25 日，罢工开始发展为武装起义。尼古拉二世慌了手脚，连忙诏令彼得格勒军区司令哈巴洛夫血腥镇压示威群众。但是，沙皇的血腥镇压只能促进人民更广泛更剧烈的革命。军队受到革命的感召，先后转到起义人民方面。2 月 27 日，彼得格勒武装起义胜利。沙皇失去了军部、官僚和资本家的支持。3 月 2 日，尼古拉二世被迫退位，罗曼诺夫王朝灭亡。

黑海海峡。俄国历代沙皇都把出海口当成头等大事，尼古拉二世也不例外。1915 年英法俄三国达成《君士坦丁堡和海峡问题秘密协定》，明确规定：君士坦丁堡、黑海海峡和马尔马拉海划归俄国。彼得大帝数百年前的梦想，眼看就要实现。1917 年十月革命后，苏维埃政府取消关于瓜分土耳其和从土耳其手中夺取亚美尼亚的条约。

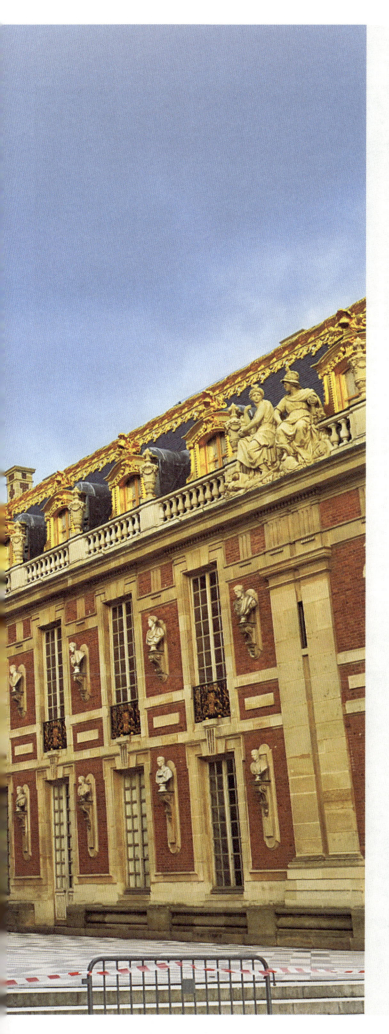

战后世界新秩序
——凡尔赛－华盛顿体系

　　第一次世界大战历时4年多，30多个国家、15亿人口被卷入了战争，它对人类造成了巨大的物质和精神损害。第一次世界大战产生的重大成果是它严重削弱了帝国主义的力量，摧毁了地处欧洲东部和亚洲北部的基督教东部教会国家沙皇俄国、地处欧洲中部的基督教新教国家德意志帝国、地处欧洲中部和巴尔干西北部的二元制国家奥匈帝国等欧洲古老的封建帝国，英国、法国和意大利等帝国主义国家被削弱，昔日地跨欧亚非三洲的奥斯曼帝国也宣告解体。战争后期，地处欧洲东部边陲的俄国无产阶级在帝国主义的链条上打开了薄弱的一环，取得了俄国十月社会主义革命胜利。一战后，资本主义国家的无产阶级革命运动和亚、非、拉美的民族解放运动出现了高涨的新局面。

　　与欧洲的衰落相比，美国和日本作为新兴的帝国主义国家迅速崛起。为了在全球范围内调整列强之间的关系和重建世界秩序，战胜国召开了巴黎和会和华盛顿会议，建立了新的"凡尔赛-华盛顿体系"，号称要结束一切战争。由于英法等列强奴役掠夺战败国、宰割弱小国家，战胜国之间分赃不均，制造了新的不安定因素，造成的结果竟是下一场更大规模的世界大战。

人类的浩劫
第一次世界大战的后果及影响

> 灯光正在整个欧洲熄灭，
> 我们有生之年将不会看到它重新点燃。
>
> ——英国外交大臣爱德华·格雷

第一次世界大战，是首次真正意义上的全球性军事战争，人类在这次浩劫中蒙受的损失之大，令人瞠目结舌。军人、平民伤亡人数达到数千万，参战国物资总损失达数千亿美元，这次大战使帝国主义各国的力量对比发生了变化，欧洲的世界重心地位严重削弱，苏联、美国以及日本对世界的影响力不断加强。

大战造成的破坏和损失

第一次世界大战从 1914 年 8 月 4 日全面爆发到 1918 年 11 月 11 日结束，前后持续了 4 年零

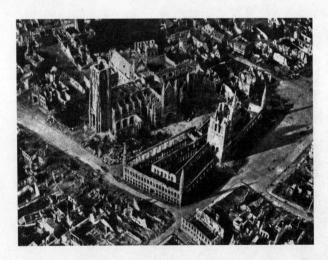

伊珀尔战役后的废墟。一战中，比利时作为德国进攻法国的必经之路，发生过三次伊珀尔战役，战争过后的伊珀尔城市，像是人间地狱。

3 个多月，参战的有 30 多个国家，约 15 亿人口，占当时世界总人口的 67%。战争中双方动员了约 7351 万人走上前线，其中协约国方面达 4835 万，同盟国方面为 2516 万。直接死于战争的军人达到 900 余万，另有 2000 多万受伤，350 万人终身残疾，饿死、病死者大约有 1000 万人。在一战中死亡的人数，相当于过去欧洲 1000 年间发生的所有战争中死亡人数的 2 倍。

战争带来的最直接、最明显的后果就是人力、物力的巨大损失和破坏。直接经济损失约 1805 亿美元，间接经济损失约 1516 亿美元。大量的房屋、铁路、桥梁、工厂、农田遭到破坏。生产遭到了毁灭性打击，纯粹从经济角度估计，欧洲的工业发展倒退了 8 年。对此场灾难，曾在战争期间任职英国外交大臣的爱德华·格雷发出了悲切的感慨："灯光正在整个欧洲熄灭，我们有生之年将不会看到它重新点燃。"

帝国主义力量的消长

第一次世界大战的重大后果之一就是改变了原有的帝国主义列强之间的力量对比，一战的结束带来了欧洲的衰落和美国、日本的兴起。

罗曼诺夫王朝统治的俄罗斯帝国、霍亨索伦王

尼古拉二世夫妇。随着沙皇尼古拉二世逊位，俄国罗曼诺夫王朝宣告灭亡，尼古拉二世一家被杀害灭迹。1991 年发现了他们的遗骸。1998 年俄罗斯政府在圣彼得堡保罗教堂为尼古拉二世一家遗骸举行了安葬仪式。

印度非暴力不合作运动

一战后，印度人民掀起了民族独立运动高潮。英国殖民当局采取镇压政策，制造了"阿姆利则惨案"。1920 年，印度国民大会党通过了甘地提出的"非暴力不合作计划"，改变大战期间同英国合作的态度，宣布要采取"和平和合法的手段"来取得印度的自治。非暴力不合作运动打击了英国的殖民统治，增强了印度人民的民族自尊心和自信心。

朝统治的德意志帝国、哈布斯堡王朝统治的奥匈帝国灭亡了。欧洲的三个反动堡垒被摧毁，代之而兴的是人类历史上第一个社会主义国家苏联以及德意志共和国、奥地利共和国、波兰共和国、捷克斯洛伐克共和国、匈牙利共和国等一系列共和国。

英法虽然取得了胜利，但付出了极其巨大的代价，国力被严重削弱了。从表面上看，英帝国的疆域更加扩大，但各自治领的离心力日益增强，英帝国最终改组为英联邦。印度等殖民地争取民族独立的斗争如火如荼，再也无法把他们平息下去。英国作为世界第一经济大国的地位早在 1913 年就已经让位给美国了，战后英美之间的经济实力的差距则越拉越大，英国海上霸主的地位也一去不复返。

法国作为主战场，是第一次世界大战中付出代价最大的国家。战争使法国丧失了 10% 的人口，131.5 万士兵阵亡，约 7% 的国土和大部分工业及富庶地区遭到德军占领与践踏。一向以高利贷著称的法国此时负债累累，欠美国 160 亿法郎，欠英国 130 亿法郎。虽然战后法国成为欧洲大陆上最强的国家，但此时已经外强中干。

美国是第一次世界大战中参战较晚、战场距本国领土较远、战争损失较轻的最幸运的国家，通过

维也纳市政厅从 1872 年开始建造直到 1883 年完成，奥匈帝国虽然随着一战解体，但它的首都市政厅仍然是今天维也纳市长和市议会的所在地。它是典型的新哥特式建筑，有七个庭院，现在每年的夏季音乐会都在庭院中举行。

第一次世界大战美国收获了巨额的战争红利，一跃成为世界上第一的经济强国，逐渐跻身世界一流强国之列。而战后，美国从这时候起，夺取世界领导权也成了它重要的战略目的，雄霸世界的野心也由此展开。

日本在第一次世界大战中也获得了异乎寻常的发展，以对德宣战为名，趁机抢占了德国在中国山东的特权和利益，独霸中国市场。协约国的军需订单更是大大刺激了日本经济。

美丽的童话
威尔逊
"十四点计划"

"民族自决"，反对"秘密外交"，建立"公平而持久的和平"等美丽辞藻背后，却是美国跃跃欲试当世界主宰者的雄心。

"十四点计划"是 1918 年美国总统威尔逊提出的结束第一次世界大战的纲领及战后世界的蓝图。1918 年 1 月 8 日威尔逊在国会发表演说，提出"十四点计划"作为"建立世界和平的纲领"。

主要内容

威尔逊的"十四点计划"包括两部分，前五点为原则意见，后九点为具体建议，内容如下：

签订公开和约，杜绝秘密外交；平时和战时海上航行绝对自由；取消一切经济壁垒，建立贸易平等条件；裁减军备到同国内安全相一致的最低点；公正处理殖民地问题，在决定一切有关主权问题时，应兼顾当地居民的利益和殖民政府之正当要求；外

为了开巴黎和会，威尔逊在巴黎待了六个月，不倦地推销他的计划，最终实现了在《凡尔赛条约》中加入关于创建国际联盟的章节。但他没能在入盟等方面赢得国会支持，最终《凡尔赛条约》遭到否决。

"十四点计划"。一战结束后，威尔逊开始参与巴黎和会。他的目标是明确的，即帮助受压迫国家获得主权和确保公正的和平。1918 年 1 月 8 日，威尔逊发表了"十四点计划"。威尔逊打算凭"十四点计划"结束这场战争和实现一个所有国家共享的、公正的和平，但这只是他的一厢情愿。

国军队撤出俄国，并保证俄国独立决定其政治发展和国家政策，欢迎它在自己选择的制度下，进入自由国家的社会；德军撤出比利时，并恢复其主权；德军撤出法国，阿尔萨斯和洛林归还法国；根据民族分布情况，调整意大利疆界；允许奥匈帝国境内各民族自治；罗马尼亚、塞尔维亚和门的内哥罗的领土予以恢复；承认奥斯曼帝国内的土耳其部分有稳固的主权，但土耳其统治的其他民族有在"自治"的基础上不受干扰的发展机会，达达尼尔海峡在国际保证下永远开放为自由航道；重建独立的拥有出海口的波兰，以国际条约保证其政治经济独立和领土完整；根据旨在国家不分大小、相互保证政治独立和领土完整的特别盟约，设立国际联合机构。

"十四点计划"出台后，曾受到世界上许多进步

人士的欢迎，对于当时的世界来说，"民族自决""公道处理殖民地问题""建立国际组织维护世界和平"等主张确实具有针砭时弊的作用，所以，威尔逊这套美丽动人的声明确实打动了许多人。在中国，威尔逊的声明也引起了强烈的反响，许多进步人士对此深表赞同和欢迎，连陈独秀都表示威尔逊的主张"都算光明正大，可算是现在世界上第一个好人"。

实质

"十四点计划"标榜"民族自决"，反对"秘密外交"，倡导建立"公正而持久的和平"，在欧洲老牌的英法等国看来未免幼稚，被认为是美国企图称霸的华丽的政治说辞。19世纪末，美国成为世界第一经济大国，强大的经济实力促使美国开始重新审视与世界的关系，要求领导世界的愿望日益强烈，美国参加第一次世界大战的最大目的便是企图取得对世界的领导地位。战后，美国试图利用俄国的崩溃、英法协约国集团和德奥同盟国集团在战场上两败俱伤的形势，迫使其在战后的世界秩序按照美国的意愿重建，在这样的背景下，"十四点计划"应运而生。

为了反对英、法、俄撇开美国秘密分割世

界，提出反对秘密外交；为了取代英国的海上霸权，主张海上自由；为了确立美国的商业利益，要求废除经济壁垒；在欢迎俄国进入"自由"国家社会的招牌下，反对苏维埃政权，在注解中明确表示要承认并援助若干临时政府，与苏俄政府对抗；以同等重视殖民地人民与帝国主义的要求来分别对待被压迫民族的民族独立，以"自治"为名反对奥斯曼帝国内的阿拉伯民族的独立；为了使美国成为世界盟主，建议创立国际联合机构。

1919年的巴黎和会上，英法操纵会议进程，激烈反对美国的主张。所议定的和约条款大多不符合"十四点计划"的初衷，新创立的国际联盟也成为推行英、法两国政策的工具。美国国会拒绝批准《凡尔赛条约》，不参加国际联盟。这标志着"十四点计划"的失败。

南斯拉夫首都贝尔格莱德。巴黎和会确定了巴尔干国家的民族自决。南斯拉夫是以塞尔维亚族所建立的塞尔维亚王国为基础，结合周边诸小国形成的国家。1992—2006年，南斯拉夫除了塞尔维亚人之外的各民族纷纷独立建国，南斯拉夫也随之成为历史名词。

大国的分赃大会
巴黎和会

"三巨头"操控的巴黎和会，
与其叫"和会"不如叫"分赃大会"。

为解决战争所造成的问题以及奠定战后的和平，协约国于 1919 年 1 月在法国巴黎召开大会。美国总统威尔逊、英国首相劳合·乔治和法国总理克里孟梭"三巨头"主导了和会的进行，和会上签订了处置德国的《凡尔赛条约》，同时还分别同奥、匈、土等国签订了一系列和约，它们构成了凡尔赛体系，确立了一战后由美、英、法等主要战胜国主导的国际政治格局。

和会召开

1919 年 1 月 18 日，和会在法国巴黎的凡尔赛宫正式开幕。在此之前，英、法、美、日、意五大国已经举行了巴黎和会准备会议，背着多数国家制定了和会的议事规则。实际出席和会的共 32 个国家，但是苏俄和战败国德国、奥匈帝国、土耳其和

漫画三巨头。巴黎和会三巨头中，各怀心思。理想主义者美国总统威尔逊（中）拿出和平签字的纸张，英国首相劳合·乔治（右）用手做成枪的姿势，法国总理克里孟梭（左）干脆用真枪，来反对威尔逊的主张。

保加利亚被排斥在和会之外。

与会国的代表权很不平等。五大国各有 5 名全权代表，可以参加和会的一切会议，而其他小国只有 1—3 名全权代表，只能出席与本国有关的会议。和会的组织机构更是被大国把持。和会的决策机构为最高委员会，最初由五大国的政府首脑和外长组成，因而也叫"十人会议"，后来缩小为美、英、法、意四国首脑组成的"四人会议"。4 月 23 日，意大利首相奥兰多认为英、法食言，一气之下离会，至此，美国总统威尔逊、英国首相劳合·乔治、法国总理克里孟梭组成了控制和会的"三巨头"。五大国外长则另组"五人会议"以协助决策，解决次要问题。和会还设有 52 个专门委员会，他们虽由相关国家的代表组成，谈论国际联盟、赔偿、领土问题、条约起草、国际河港铁道等，但同样要受到大国的支配。至于由所有代表参加的全体会议，所能做的不过是举手通过最高委员会做出的决定。在长达 5 个多月的会议期间，全体会议只开过 7 次，实际成为和会的一种点缀。

和会主要议题

和会一开始，各大国便陷入了激烈的争吵之中，有时甚至以退出和会相要挟。各大国主要争论的议题包括：

1. 会议程序问题。美国坚持要先解决国际联盟问题。而英法担心一旦建立了由美国控制的国际联盟，美国就将支配对所有其他问题的解决，使自己

满怀希望的费萨尔带领阿拉伯代表团来到巴黎和会，想让原来奥斯曼帝国统治下的诸阿拉伯酋长国独立，遭到将阿拉伯地区视作自己殖民地势力范围的法国的强烈反对，直到 1920 年在英国支持下，伊拉克成为独立国家。

的要求得不到满足。英法认为国际联盟只是巩固战胜国通过和约所获得的成果的工具。因此英国提出先解决德国、土耳其殖民地的瓜分问题，法国则要求先制裁战争的罪魁祸首，肢解德国。面对英、法的反对，美国只好退让。

2. 对德和约问题。这是和会讨论的中心问题，但几乎在每个决定作出之前，大国之间都有一番较量。在对德国领土处理问题、战争赔偿问题、裁减和限制德国军备问题、对待德国殖民地问题上，经过激烈的讨价还价，最终各方达成了共同协议。

3. 波兰问题。由于英美坚决反对法国要求把上西里西亚和但泽市全部划归波兰的提议，法国建立"大波兰"的意图最终未能实现。

4. 阜姆问题。意大利想要得到阜姆的要求遭到

同时空　中国"五四运动"

在巴黎和会上，作为战胜国的中国，提出废除外国在中国的势力范围、撤退外国驻军和取消"二十一条"等正义要求，遭到了巴黎和会拒绝，竟然决定将德国在中国山东的权益转让给日本。1919 年 5 月 4 日，爆发了以北京的青年学生为主，社会各阶层共同参与的，通过示威游行、请愿、罢工、暴力对抗政府等多种形式的爱国运动。

英、美、法的一致反对，在和会上未能如愿。

5. 中国山东问题。英、法、意始终支持日本接管德国在山东权益的无理要求，而美国最后也向日本让步，和会完全满足了日本的欲望。

6. 苏俄问题。在反对苏俄上各国态度出奇的一致。和会决定对苏俄实行经济封锁、保留德国东线部队、建立由波兰波罗的海三国和芬兰组成的所谓"防疫地带"，还批准了反苏俄武装干涉计划。巴黎和会俨然成为帝国主义武装干涉苏俄的大本营。

日本派出人数庞大的代表团，志在必得德国在中国山东的权益，没想到遭到中国代表的反击和拒绝签署《巴黎和约》。

播下战争的种子
凡尔赛体系

这不是和平，
这是二十年休战！

《凡尔赛条约》和随后签订的一系列条约，构成了凡尔赛体系。它标志着第一次世界大战结束后列强经过近五年时间，终于在欧洲、近东和非洲建立了战后资本主义世界的新秩序。它不仅没有消除引发第一次世界大战的根本原因，反而加深了帝国主义之间，特别是战胜国与战败国之间的矛盾，不可避免地要出现重新瓜分世界、重新划分势力范围的斗争，从而又孕育出新的战争。

《凡尔赛条约》

列强经过几个月的讨价还价之后，在需要共同对付日益高涨的革命形势下终于达成了协议，最后拟定了对德和约。1919 年 4 月 30 日，德国代表被召到巴黎，5 月 7 日才被允许进入和会，从克里孟梭手中接过和约文本。面对如此苛刻的条款，德国代表团试图对和约的条款进行修改、争取，但遭到拒绝，最终被迫无条件接受和约。6 月 28 日，在凡尔赛宫镜厅签订了《协约国及参战国对德和约》，即《凡尔赛条约》。

《凡尔赛条约》共 15 部分，包括 440 个条款和一项议定书，第一部分为国际联盟盟约。条约主要内容如下：

1. 德国及其盟国应承担战争罪责。

2. 重划德国疆界。阿尔萨斯和洛林归还法国；萨尔煤矿区由国际联盟代管 15 年，然后由公民投票决定其归属；莱茵河西岸的德国领土由协约国军队占领 15 年，东岸 50 公里以内德国不得设防；德国承认奥地利的独立，不得同它合并；承认波兰和捷克斯洛伐克的独立，把原属波兰的领土基本上归还波兰。如此划定，让德国在欧洲丧失了 13.5% 的领土和 10% 的人口。

3. 瓜分德国殖民地。条约规定剥夺德国全部海外殖民地，由主要战胜国以"委任统治"形式予以瓜分。德属东非、西南非洲被英国占有，太平洋岛屿归属日本，更是蛮横地将德国在中国山东的特权转让给日本。

4. 限制德国军备。陆军不得超过 10 万人，用于维持国内秩序和边境安宁；海军不得拥有主力舰

1919 年 6 月 28 日，战败国德国代表贝尔在众目睽睽下，在《凡尔赛条约》上签字。

伊斯坦布尔金角湾。一战后，土耳其作为战败国，在巴黎和会上成为任人宰割的对象，被迫签订了《色佛尔条约》。土耳其的领土遭到了严重的瓜分，亚洲部分只剩下小亚细亚半岛，欧洲部分只剩下伊斯坦布尔及其周围地区，中东和巴尔干的大部分土地都被分割出去，成为一个欧、亚国家。

凯末尔革命

第一次世界大战后，土耳其资产阶级领导的以反对帝国主义侵略瓜分、捍卫民族独立主权和建立民族国家为目的的资产阶级革命运动，因主要领导人为穆斯塔法·凯末尔·阿塔图尔克而得名。革命胜利后，凯末尔政府与协约国另订了《洛桑条约》以代替《色佛尔条约》。《洛桑条约》是凡尔赛体系中唯一的较为平等的条约，它使土耳其获得了民族独立。

和潜水艇；不得拥有空军；解散参谋总部；废除普遍义务兵役制。

5. 经济和赔偿条款。德国先应偿付 200 亿金马克价值相等的物资，其余赔款会在 1921 年 5 月 1 日前由赔偿委员会确定，并负担其境内外国占领军的军费。

凡尔赛体系

《凡尔赛条约》签订后，协约国与其他战败国相继签订了一系列和约，对奥地利的《圣日耳曼条约》，对保加利亚的《纳伊条约》，对匈牙利的《特里亚农条约》，对土耳其的《色佛尔条约》，但是对土条约遭到土耳其的反对，后来联军被凯末尔打败，最终签订了《洛桑条约》，由上述几个条约共同构成了凡尔赛体系。

凡尔赛体系改变了欧洲的政治格局。奥匈帝国解体；捷克斯洛伐克、南斯拉夫建立；原奥匈帝国领土的一部分割给意大利，一部分归还波兰；德国的疆界重新划分。凡尔赛体系也改变了中东的政治格局，奥斯曼帝国丧失了更多的领土和领地，只留有欧洲的伊斯坦布尔和亚洲的小亚细亚，成为单一的民族国家。凡尔赛体系重新瓜分了殖民地，德国的海外殖民地、土耳其的属地，由战胜国以"委任统治"的形式加以瓜分。

凡尔赛体系在英法占主导地位，惩治德国为首的战败国，宰割弱小民族的基础上，确立了帝国主义在欧洲、中东和非洲统治的新秩序。在这一体系下，各种矛盾不仅没有化解，反而加深，正如列宁所说："靠凡尔赛和约来维系的整个国际秩序犹如建立在火山之上。"

捷克首都布拉格。第一次世界大战后奥匈帝国解体，根据《凡尔赛条约》，捷克与斯洛伐克联合，1918 年 10 月 28 日成立捷克斯洛伐克共和国。1992 年，捷克和斯洛伐克分离。1993 年 1 月 1 日，捷克共和国成为独立的主权国家。

重回历史现场

巴黎和会中国代表团全记录

公理与强权的战斗，
并没有在美国人的理想主义光环中胜利；
在没有硝烟的谈判桌上的战斗，
虽然失败，中国维护了自己的尊严。

1918年11月11日，第一次世界大战的胜利使中国政府和人民对于战后中国的对外关系和地位一派乐观情绪，政府宣布放假三天以示庆祝。1918年1月8日，美国总统威尔逊在国会演讲，提出了战争善后问题的公开缔约、公道处理殖民地问题、组织国际联盟、国无大小一律平等"十四点计划"，使国人更添激动之情，认为作为战胜国，中国可以摆脱鸦片战争以来长期受人欺凌的地位，从此"公理战胜强权"。

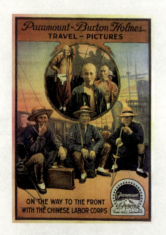

第一次世界大战期间，14万中国劳工在英法两国政府的征召和中国政府的安排下，远涉重洋，作为苦力来到战火纷飞的欧洲，为协约国集团战争服务。

巴黎和会

1919年1月18日巴黎和会召开，中国派出了以外交总长陆征祥、驻美公使顾维钧、南方政府代表王正廷、驻英公使施肇基、驻比公使魏宸组成的特命全权大使参加。

本来中国代表团是带着一揽子争取收回长期不平等条约中丧失的权利计划来的，但巴黎和会刚开场几天计划就被打乱了。1月27日中午，正在吃午餐的中国代表团接到和会紧急通知，要在下午3点讨论山东问题。本来北京政府认为从战败国德国收回山东权益为理所当然，山东问题并不是北京政府的关注所在。现在日本突然要求和会讨论山东问题，使代表团措手不及。

中国代表团中唯一对山东问题早有预感并有所准备的年轻外交家顾维钧主动请缨，从此这个刚到而立之年的外交天才成为中国历史上闪现的新星。顾维钧在和会上提出事出突然，要求准备一下第二天陈述的请求，得到会议代表的同意。顾维钧几乎熬了一个通宵来准备材料，一场中日之间的外交战拉开了序幕。

收回中国山东权益失败

巴黎和会将战胜国一开始就分为三类等级，美、英、法、意、日五国属于一类，可以有5席代表，中国属于三类，只能有2席与会，所以一开始中国就处于弱势之态。

1月28日，有充分准备的顾维钧，在会议上抛开讲稿，做了一

216

篇振动全场、情感充沛、有理有据的长达半个小时的演讲，他着重阐述了山东因历史、人种、宗教、风俗、语言、国防等关系，完全应该属于中国的理由。"各国代表以今日中国所请理由极为充足，均与顾维钧、王正廷两使握手，并于顾使陈述时，各强国屡有美意表示，现于颜色"，日本代表却被冷落在一旁。

顾维钧虽然无可辩驳地证明了山东主权应该由中国收回，但巴黎和会并不是威尔逊表达的理想主义"十四点计划"的舞台。由于日本执意要继承德国在山东的权益，所以1月28日会后，如何收回山东权益成为参加巴黎和会的中国代表团的首要任务。2月15日顾维钧起草了《中国要求胶澳租借地、胶济铁路暨德国所有他项关于山东省权利之直接归还说帖》（简称"山东问题之说贴"）送交大会。其后中国代表团又陆续提交了计划之内的收回鸦片战争以来列强以武力从中国索取的各种有损主权的权利。5月14日，和会议长法国总理克里孟梭明确表示和会不讨论这个问题。中国代表这一系列要求落空。

山东问题上，因为英、法、意三国在战时与日本订有密约，支持日本获得德国在山东的权益，所以无法反对日本对山东的夺取，威尔逊虽然表示对中国一定的支持，但势单力薄。实际上1月28日之后，列强就没有听取中国对山东的主张。威尔逊鉴于意大利因为领土没有得到满足退出和会，日本又以退出来要挟，使威尔逊钟情建立的国际联盟流于破产境地，威尔逊开始改变腔调。最终美、英、法在4月30日秘密决定把德国在山东的所有权益转让给日本。

巴黎和会的决定在中国引起了抗议的浪潮，北京政府也慌了手

顾维钧，中国著名外交家。国民政府驻法、英大使，联合国首席代表、驻美大使，海牙国际法院副院长。1919年在巴黎和会上以"中国不能放弃山东"如同"基督教徒不能放弃耶路撒冷"的话，打动了各国代表的心。

脚，他们接连向代表团发出前后不一致的决定："保留签字""相机办理""全约签字""审度情形，自酌办理"，说白了就是不愿接火烧栗子。中国代表团5人以3∶2拒签派占了上风。

6月28日上午巴黎凡尔赛宫的签约现场。中国代表的两个座位空空如也，此时顾维钧正坐在汽车里，穿过阴霾笼罩的巴黎："我在想，这一天必将被视为一个悲惨的日子，留存于中国历史上。"

凡尔赛宫位于法国巴黎西南郊外伊夫林省省会凡尔赛镇，是巴黎著名的宫殿之一，1979年被列为《世界文化遗产名录》。富丽堂皇的凡尔赛宫是巴黎和会的举行地，也是令中国代表团悲愤的地方。

列强的工具
国际联盟

为了维护世界和平而建立的国际联盟，实际沦为了英法等大国控制世界的工具。

国际联盟，简称"国联"，是《凡尔赛条约》签订后组成的国际组织，作为战后旨在维持世界和平的国际组织，其在减少武器数量、平息国际纠纷、提高民众的生活水平以及促进国际合作和国际贸易方面作出了一定贡献，但是由于国联自身设计的缺陷，战后并没有发挥出预期的作用。

国联创立

美国总统伍德罗·威尔逊在参加巴黎和会时，一心想按照"十四点计划"的思路来推进谈判，倡导建立一个更民主、更安全的战后新世界，而建立一个可以在国际纷争中调解分歧并维护和平的国际联盟则是其中非常关键的一条。在某种程度上说，威尔逊的倡议十分符合当时战后大背景下人们的心态，但也正是由于他尝试让不同势力

这是一张印有瑞士日内瓦国际联盟总部的邮票，可以想见当时人们对其的期待。1934年9月28日至1935年2月23日处于会员高峰时期，国联曾拥有58个成员国。

之间取得平衡，于是和战前几国独立的外交局势起了冲突。

1920年，国际联盟成立，总部设在了中立国瑞士的日内瓦。当时这个组织包括了三个主要部分：以秘书长为首的秘书处是由来自所有成员国的官员们组成的固定班底；所有成员国的代表共同构成国际联盟大会，但每个国家无论多少名代表都只有一票投票权，这也是负责包括预算、日常会晤等国际联盟主要活动的部门，但实际的工作则多由大会委员会负责；行政院由五个常任理事国，即英国、法国、美国、意大利和日本，以及由国际联盟大会选出的四个非常任理事国组成，每国享有一票投票权，在没有国际危机时至少每三个月会晤一次。美国因为与英、法争夺领导权失败未参加，其常任理事国的席位一直空缺。德国于1926年，苏联于1934年，先后成为常任理事，但到1939年，常任理事国只剩下英法两国。

国际联盟的任务

国际联盟以保障国际和平与促进国际合作为宗旨。盟约规定通过集体安全、裁军、和平解决国际争端等措施，以保障会员国的领土完整和政治独立，并规定对违背者实行经济制裁。为了保证决议的执行，国际联盟还有很多负责各类事务的具体部门：1921年设立在荷兰海牙的国际常设法院由来自不同国家的15名法官组成，负责依法裁定国家纷争；委托管理处负责监察德国原先

1920 年 11 月 15 日，英国外交官和前总理亚瑟贝尔福在国际联盟成立仪式上致词，有 42 个国家的代表出席。

知识链接：美国退出国际联盟

国际联盟是美国总统伍德罗·威尔逊在巴黎和会上提出的，并获得了通过。但首创者美国却没有参加国际联盟，闹出了天大的笑话。威尔逊的政敌共和党操纵参议院，以国际联盟没有体现美国的战略目标，却让美国承担许多义务，从而损害了美国的利益为理由，拒绝批准威尔逊已经签了字的《凡尔赛条约》，也拒绝加入国际联盟。

的殖民地和原土耳其帝国的部分地区；委托裁军处负责控制武器的出售和制造；国际劳工组织致力于提高劳工待遇及监控贸易协会；卫生组织负责欧洲在战后暴发霍乱和伤寒时调整国际反应，并同时具有在更广的世界范围内进行卫生调查的权力。

国际联盟在成立初期确实取得了不少的成绩。在 20 世纪 20 年代和 30 年代初，国联主要致力于解决一些有关领土的争端，如瑞典和芬兰有关奥兰群岛之争，立陶宛和波兰有关维尔纽斯之争，土耳其和伊拉克有关摩苏尔之争，此外还在玻利维亚和巴拉圭之间斡旋，为结束旷日持久的查科战争做了大量工作。为防止战争，国联还组织日内瓦裁军会议，并具体安排"委任统治"。此外，国际联盟还关注并协助处理国际范围内的卫生、知识产权交流、奴隶贸易、鸦片贸易、难民及妇女权利等问题。如 1922 年，国际联盟签发南森护照给予无国籍难民，并得到 52 个国家的承认。

但是，由于受到第一次世界大战战胜国的操控，国联的工作明显表现出以欧洲为核心的特点，而且像美国、苏联、德国（1926 年加入）等大国都不是其会员国，所以它实际能够发挥的作用还是有限的。尤其是面对德国、意大利和日本法西斯的挑战，国际联盟的缺陷越发明显。

在巴黎和会期间，威尔逊不遗余力地成功建立了国际联盟，作为维护战后世界和平的一种手段。虽然美国国会否决了《凡尔赛条约》，但国际联盟还是正式运行了。1920 年 11 月，威尔逊总统被授予诺贝尔和平奖。

危机再起
美英日三国争夺远东

超级大国美国、崛起的日本、老牌儿的英国，开始为了争夺世界的领导权展开了新的较量。

巴黎和会之后，由于美国拒绝批准《凡尔赛条约》，也拒绝加入国际联盟，因此，战胜国企图通过对战败国缔结和约的方式建立战后全球新秩序的工作并没有获得完全的成功。列强在远东和太平洋地区的矛盾不但没有解决，反而愈来愈尖锐。

战后亚太新格局

第一次世界大战后，帝国主义在亚太地区的争霸形势与战前相比有了新的变化。战前主要是英、法、俄、德、日、美六国相互角逐，争斗的中心是宰割衰弱的中国。战后，德国败北，沙俄消亡，法国忙于医治战争创伤和处理欧洲事务，于是在亚太地区的国际舞台上便形成了英、美、日三国继续争夺中国和太平洋海上霸权的新局面。

五四运动浮雕。巴黎和会的幻想破灭，导致了1919年5月4日发生在北京的一场以青年学生为主，广大群众、市民、工商人士等中下阶层共同参与的爱国运动，通过示威游行、请愿、罢工、暴力等多种形式对抗政府。

这种新的格局围绕着三个问题展开：第一，日本在该地区实力的明显增强以及它独占中国势头的迅速发展，引起了英美两国的极度不安，因此两国都力图遏制日本的扩展野心。第二，为争夺亚太地区的霸权，英、美、日三国展开了激烈的海军军备竞赛，使远东的形势格外紧张。第三，中华民族的觉醒以及巴黎和会期间中国人民反对帝国主义的强硬态度使列强极为惊恐。如何保护列强的在华既得利益，是它们必须处理的一个问题，而且除非他们相互妥协，否则这个问题就得不到解决。

英、美、日之间关系的变化

英日之间盟友关系发生了微妙的变化。1902年，英国和日本为了反对俄国在远东扩张，维护各自在中国与朝鲜的利益而结成了互助同盟，1905年和1911年两度续约。然而，日本却利用这个同盟，在大战期间极力扩展自己的在华利益，并企图独占中国，英国再次面临如何保住远东帝国和在华权益问题。

对日本来说，持续了近20年的英日同盟给日本带来了巨大的好处，它自然希望维持该同盟，使其继续作为日本对外扩张的国际支柱。

但是战后的形势表明，英日同盟是否续订，不仅取决于英国，更要看美国的态度如何。大战结束

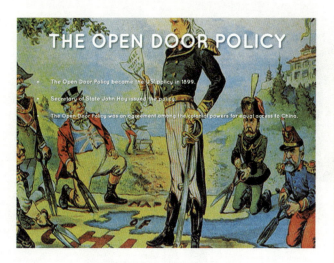

"门户开放"政策是美国首先提出来的在华政策，主要内容是：在整个中国范围，列强都有进行贸易的权利。主要精神是利益均沾，机会平等。不论是在哪个列强的势力范围内都实行这个原则。它受到列强的普遍欢迎，避免了列强因在华利益的相互抵触而产生的摩擦。

后，美国对华的"门户开放"政策与日本独霸中国政策之间的对立日益尖锐。巴黎和会上，美国就坚决反对将德国在山东的权益转交给日本，因为英法的干涉未能成功。于是美日两国互相视对方为自己争夺亚太地区霸权的主要障碍，都把对方视作假想敌国，因此美国力图拆散英日同盟。

三国海军军备竞赛

1919 年，美国国会正式批准了海军扩充计划。按照计划，美国到 1924 年将拥有 38 艘主力舰，大大超过当时英国的 32 艘的数字，加上其他舰船的加速建造，美国将在 20 世纪 20 年代中期超过英国，成为世界第一海军强国。同时，美国还把其海军主力从大西洋调到了太平洋，发展珍珠港基地，以抗衡日本在该区域的力量。

对于美国的挑战，日本不顾经费缺乏，实行建立"八·八舰队"的计划，并要求日本海军保持对美国海军 70% 的比例。1921 年日本的海军预算竟占国家岁出的 32%。

知识链接：日本的"八·八舰队"计划

"八·八舰队"计划是一战后日本海军以主力军舰为核心的海军扩充计划，即建立一支以舰龄不满 8 年的战列舰 8 艘，战列巡洋舰 8 艘为最低限度的主力部队，并以巡洋舰和大小驱逐舰若干艘为辅助部队的第一线舰队。由于 1922 年在华盛顿会议上《五国海军条约》的签订，终止了缔约国新的主力舰的建造，该计划被终止执行。

作为第一海上强国，英国感到自己的地位岌岌可危，因此也不顾财政紧张，1919—1920 年的海军开支比 1913—1914 年增加了 3 倍，1921 年又决定增建四艘超级战列舰和几十艘其他舰只，以维护其海上优势。

列强之间的海军军备竞赛愈演愈烈，剑拔弩张，但是刚刚经过残酷的一战的各国暂时并不想兵戎相见，而是希望召开新的国际会议，通过外交途径缓和彼此的矛盾。

夏威夷珍珠港作为基地的建设起始于 1909 年，真正被重视，得以全面建设，是在 1933 年以后，当时日本退出国际联盟，并进一步于 1934 年宣布废除华盛顿条约。为了对付迅速崛起的日本海军力量，美国从 1939 年开始，把常驻本土西海岸的舰队调往夏威夷，进驻珍珠港。

世界秩序的最终确立
华盛顿体系

凡尔赛-华盛顿体系的建立，标志着战后新的世界秩序的确立，但是这一体系犹如一座活火山，迟早会爆发。

1921年召开的华盛顿会议实质上是1919年巴黎和会的继续，会上解决了凡尔赛体系未能解决的帝国主义列强之间关于海军力量对比和在远东、太平洋地区特别是在中国的利益冲突，建立了列强在亚太地区新的国际关系结构，即华盛顿体系。至此，帝国主义战胜国在全球范围内基本完成了对世界秩序的重新安排。

华盛顿会议的召开

为了协调美、英、日三国在远东和太平洋地区的矛盾，划分各自的势力范围，美国建议召开国际会议进行协商。1921年8月21日，美国正式向在远东有利害关系的八个国家英、日、中、法、意、比、荷、葡发出邀请，准备于当年11月在华盛顿召开会议，但却把苏俄排除在会议之外。

1921年11月12日，由上述九国出席的华盛顿会议开幕。美国国务卿查尔斯·埃文斯·休斯被选为大会主席。会议有两个主要议题，一是限制海军军备问题，二是远东和太平洋问题。为此，除由九国代表参加的大会外，还设立了由美、英、日、法、意五国组成的"缩减军备委员会"，和由九国组成的"远东和太平洋问题委员会"，虽然会议的主持者竭力标榜该会议的公开性，不搞秘密外交，甚至把代表们的发言登载到报刊上，并出版会议的

哈定内阁。哈定有"懒人总统"之称，他在任上的成绩多是由其内阁部长完成的。能够上得了台面的功绩应该是由他倡导、由国务卿休斯策划筹备召开的有关限制军备的华盛顿会议。这次会议签订的一系列条约，继续维护了美国"门户开放"政策。

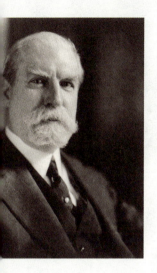

哈定，美国第 29 位总统，风流政客，执政懒散。哈定总统每周都要和他的阁员们，举行两次扑克比赛，这常常给白宫罩上一层松散的气氛。哈定本人私生活失检，两性丑闻迭出。美国报刊曾就如何评价历届总统在美国学者中进行过调查，结果是哈定三次被列为"美国最糟糕的十个总统"的第一名。

 中国共产党成立

1921 年 7 月 23 日，在上海召开了中国共产党的第一次全国代表大会。大会通过了党的第一个纲领和决议，选举产生党的领导机构——中央局。党的一大宣告了中国共产党的正式成立。从此，中国诞生了完全新式的、以共产主义为目的、以马列主义为行动指南的、统一的工人阶级政党，给灾难深重的中国人民带来了光明和希望，给中国革命指明了方向。

速记报告书，但所有的重大政治问题实际上都是在幕后谈判时由美国国务卿休斯、英国枢密院大臣贝尔福和日本海相加藤友三郎决定。会议历时近三个月，于 1922 年 2 月 6 日闭幕。会议期间共缔结条约 8 项，议决案 13 项。其主要内容是：关于废除英日同盟的四国条约；关于限制海军军备的五国条约和关于中国"门户开放"政策的九国公约与中日解决山东问题的条约。

《四国条约》

英日同盟问题虽未被列入华盛顿会议的正式议程，但确是会议讨论的重要问题之一。早在会议开幕之前，美国就以催还债款为武器，向英国施压，并利用爱尔兰问题要挟英国。最重要的是美国以解散该同盟作为同意与英国达成海军军备协定的先决条件，迫使英国就范。美国还坚持邀请法国参加，要求协定仅限于以和平协商原则解决太平洋区域问题。

美、英、日、法四国于 1921 年 12 月 13 日签署了《关于太平洋区域岛屿属地和领地的条约》，简称《四国条约》，有效期 10 年。条约规定四国相互尊重彼此在太平洋区域内岛屿属地和领地的权利，如相互间发生涉及上述权利的争端而未能通过外交途径获得满意解决时，应举行缔约国会议以便

考虑解决；如上述权利受到任何国家侵略行为的威胁时，缔约各国应全面进行协商，以便"联合地或单独地采取最有效的措施"应付局势；条约生效后，英、日两国 1911 年的同盟协定应予终止。1922 年 2 月 6 日会议结束时，四国还签订了一个补充条约，规定有关"岛屿属地"和"岛屿领地"的概念对日本只适用于库页岛南部、日本从中国夺取的台湾、澎湖列岛以及由日本委任统治的各岛。

《四国条约》的签订是美国外交的胜利。它不仅借此埋葬了英日同盟，消除了在远东争霸的一个障碍，而且成功地使该条约只具有外交协商性质而不具有军事同盟的性质，使美国无须用武力保护英法在远东的利益。

《五国海军条约》

限制海军军备问题是华盛顿会议的主要议题之一，在这个问题上各国矛盾尖锐。经过近三个月的激烈争论，《五国海军条约》（全称《美英法意日五国关于限制海军军备条约》）终于在 1922 年 2 月 6 日签字，条约有效期至 1936 年 12 月 31 日。主要内容是：1. 规定五国主力舰总吨位限额为美、英各

52.5 万吨；日本 31.5 万吨；法、意各 17.5 万吨，即五国海军装备比例为 5 : 5 : 3 : 1.75 : 1.75。2. 禁止建造标准排水量超过 3.5 万吨的主力舰，并不得装置口径超过 16 英寸的火炮。3. 航空母舰的总吨位限额为美、英各 13.5 万吨；日本 8.1 万吨；法、意各 6 万吨；单舰标准排水量原则上不超过 2.7 万吨，并不得装置 8 英寸以上口径火炮。4. 美、英、日在太平洋地区所占岛屿要塞一律维持现状，不得建立新的海军基地和要塞，但夏威夷群岛、澳大利亚和新西兰等地除外。

《五国海军条约》的签订是列强在海上实力对比问题上暂时妥协的结果，它使美国在海军军备上取得了与英国相等的地位，从而标志着英国海上霸权地位的终结。它是世界现代史上大国之间签订的第一个裁军协议。但条约本身并没有真正消除竞争，因此并未从根本上缓和列强对海上霸权的争夺。

中国问题的解决

华盛顿会议另一个重要议题就是远东和太平洋问题，而其核心是中国问题。在中国人民强大的反帝爱国运动压力下，出席会议的北洋政府代表团希

五国在船上各怀鬼胎的神情惟妙惟肖。《五国海军条约》经过两个多月的激烈争论，美终于使法、日、意让步，签约规定了五国战列舰总吨位限额，这是美国外交的又一胜利。

望趁此机会要求国际社会解决山东问题，承认中国与世界其他国家的平等地位。美国为达到打击日本独占中国的野心，消除各国在华势力范围，迫使列强接受"门户开放"和机会均等原则等多重目的，便在会议期间大力支持中国。

中国代表团强烈要求收回山东主权和废除"二十一条"，在美、英斡旋下，中日两国于 1922 年 2 月 4 日在会外签订了《解决山东悬案的条约》及《附约》。规定：恢复中国对山东的主权，日本将胶州湾德国旧租借地交还中国，中国将其全部开为商埠，并尊重日本在该区域内的既得利益；日军撤出山东，青岛海关归还中国，胶济铁路及其支线由中国向日本赎回，前属德国人的煤矿由中日合办。《附约》中规定了日本人和外国侨民的许多特殊权利，从而使日本在山东仍继续保持不少的权益。尽管如此，中国收回山东主权和胶济铁路利权，是对《凡尔赛条约》有关山东问题的不公正条款的重要修正。

山东问题的解决，为贯彻美国的意图扫除了障碍。1922 年 2 月 6 日，与会九国签订了《九国关于

华盛顿会议于 1921 年 11 月 12 日至 1922 年 2 月 6 日举行，有美、英、法、意、日、比、荷、葡和中国北洋政府的代表团参加。

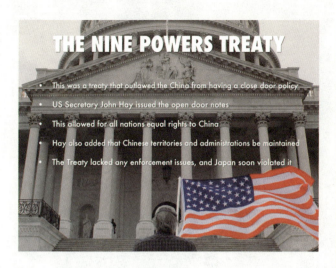

知识链接：民国第一外交家——顾维钧

顾维钧，字少川，汉族，江苏省嘉定县（今上海市嘉定区）人，中国近现代史上最卓越的外交家之一，被誉为"民国第一外交家"。1912年任袁世凯的英文秘书，后任中华民国国务总理摄行大总统一职，国民政府驻法、英大使，联合国首席代表、驻美大使，海牙国际法院副院长，巴黎和会和华盛顿会议的中国全权代表。1985年病逝于美国纽约。

《九国公约》。华盛顿会议时值中国政府颜惠庆内阁期间，派施肇基、顾维钧、王宠惠三人为全权代表，余日章、蒋梦麟为国民代表，朱佛定为秘书，共130多人组成的庞大代表团出席。公约的核心是肯定美国提出的在华实行"门户开放、机会均等"的原则，并赋予它国际协定的性质，限制了日本独占中国的野心。

中国事件应适用各原则及政策之条约》，即《九国公约》。主要内容有：缔约各国尊重中国的主权与独立及领土与行政的完整；维持各国在中国全境工商业机会均等的原则；各国不得在中国牟取特殊权利而损害友邦人民的权利，不得鼓励有害友邦安全的举动；除中国外，各国不得牟取或赞助其本国人民谋求在中国任何指定区域内获取专利或优越权。中国代表在会上提出的关于取消领事裁判权、撤退外国军警、关税自主、取消租借地和势力范围等合理要求均遭列强拒绝。该条约的实质是确认列强在中国实行"门户开放、机会均等"的原则，它结束了第一次世界大战爆发后日本独占中国的优势地位，使中国再次成为列强共同宰割的对象。

华盛顿会议所形成的华盛顿体系，是凡尔赛体系的继续和补充。它暂时调整了第一次世界大战后帝国主义列强在远东、太平洋地区的关系，确立了它们在东方实力对比的新格局，承认了美国的优势地位，使日本受到一定的抑制，而且使中国回归到几个帝国主义国家共同支配的局面。

华盛顿会议签订的各项条约和通过的决议案构成华盛顿体系。这一体系确定了凡尔赛体系未能包括的远东、太平洋区域的国际关系体系，但它并未消除帝国主义之间的矛盾。

话说世界

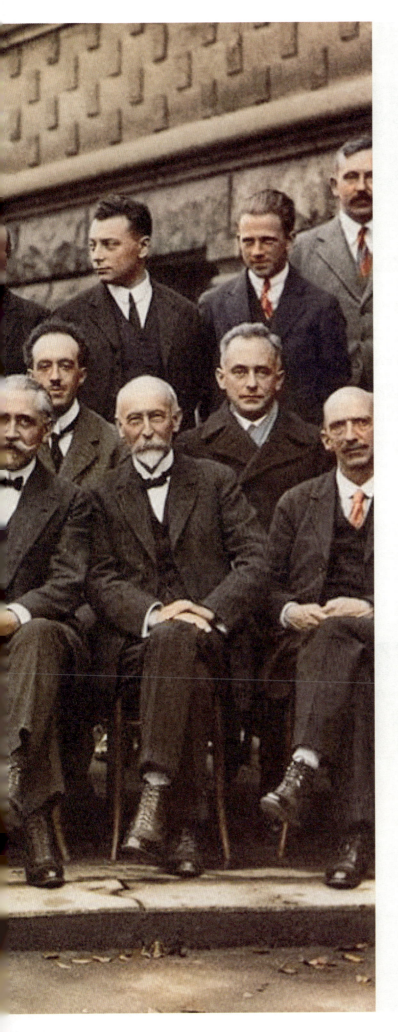

科学技术日新月异的发展

在科学技术发展史上，20世纪上半叶占有重要的地位。这一时期，科学技术本身发生了一系列广泛而深刻的革命性变化。20世纪的科学技术是近代科学技术的继承和发展。其间的所有重大发明都不是以经验为基础，而是由于科学理论上的重大突破而引发的。世纪之交的物理学革命是19世纪末物理学危机的产物，为20世纪科学技术的伟大成就奠定了理论基础，相对论和量子力学的确立是物理学革命的高潮，以物理学为先导，带动了化学、天文学、生物学等学科理论的发展。科学理论上的重大突破，带来了以电力的发明和利用为标志的第二次技术革命不断深化，更是促进了接下来的第三次技术革命的兴起。

在物理学革命的带动下，传统的化学理论发生了革命性的变化，使人们对自然界各种物质形态的认识，特别是对元素嬗变和原子结构的认识更加深入。化学理论的突破性进展为高分子合成新材料的研制做好了理论准备，合成纤维、合成橡胶和塑料这三大合成材料得以问世。

物理学革命也引起了生物学的革命性变化。物理、化学的先进研究成果向生物学渗透的结果，形成了生物化学、分子生物学等新学科，特别是遗传学的发展，敲开了生命科学的大门，给人类社会带来了极其深刻的影响。

话 说 世 界

227

颠覆性革命
对物质结构的新认识

通过人类智慧的双手，可以创造出造物主都没有想到的新物质。

19世纪末20世纪初，在物理学革命的带动下，传统的化学理论发生了革命性的变化，使人们对自然界各种物质形态的认识，特别是对元素嬗变和原子结构的认识更加深入。化学理论的突破性进展为高分子合成新材料的研制做好了理论准备，合成纤维、合成橡胶和塑料这三大合成材料得以问世。

合成纤维

合成纤维是利用石油、煤、天然气等低分子有机物经过化学处理和机械加工制成的化学纤维。20世纪初，化学纤维的主要品种是粘胶纤维，以木浆、棉绒等天然纤维为原料，经化学改性制成。

合成纤维领带。合成纤维是将人工合成的、具有适宜分子量并具有可溶（或可熔）性的线型聚合物，经纺丝成形和后处理而制得的化学纤维。与天然纤维和人造纤维相比，合成纤维的原料是由人工合成方法制得的，生产不受自然条件的限制。合成纤维优越性能很多，如强度高、质轻、易洗快干、弹性好、不怕霉蛀等。

1900年，英国建成年产1000吨的工厂，1920年的产量达1500吨。粘胶纤维由于吸湿性好，穿着舒适，可纺性优良，常与棉、毛或各种合成纤维混纺、交织，用于各类服装及装饰用纺织品。高强力粘胶纤维还可用于轮胎帘子线、运输带等工业用品。粘胶纤维是一种应用较广泛的化学纤维。1935年，美国杜邦公司研究室主任卡罗瑟斯（Wallace Hume Carothers，1896—1937年）耗资2000万美元，历时10年，研制成功聚酰胺类纤维，即尼龙66，1938年进行工业化生产。其纤维强度比棉花大2—3倍，耐磨程度为棉花的10倍。1940年生产的第一批尼龙丝袜，因其耐磨、弹性好而在纺织市场引起震动。合成纤维大大丰富和改善了人们的衣着，同时在农业和国防上也有广泛用途。

合成橡胶

20世纪初，德国化学家弗雷兹·霍夫曼在弗里德里希·拜耳染料厂的支持下开始研究合成橡胶，成功地研制出与橡胶单体异戊二烯结构相近的二甲基丁二烯为单体合成的甲基橡胶。甲基橡胶发明以后，德国皇家专利局授予了弗里德里希·拜耳染料厂"合成橡胶制备方法"的专利。1910年，当时早已是橡胶生产巨头的大陆公司则开始采用这种新型甲基橡胶制造轮胎。当时的德国皇帝威廉二世为自己的轿车配上了这种新轮胎，行驶中他发

话说世界

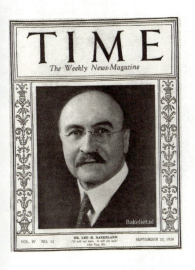

贝克兰是发明第一种完全合成塑料的美国科学家，因此成为《时代》周刊的封面人物。1909年，贝克兰用苯酚和甲醛制造出酚醛树脂，又称贝克兰塑料。酚醛树脂是酚类物质和醛类物质通过缩合反应制备的，属于热固性塑料。

电报称自己"非常愉快"。霍夫曼就此为合成橡胶打开了一扇门，人类就此开启了合成橡胶的历史。1930年，苏联研制出使用酒精蒸气，通过催化剂再变成丁二烯体聚合而成的丁钠橡胶。然而，酒精成本太高，而且性能远不如天然橡胶，为此而进行了大量的丁钠橡胶改性的试验。结果，1934年德国化学家们又研制成功丁苯橡胶，1937年开始投入生产。1940年，美国杜邦公司又研制出氯丁橡胶，具有耐腐蚀、耐老化、不易燃、耐酸、耐油等优点，在军事上很有价值。

塑料

早在19世纪中叶，就已出现了硝酸纤维制品。1872年，美国的海厄特将用硝酸纤维和樟脑制出的改良产品命名为"赛璐珞"，用来制作照相底片、梳子等。20世纪初，比利时血统的美国化学家贝克兰（Leo Hendrik Baekeland，1863—1944年）用苯酚和甲醛缩聚反应，再添加木粉等填料制成酚醛塑料。不同的是，赛璐珞来自化学处理过的胶棉以及其他含纤维素的植物材料，而酚醛塑料是世界第一种完全合成的塑料。贝克兰将它用自己的名字命名为"贝克莱特"。1907年7月14日，他注册了酚醛塑料的专利。1909年2月8日，贝克兰在美

国化学协会纽约分会的一次会议上公开了这种塑料。1928年已发明氯乙烯塑料，1935年美国、德国先后投入工业生产。1932年发明增塑剂后，英国卜内门公司于1937年使用磷酸酯增塑剂生产出聚氯乙烯，在工业和日用生活中用途十分广泛。

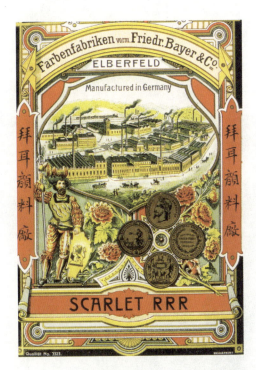

拜耳集团起源于拜耳染料厂，1863年，德国商人拜耳第一个以工业规模生产合成橡胶，后逐渐扩大到制药业。现在拜耳集团是世界500强企业之一、全球制药巨头，在材料创新、作物科学及医药保健等众多领域位居业界前列。

20 世纪的神话
爱因斯坦

没有一位科学家得到过如此之高的荣誉。他的学说成为科学家的圣经，他的名字成为科学的代称。诺贝尔奖得主将会有很多，爱因斯坦却永远独一无二。

1999 年末，为纪念刚刚过去的一个世纪，美国《时代》周刊公布了从 100 名候选人中评选出的"世纪风云人物"。最后胜出的既不是政坛明星，也不是文体明星，而是一位一贯深居简出的物理学家，这个人就是阿尔伯特·爱因斯坦（Albert Einstein，1879—1955 年）。

特立独行的少年

爱因斯坦 1879 年出生在德国小城乌尔姆的一个犹太家庭。他的父亲和叔父合作经营着一间电器工厂，算得上当时的高技术企业，这使爱因斯坦从小耳濡目染，深深地迷恋于自然科学。他尤其喜爱并擅长数学与物理。13 岁的时候，他已经在阅读大学水平的物理、数学专著，以及大哲学家康德的著作了。

爱因斯坦 1905 年的照片。在发表伟大的相对论论文之前，他在瑞士专利局工作。

尽管如此，小爱因斯坦在学校却并不受老师欢迎。虽然他的成绩不差，数学成绩甚至相当优异，但由于天生喜欢独立思考，导致他和德国学校中的刻板环境格格不入。最终在 1895 年，爱因斯坦以被勒令退学的方式结束了高中学业。

高中肄业后，爱因斯坦直接投考了瑞士苏黎世的著名大学联邦工学院，经过两次尝试，相对顺利地被录取了。在此期间，他抛弃了德国国籍，并于 1901 年成为瑞士公民。后又于 1940 年取得美国国籍。

大学期间的爱因斯坦依然改不了我行我素的脾气。由于课堂内容相对陈旧，爱因斯坦在读期间几乎从未认真上课，而是把所有精力都花在阅读和研究最前沿的物理学论文上。这再次使他背上了坏学生的名声，以至于毕业时都没有教授愿意帮他写就职推荐，幸亏朋友帮忙，他才在瑞士首都伯尔尼的专利局谋到了一份工作。这份清闲的工作倒让他因祸得福，从此，他不但得到了一份稳定的收入，而且能空出大量时间继续心爱的物理学研究。

物理世界的君王

1905 年是爱因斯坦的天才与努力结出硕果的一年。这一年物理学界发生了三件惊天动地的大事：饱受争议的分子的存在被证明；狭义相对论建立；光电效应现象通过光量子假说得到解释，量子

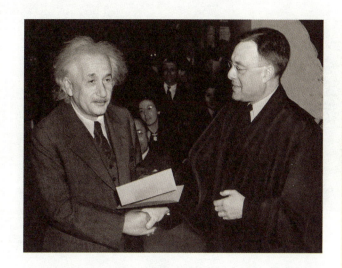

因为爱因斯坦是犹太人，1933 年，德国纳粹政府查抄了他在柏林的寓所，焚毁其书籍，没收其财产，并悬赏 10 万马克索取他的人头。爱因斯坦当时在普林斯顿大学任客座教授，得知消息后申请加入美国国籍。1940 年 5 月 22 日，致电罗斯福，反对美国的中立政策，10 月 1 日，取得美国国籍。

 知识链接：光电效应

早在 19 世纪末，人们就发现了这种效应，并认识到这源自光电之间的能量转化。但人们百思不得其解的是，光电效应发生与否似乎和光线携带的能量大小无关，而只与光线频率有关。

爱因斯坦用量子论回答了这一问题。他假设，光的能量分散地储存在一个个"光量子"中，每一个电子只能从单独的"光量子"中获得能量，而"光量子"的能量取决于光的频率，因此只有频率足够高的光线能产生光电效应。这项工作后来为爱因斯坦赢得了 1921 年诺贝尔物理学奖。

论向量子力学又跨出了决定性的一步。而这三项工作并不是哪家大学或研究所的成果，而是全部出自伯尔尼的专利局职员爱因斯坦之手。从此，爱因斯坦作为一颗物理学的新星冉冉升起，欧洲各大学府也纷纷向他伸出了橄榄枝。

辗转多所大学后，1914 年，应当时德国物理学界领袖普朗克之邀，爱因斯坦回到德国，就任柏林大学教授和普鲁士科学院院士。在这里，他进入了事业的黄金时代。1915年，他发表了自狭义相对论问世后就开始酝酿的广义相对论。四年后，广义相对论的预言被天文观测所证实，举世哗然。爱因斯坦的名字一夜之间妇孺皆知，人们都知道了这位用相对论击败牛顿物理的英雄。1921 年，诺贝尔奖委员会用 20 世纪物理学的最高荣誉——诺贝尔物理学奖为这位物理世界的新君王完成了加冕。

就在爱因斯坦的物理学事业一帆风顺之际，一场世界性灾难使这段黄金岁月戛然而止。1933 年，

纳粹在德国的上台使身为犹太人的爱因斯坦不得不出走美国。在人生的最后 20 多年，爱因斯坦继续为建立一套包括相对论、量子力学和电磁学的"统一场论"而勤奋地探索着。1955 年，爱因斯坦最终带着"统一场论"的未圆之梦离开了人世，享年76 岁。

三位诺贝尔物理学奖获得者合影。前排左起：阿尔伯特·迈克耳孙（1907 年获奖）、爱因斯坦（1921 年获奖）和罗伯特·密立根（1923 年获奖）。

话　说　世　界

时空究竟是什么?
狭义相对论
与广义相对论

每个人都置身其中，却没人真正说得出它是什么。历史上人们曾对它有着各种各样的解读，然而没有一个像爱因斯坦的相对论这样如此接近真相。

空间是什么? 时间又是什么? 古希腊以来所有人类最聪明的头脑无不困惑于这个问题。17世纪的经典力学把空间描述成一间被称为"绝对空间"的无限广大的房子，里面充满了一种叫"以太"的物质；时间则独立于空间，均匀而不可逆转地流逝。几乎所有人都相信这个简单优美的描述就是时空问题的终极答案了，然而在19世纪末，这种看似完美的时空理论却遭到了前所未有的严峻挑战。

告别绝对空间

对经典理论的挑战来自新兴的电磁学。著名的"关于以太漂移问题的乌云"，就是因新兴的电磁波学说与经典的以太学说不兼容而导致的。当时很多物理学家都试图解答这一问题，其中著名物理学家洛伦兹（Lorentz，1853—1928年）还因此而发现了后来作为相对论重要结论的"尺缩钟慢"效应，但如何全面解决电磁学与经典理论的矛盾一直没有头绪。

就在大多数物理学家为"以太漂移"问题一筹莫展时，瑞士一位名叫爱因斯坦的年轻物理学家却独辟蹊径。他没有考虑以太问题，而是敏锐地注意到另一个问题：一方面，按照经典的"相对性原理"，一切"惯性观测者"看到的物理定律相同；另一方面，电磁学定律要求光速必须是一个恒定值。这就意味着即使观测者或光源以不同速度运动，人们测到的光速也应该是相同的，而这明显违背作为经典力学基础的速度迭加原理。

爱因斯坦相信电磁学是正确的。经过研究，他证明速度迭加原理只是相对性原理的一个推论，可以舍弃，最根本的原则只有相对性原理和光速不变原理，而要让这两者同时成立，只有放弃绝对空间和以太的概念，假设时间和空间是统一的。

这套新理论震惊了世界，由于它以相对性原理作为最根本原则，因此被人们命名为"相对论"。令人叹服的是，根据这套理论，无论是所谓的"以太漂移问题"，还是"尺缩钟慢"效应，都可以作为必然的结果被推导出来。因此，这套理论很快家喻户晓，受到广泛的接受。

弯曲的宇宙

尽管相对论获得了巨大成功，爱因斯坦却明

银河星系。广义上星系指无数的恒星系（包括恒星的自体）、尘埃（如星云等）组成的运行系统。银河系是一个包含恒星、气体的星际物质、宇宙尘和暗物质，并且受到重力束缚的大星系。

爱因斯坦在美国经常被邀请去讲解相对论，这位伟大的科学家乐于做这种科普工作。

 知识链接：以太

在 20 世纪以前的科学理论中，存在一种叫作"以太（Ether）"的物质，这种物质是光波的传播媒质，正如水是水波的传播媒质一样。以太不但充满了整个星际空间，而且无孔不入，渗透在空气、水等各种物质中。此外，以太还被认为是"绝对静止"的。这就意味着，当地球在星际空间中运动时，在地球上的观测者看来，以太将像风一样扫过地球，这就是"以太漂移"。

白，相对论还存在着漏洞。首先，原有的"相对性原理"是针对"惯性观测者"而言的，也就是在绝对空间中静止或匀速直线运动的观测者，如果取消绝对空间，"惯性观测者"又如何定义呢？第二，根据万有引力定律，引力的大小依赖于距离，那么相对论中的"尺缩钟慢"效应将导致不同观测者测到不同的引力，但这显然与已知事实不符。

这两个问题让爱因斯坦冥思苦想。一天，他坐在办公桌前望着窗外的时候，突然恍然大悟。他设想，如果一个人从楼上落下来，他的感觉是什么样的。显然，他感觉不到自己正在受到引力的作用，而这种感觉和身处遥远的宇宙空间的"惯性观测者"并没有区别。反之，当一个人在宇宙空间中作加速运动，他会感觉自己受到一个与加速方向相反的"惯性力"（就是电梯启动时我们感觉到的那个把我们向下拉的力），这种感觉与承受地球引力作用的感觉也没有区别。

这就是所谓的"等效原理"。"等效原理"使爱因斯坦相信，引力应该像惯性力一样，并不是一种真正的力。那么它是什么呢？爱因斯坦提出，它是由于物质的存在而导致的时空弯曲。就像将

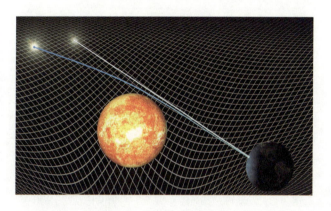

根据广义相对论，空间就像一张橡皮网，放在上面的重物会压出一个坑，让附近的小品质物体滚进来，比如光，能够及时地从坑边溜走，同时运动轨迹稍微发生弯曲。

重物放在一张橡皮膜上会使橡皮膜弯曲，这时在重物附近放一个小球，小球就会沿着橡皮膜滚向重物，就像重物在吸引它。万有引力正是因为宇宙这张橡皮膜的弯曲而产生的，只不过这张橡皮膜是四维的。

解决了引力问题，惯性问题也就迎刃而解了。爱因斯坦把"惯性观测者"定义为"不受引力或惯性力的观测者"，这样就完成了新的相对论。为了有所区别，新相对论被称为"广义相对论"，而之前的相对论也被相应地称为了"狭义相对论"。

探究微观粒子
量子力学

月亮在没人看它的时候还存在吗？
在 20 世纪以前，没人会怀疑这个问题，
但量子力学让这个问题"不确定"了。

1900 年的一个秋日，德国物理学家普朗克教授和自己的儿子漫步在一条幽静的林间小路上。"知道吗？埃尔文，"普朗克教授有些激动地对儿子说，"我可能已经作出了能够与牛顿力学相媲美的伟大发现！"

普朗克

德国物理学家普朗克（Max Planck，1858—1947 年）是和爱因斯坦并称为 20 世纪最重要的两大物理学家。1900 年，普朗克首先提出"能量子"的概念。物体在发射辐射和吸收辐射时，能量并不是无限可分的，其最小的、不可分的能量单位即"能量子"或称"量子"。此外，普朗克在 1900 年 12 月 14 日提出了能量量子化的假说，并给出了黑体辐射的普朗克公式，圆满地解释了实验现象，揭开旧量子论与量子力学的序幕，因此 12 月 14 日成

物理大家合影。从左到右：卢瑟福、爱因斯坦、普朗克、密立根和劳厄，1931 年。

为了量子日，以作纪念。普朗克对物理学的又一次飞跃作出了重要贡献，荣获了 1918 年诺贝尔物理学奖。

卢瑟福

新西兰物理学家卢瑟福（Ernest Rutherford，1871—1937 年）是学术界公认的继法拉第之后最伟大的实验物理学家。卢瑟福关于放射性的研究确立了放射性是发自原子内部的变化。放射性能使一种原子改变成另一种原子，而这是一般物理和化学变化所达不到的。这一发现打破了元素不会变化的传统观念，使人们对物质结构的研究进入到原子内部这一新的层次，为开辟一个新的科学领域——原子物理学做了开创性的工作。1911 年，卢瑟福根据 α 粒子散射实验现象提出原子核式结构模型，因而一举把原子结构的研究引上了正确的轨道，于是他被誉为"原子物理学之父"。

哥本哈根传奇

1923 年是发生决定性转折的一年。法国物理学家德·布罗意（Louis Victor de Broglie）在波粒二象性理论启发下想到，既然高频率的光波表现得像微小的粒子，那么微小的物质粒子会不会也在某些方面表现得像波呢？由此，人类开始触及量子论真正的意义——作为微观物质世界根本法则的意义。不久，德·布罗意所描述的这种"物质波"的数学表达式被德国科学家薛定谔（Erwin

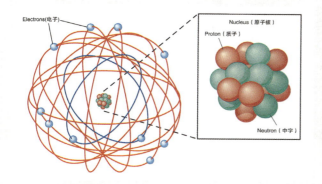

卢瑟福设想原子就像一个小型太阳系，电子随意地围绕着一个带正电荷的很小的原子核运转，就像行星围绕着太阳。卢瑟福的理论开拓了研究原子结构的新途径，为原子科学的发展立下了不朽的功勋。

Schrödinger）找到，这就是现在人们所说的"薛定谔方程"。薛定谔方程首次为人们提供了用数学计算量子问题的方法，从此作为精确科学的"量子力学"正式诞生了。

然而就在薛定谔准备将建立量子力学的首功收入囊中之际，另一套被称为"矩阵力学"的理论，却生生把这份功劳夺走了一半。

矩阵力学实际上是一套与薛定谔的方法殊途同归的计算量子力学的数学方法，今天大学里讲授的量子力学实际上就是由以薛定谔方程为核心的"波动力学"和矩阵力学两个部分组成的。矩阵力学的创立者海森堡当时正在丹麦首都哥本根工作，当时，一大批来自欧洲各国的年轻英才正聚集在这里，为新兴的量子力学奋斗着，海森堡正是他们中的一员，后人将这些年轻人称为"哥本哈根学派"，这个学派的组织者和精神领袖正是当年首创空间量子化理论的玻尔（Niels Bohr，1885—1962年）。

1925年是哥本哈根学派丰收的一年。除了海森堡等人创立了矩阵力学之外，海森堡的同事泡利在这一年提出了著名的"不兼容原理"。不久，哥本哈根派的年轻代表又先后发现了量子力学中重要

🦉 知识链接：不确定原理

不确定原理有时也译作"测不准原理"，它是海森堡在1926年首先发现的。海森堡注意到，一个微观粒子的位置和速度无法被同时确定，因为在测量其中一个量时，你必然会"碰"到这个粒子，导致另一个量改变。海森堡进而指出，这实际意味着我们测到的那个量本身也是在测量的瞬间才出现的，在测量发生以前，既不存在确定的粒子位置，也不存在确定的粒子速度，我们只能几率性地预测粒子出现在某个位置或以某个速度运动的可能性有多大。如果说这时粒子有位置或速度，那么此时它的位置和速度是所有未来我们可能测到的位置和速度的叠加，这种状态称为"叠加态"。

的"不确定原理"，给出量子力学的几率解释……可以说，自1925年以后，量子力学的所有重要发现几乎都与哥本哈根学派有关。哥本哈根学派由此开始了它对于量子力学领域为期数十年的统治，而量子力学就在这几十年间渐渐完善起来。

1927年10月布鲁塞尔索尔维会议，不夸张地说，几乎聚集了世界上最智慧的人物，爱因斯坦在前排中间，玻尔在中间一排最右边，他旁边是德国犹太裔理论物理学家、量子力学奠基人之一马克斯·玻恩。

一话一说一世一界一

探寻生命的起源
遗传学

遗传学的发展敲开了生命科学的大门，给人类社会带来了极其深刻的影响。

19世纪下半叶胚胎学和细胞学的进步为20世纪遗传学的建立和发展奠定了基础，继孟德尔的开拓性研究之后，又经过了约翰逊和摩尔根等科学家的共同努力，最终建立了遗传学这门学科。

孟德尔

孟德尔（Gregor Johann Mendel，1822—1884年）出生在奥地利西里西亚海因策道夫村的一个贫寒的农民家庭里，父亲和母亲都是园艺家。孟德尔童年时受到园艺学和农学知识的熏陶，对植物的生长和开花非常感兴趣。1843年大学毕业后，孟德尔进入布隆城奥古斯汀修道院，并在当地教会办的一所中学教书。后来，他又到维也纳大学深造，为他后来的科学实践打下了坚实的基础。孟德尔经过长期思索认识到，理解那些使遗传性状代代恒定的机制

孟德尔百年诞辰纪念邮票。孟德尔，遗传学的奠基人，被誉为现代遗传学之父。他通过豌豆实验，发现了遗传学三大基本规律中的两个。

更为重要。从1857年起，孟德尔连续九年进行豌豆杂交试验，得出两条重要的遗传定律，即分离定律和独立分配定律。这两条定律后被称为孟德尔定律。孟德尔定律表明，生物的每一性状是由一个遗传因子负责传递的，遗传下来的不是具体性状，而是遗传因子。遗憾的是，孟德尔的上述研究成果于1866年发表后并没有引起学术界的重视，直到1900年才由德、荷、奥三国的三位科学家再次用自己的试验证实了孟德尔定律的正确性。1900年成为遗传学史乃至生物科学史上划时代的一年。从此，遗传学进入了孟德尔时代，孟德尔成为现代遗传学的奠基人。

约翰逊

约翰逊（W. Johannsen，1857—1927年）生于丹麦哥本哈根。1872年中学毕业后成为药剂师的学徒，后来成为一名药剂师。约翰逊先后在丹麦和德国药房的工作中自学化学，并同时培养起对植物学的兴趣。1892年他成为哥本哈根农学院的讲师，教授植物学和植物生理学。1905年起担任该校教授，全力进行遗传学实验。他的主要研究领域是生物标准性质的遗传量变。在此期间，他读到弗朗西斯·高尔顿1876年出版的《遗传理论》一书，对证明"如果用自花授粉的植物后代，选择是无效的"这一理论的实验有深刻的印象，促使他用一种菜豆重复了这项工作，这导致他提出了著名的"纯系学说"。约翰逊在1896年发表的《论遗传和变异》一

一话一说一世一界一

约翰逊，丹麦植物遗传学家。根据莱豆选种试验结果于1909年提出纯系学说。纯系学说区分了遗传的变异和不遗传的变异，指出在纯系内对由环境影响造成的变异进行选择是无效的。长期以来它是自花授粉作物单株选择育种的理论根据。

 知识链接：基因

基因是具有遗传效应的DNA片段。基因支持着生命的基本构造和性能，储存着生命的种族、血型、孕育、生长、凋亡过程的全部信息。生物体的生、长、衰、病、老、死等一切生命现象都与基因有关。它也是决定生命健康的内在因素。因此，基因具有双重属性：物质性（存在方式）和信息性（根本属性）。

文中阐述了他的遗传学思想，后来他又根据重新发现的孟德尔定律对论文再次进行了修订和补充，并在1905年以《遗传学原理》为书名重新出版。在书中，约翰逊创造了"基因"这个术语来表达孟德尔所说的"遗传因子"。此后，"基因"这一概念逐渐被生物学界普遍接受和采用。

传的物质基础》《基因论》等著作，提出了系统的基因理论，从而大大丰富、发展和完善了孟德尔的遗传学说。为此，1933年，摩尔根获得诺贝尔生理学奖。

摩尔根

美国遗传学家摩尔根（Thomas Hunt Morgan，1866—1945年）出生在肯塔基州的列克星敦，14岁时考进肯塔基州立学院预科，两年后升入本科。1886年春以优异成绩获得动物学学士学位，同年秋天，进入约翰·霍普金斯大学学习研究生课程。读研究生期间，系统地学习了普通生物学、解剖学、生理学、形态学和胚胎学课程，并于1888年获得硕士学位。1890年春，摩尔根完成博士论文，获霍普金斯大学博士学位。1891年秋，摩尔根受聘于布林马尔学院，从事实验胚胎学和再生问题的研究。1910年，摩尔根通过研究果蝇提出了遗传染色体学说。他发现一条染色体上可以有好多个基因，这些基因有连锁遗传现象，从而揭示了遗传学上的又一基本定律——连锁遗传定律。摩尔根和他的学生还出版了《孟德尔遗传的原理》《遗

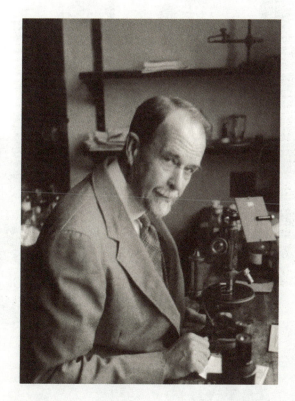

摩尔根，美国进化生物学家、遗传学家和胚胎学家。发现了染色体的遗传机制，创立染色体遗传理论，是现代实验生物学奠基人。由于发现染色体在遗传中的作用，1933年获得了诺贝尔生理学奖。

战后世界经济领导权的交接

　　第一次世界大战是世界经济发展的分水岭，战争破坏了战前以欧洲为核心的世界经济体系，战后重建的世界经济在投资、生产、贸易和金融诸多方面发生了结构性的变化，美国逐渐成为世界经济的新领导者。

　　在国际投资方面，战前欧洲是世界资本输出的主体，战后美国则成为世界主要贷款国。战后初期，美国拥有130多亿美元的债权，其中欧洲各国政府欠美国战争债就达103亿美元。

　　在生产布局方面，战前以西欧、北美和日本为世界工业制造中心，英国殖民地和亚非拉国家为粮食和初级产品基地的传统格局，被战后以美国为中心的全球性制造业和原料生产国组成的新格局所取代。

　　在国际贸易方面，战前以英国为"乐队指挥"的欧洲，对外输出工业制成品、输入初级产品，并且作为初级产品的入超国能够支付自如的传统经贸格局，由于美国的崛起而遭到了极大的破坏。同时，由于美国经济对国际贸易的依赖度不高，因此欧洲和世界其他地区对美国的市场需求远大于美国对它们的需求。

　　在最为关键的国际金融方面，战后恢复的以英镑为国际货币的金本位制存在着严重的缺陷，以美元为核心的国际货币体系还没有形成，1929—1933年便爆发了20世纪第一场涉及全球的结构性经济危机，进而引发了一系列的政治和军事危机。

由盛转衰
欧洲的没落

欧洲曾经是世界政治、经济、文化的中心，但是经历了大战之后，世界格局变成群雄逐鹿的局面。

第一次世界大战对世界造成了巨大的人力、物力方面的损失，尤其是对大战的主战场——欧洲，更是沉重的打击：罗曼诺夫王朝统治的俄罗斯帝国、霍亨索伦王朝统治的德意志帝国、哈布斯堡王朝统治的奥匈帝国，这三个欧洲的反动堡垒被摧毁了。就连战胜国英国、法国，也在战争中被严重削弱了。这场战争成为欧洲由盛转衰的分水岭。

战前欧洲的经济优势

19世纪是欧洲支配世界的时代，经济上如此，政治上也如此。20世纪初，欧洲仍保存世界优势地位。欧洲是世界的银行家。英、法、德是向国外投资的三个主要国家，其次是瑞士、比利时、荷兰等小国。英国的资本输出在1913年达到35亿英镑，相当于国民收入的8.5%，输出的大部分给予帝国内部、美国和拉丁美洲。法国的国外投资主要是在欧洲，首先是在俄国（1914年约合113亿法郎），并且多半是借贷资本，而不是对工业投资。1906—1910年，法国对外贷款到达顶峰，相当于国民收入的4.5%。1914年，对外投资总额约600亿法郎。

"日不落帝国"这个词常被用来描述大英帝国，在它的巅峰时期，太阳总是照耀在它的一部分领土上。

德国的国外投资在1911年约200亿马克，1914年增至300亿马克，分布于欧洲的奥匈帝国、俄国和土耳其等国以及海外的加拿大、美国和拉丁美洲。1914年，瑞士的长期对外投资不少于15亿美元，荷兰约10亿美元，比利时约5亿美元。20世纪初，伦敦仍然是世界金融中心。"伦敦城"的金融机构拥有世界范围的联系，英镑起着共同的贸易货币的作用。

欧洲不仅是世界的银行家，而且是世界的工业工场。1870年，欧洲的工业产量占世界工业总产量的64.7%，而美国仅占23.3%。到1913年时，虽然美国的比重已经达到35.8%，但该年欧洲工业的产量仍占世界总产量的47.7%。欧洲的煤产量，1880年为2.38亿吨，1913年迅速增长到5.63亿吨。英、德、法三国是欧洲最主要的工业国家，它们生产的煤占全欧洲的93%，钢占全欧洲的78%。在国际贸易方面，欧洲也占优势。1913年，英、法、德三国的制成品占世界出口的60%。

盛极而衰的英法两国

第一次世界大战后，欧洲只剩下英国和法国这两个强国，并且在战后面临种种无法克服的困难，迅速走向衰落。

英国在大战中付出了沉重的代价。物质损失按凯恩斯的估计为5.7亿英镑，海外投资损失1/4。战争不仅使英国国债成倍增长，从1914年3月的6.5亿英镑增加到1920年3月的78.28亿英镑，还

英格兰银行成立于 1694 年，是英国的中央银行，最初的任务是充当英格兰政府的银行，这个任务至今仍然有效。

英国第一届工党政府

战后英国经济的持续萧条，导致国内政治相应的变化。由于战后工人阶级力量的壮大，标榜社会主义的工党势力大大增加，开始取代自由党和保守党轮流执政。1924 年 1 月，工党领袖组成英国历史上第一届工党政府，标志着工党走上了执政党的地位。第一届工党政府执政不到一年就因社会改革引起资产阶级不满而下台。

使英国从美国的主要债权国变成了美国的债务国，欠债达 8.5 亿英镑。伦敦不再是世界唯一的金融中心，英镑的稳定地位也发生了动摇。英国还丧失了海上霸权的地位，大战摧毁了英国拥有的商船的 70%。在对外贸易方面，英国的出口量从 1913 年占世界总出口量的 13.93%，下降到 1929 年的 10.84%。国内经济结构也面临严重问题，由于缺乏大量资金去更新固定资本，英国传统的煤炭、钢铁冶金、纺织、机械制造等工业部门开始走向衰落。1920 年爆发的战后第一次经济危机，造成了大量的失业人口。到 1929 年，英国工业产能才勉强达到 1913 年水平，但传统工业部门连战前水平也没有达到。

战后的法国也面临着严重的财政困难。因支出庞大，财政入不敷出，国债不断增加，到 1923 年已高达 305 亿法郎。1924 年又爆发了金融危机，通货膨胀，物价上涨，1926 年法郎兑换英镑的比价高达 250：1。如果 1913 年物价指数为 100，那么 1926 年 7 月已高达 806。法国通过大规模的举债重建，取得了不错的建设成就，到 1929 年经济总体上基本恢复到战前水平。

1905 年，出席大不列颠社会党第一届年会的代表，社会党为英国工党成立奠定了组织基础。

世界新的领导者
美国

世界经济第一强国的美国，
开始了谋求世界领导者的征程。

进入 20 世纪以后，美国一步步向全球扩张，在经济、军事、政治等诸多方面成为世界新的领导者。第一次世界大战之前，美国的工业生产已经跃居世界首位，战争期间大发战争财，并拥有了强大的军事实力和影响力，战后更是成为欧洲诸国的债主，并开始全球范围内的商品和资本输出，成为无人能够企及的大国。

战前的世界工厂

南北战争后，美国扫除了资本主义发展的障碍，工农业进入迅猛发展的新时期。1894 年，美国工业生产跃居世界首位，1900 年美国工业产值约占世界工业产值的 30%。1895 年，美国制造业产值为 18.8 亿多美元，到 1900 年则达到 130 亿美元，居世界第一位。它的煤、钢产量是英国和德国的总和。在此期间，美国的农业也获得大幅增长。1870 年总产值为 24.5 亿美元，1900 年上升为

1920 年 1 月 17 日凌晨 0 时，美国宪法第 18 号修正案——禁酒法案正式生效，直到 1933 年才废止。禁酒期间，私酿酒大行其道，图为美国的乡村饭馆里人们在畅饮酒水。

47.17 亿美元。农业劳动生产率则增长了 4—6 倍。美国生产的小麦占世界产量的 1/4。从 20 世纪以后，美国继续保持着这种发展的强劲势头。从 20 世纪初到第一次世界大战期间，美国工业又增长了 1 倍以上。钢产量在 1900 年突破 1000 万吨大关，到 1913 年则达到 3100 多万吨，占世界总产量的 41%。这一年，美国工业生产占整个世界工业生产的 38%，比英国、德国、法国、日本四国工业产量的总和还多。随着经济的长足发展，生产的集中和垄断的程度也越来越高，银行资本与工业资本逐渐融为一体。到 20 世纪初，美国已发展成为由极少数垄断资本家统治的托拉斯国家。

此时，美国的工业产品已经大大超过了国内消费的需求，垄断资本强烈需要开拓海外市场，但此时世界已经基本被欧洲列强瓜分完毕。美国开始欺负实力较弱的列强，1898 年 4 月 25 日，美国借口"缅因号"事件对西班牙宣战，夺取了古巴、菲律宾、

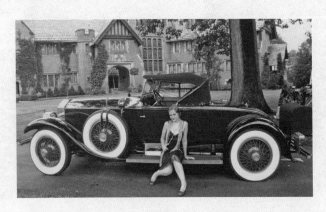

19 世纪末，美国成为世界第一大经济国，在制造业规模上更是名列前茅。

19 世纪 20 年代是爵士乐产生和流行的时代，图为女子在随着爵士乐翩翩起舞。

 知识链接：门户开放政策

1899 年，迟到的美国，为了能在中国扩展其政治、经济势力，美国国务卿约翰·海向英、德、法、意、俄、日诸国发出照会，宣称承认列强在中国的势力范围，并要求其他列强"不得以任何方式进行干涉"；列强应承认他国在本国势力范围内享有同等的关税特权和通商、航运等利益；各国可以获得同等和公平的条件在中国从事贸易等。这就是所谓的门户开放政策的主要内容。

波多黎各、关岛。同年，又吞并夏威夷，占领威克岛，与德国瓜分萨摩亚群岛。夏威夷、萨摩亚、菲律宾等就像一个个踏脚石一样，把美国引向远东和太平洋扩张的新时代。同时，美国对外宣称"美洲是美洲人的美洲"，通过"大棒政策"和"金元外交"，控制了整个拉丁美洲。然而，此时的美国还无力用军事手段从英国、法国、俄国等欧洲列强控制下的中国这一世界上最大的市场获得势力范围，于是企图凭借其强大的经济力量，以竞争方式来实现其扩张利益，于是致力于开展"门户开放"政策。

疯狂的 20 年代

第一次世界大战之后，当英法还在舔舐自己伤口时，美国却由于战争期间的巨额军事订单，以及战后华盛顿体系确立的国际大国地位，经济有了近十年的"黄金时期"，1923—1929 年，每年生产率增长高达 4%。这一时期，美国工业增长近一倍。国民总收入从 1919 年的 650.9 亿美元增至 1929 年的 828.1 亿美元。人均收入从 1919 年的 620 美元增加到 1929 年的 681 美元。汽车工业、电气工业和建筑业成为主要支柱，汽车数量从 1921 年的 1050 万辆增至 1929 年的 2600 多万辆，洗衣机、电冰箱等也普及使用。面对如此繁荣的景象，美国总统胡佛自豪地宣称："今天我们在任何地方比以往都接近消除人民生活贫困和恐惧的理想。"

经济的繁荣大大便利了美国经济向海外的扩张。1919 年，美国资本输出额为 70 亿美元，1929 年增至 172 亿美元（二者还不包括一战期间的战债）。美国开始夺过英、德控制的贸易市场。美国商品大量输出，1922 年为 39.71 亿美元，1929 年增至 51.57 亿美元。1929 年，资本主义世界使用的汽车 81% 是美国货。

芝加哥在 19 世纪成为连接美国东西部的重要交通枢纽。便捷的水陆运输极大地刺激了工商业的发展。城市的繁荣吸引了众多的外来者到此定居，其中包括大量的农村人口和新外国移民。1870—1900 年，芝加哥的人口从 29.9 万猛增到 170 万。当地的制造业和零售业成为中西部经济的主宰力量，并在很大程度上影响了美国的经济。

从云端到谷底
畸形繁荣的日本

一战的刺激作用，
让日本经济经历了过山车一般，从云端
直接掉到谷底。

　　脱亚入欧的日本，经过明治维新成为亚洲的强国，通过日俄战争，侵占了中国东北，吞并了朝鲜，获得了强劲的发展。尤其是一战期间，欧洲各国无暇东顾，日本独占中国，并在欧洲军事订单的刺激下，经济高速增长。但是，战争结束不久，战争期间畸形繁荣的日本便陷入了经济危机，百业萧条，政局动荡，军国主义逐渐占据政权。

战前的畸形繁荣

　　日俄战争为日本资产阶级提供了巨额利润和大片殖民地，战后迅速出现了企业投资热潮。1905年下半年到1907年，新建扩建企业投资达到67477万日元，相当于过去10年投资总额的两倍。工业的主流仍然是轻工业，但重工业也得到了急剧发展。制铁业以扩充八幡制铁所为中心，并新建了日本制钢所（1905年）、神户制钢所（1905年）等民营企业。1914年与1904年相比，生铁产量从6.8万吨增至30.2万吨；钢材产量从6万吨增至28.3万吨。煤产量1906年为1298万吨，1914年增至2229万吨。日俄战争后，日本还突出发展电力工业，特别是发展水电。

　　1897年，日本利用甲午战争后中国1920万日元赔款建立八幡制铁所，为日本军工和重工业发展奠定了稳固的基础。日本政府曾明令其以军火生产为主，生产炮架，造船材料和速射炮弹坯料等。

　　1905年，日本发电能力只有7.4万千瓦，其中水电约占25%。1914年发电能力增至71万多千瓦，其中水电约占58%。10年之间，发电能力增长9倍，其中水电增长近20倍，速度之快令世人注目。机械工业，特别是母机制造工业的状况，是判断工业革命进展的基本标志。1886年，日本全国仅有10个机械制造厂，工人615人。1905年，政府制定"母机制造事业法"予以奖励，开始兴建一批独立的民间机械厂。到1914年，全国已经有机械厂1401个，员工87625人，原动力约8.9万马匹。

　　1929—1931年，日本经济萎缩了8%。在日本经济危机时任财长的高桥是清（1854—1936年）也实施了凯恩斯经济政策：第一，通过大规模的财政刺激计划的赤字开支；第二，通过货币贬值。利用日本银行冲销赤字支出，并将由此产生的通胀压力降到最低。

日俄战争后至第一次世界大战期间，日本完成了以重工业为中心的电力产业革命，也称第二次工业革命。而且，由于日本的产业革命和资本主义工业化是在明治维新后靠国家资本大力扶植、自上而下实现的，因此几乎没有经过自由资本主义发展阶段，很快就过渡到了垄断资本主义阶段，在金融和主要工业部门形成了少数寡头垄断资本集团，推动了日本走向帝国主义。

经济危机与持续萧条

第一次世界大战结束不久，战争期间畸形繁荣的日本经济便陷入危机。1920 年 3 月 15 日，东京股票市场的股票价格暴跌，接着发生了银行挤兑风潮。东京股票交易所的股票价格 3 月是 549 日元，9 月跌至 100.5 日元。

1920 年经济危机可以说是明治维新以来日本经济发展史上的转折点。整个 20 世纪 20 年代，日本经济基本上呈现萧条。工业方面，1919 年生产指数为 484（以 1914 年为 100），此后逐年下降，1922 年降至 399.5。1923 年开始回升，但速度很慢，至 1928 年才回升到 500。农业方面，米麦产量十年徘徊，明治以来持续增长的局面至此结束。生丝出口曾是日本换取外汇的主要手段。20 年代以前，出口量大约每十年翻一番，至此迅猛下降，1921 年降至 1500 多万磅，1928 年才回升到 1919 年的水平，约 3800 万—3900 万磅。

正当经济危机之时，1923 年 9 月 1 日，日本发生关东大地震，震级 7.9，受灾人口约 340 万，死者 9.9 万多人，伤者 10 万余人。日本政府以维持治安为借口，趁机大肆逮捕社会主义者和工人运动中的积极分子，残杀无辜的朝鲜人和中国人。金融危机和经济的持续萧条，国内生产萎缩，国外竞争激烈，让日本的政局非常动荡，内阁频繁更换，以军部为

意大利法西斯专政的建立

与欧洲其他大国相比，意大利素来贫弱。第一次世界大战之后的经济危机、政治动荡以及阶级矛盾尖锐激化。巴黎和会无视意大利的做法直接引发了社会各阶层的极大不满，激昂的民族主义情绪，期望有一个强有力的政府扭转意大利的局面，最终选择了法西斯道路，1922 年墨索里尼组成了第一届法西斯政府，建立了世界上第一个法西斯政权。

核心的军国主义逐渐掌权，加强推行国民经济军事化，扩大军事支出和军事订货，实行"军需通货膨胀"，日本迅速朝向法西斯发展。

"三一运动"是指 1919 年 3 月 1 日处于日本殖民统治的朝鲜半岛爆发的一次民族解放运动，包括多次大规模的示威游行，要求独立。在日本殖民当局的镇压政策刺激下，"三一运动"迅速席卷整个朝鲜半岛，但是由于没有在行动纲领下组织军事行动逐渐陷入低潮，到 1919 年 6 月最终失败。现在韩国的"三一节"就是纪念"三一运动"的法定节假日。

西方现代主义思潮的兴起

　　20世纪上半叶的哲学、社会科学和文学艺术较之19世纪出现了革命性的变化，大胆创新、背离传统是其主要特征。进入20世纪以后，一方面，科学技术日新月异的发展，大大拓宽了人们认识世界的视野，改变了人们的思维方式，并迅速提高了工业生产的效率，推动了生产力的发展和社会财富的增长；另一方面，资本主义从自由竞争阶段发展到垄断阶段，资本主义社会的弊端进一步明显地暴露出来。垄断资本主义的激烈竞争，不仅导致了资本主义经济危机的频繁出现，而且还引发了世界大战。所有这些都深刻地影响了20世纪的哲学、社会科学和文学艺术。

　　随着相对论和量子力学带来的科学理论上的新突破，促使哲学家们加深了对科学方法论和科学发展规律的研究，因而出现了各种以研究现代自然科学规律和方法为己任的科学哲学流派，其中以英国哲学家罗素为代表的逻辑实证主义影响最大。在历史学领域，德国人斯宾格勒创立的"文化形态史学"曾经风靡一时，他的代表作《西方的没落》对西方资产阶级和知识界产生了巨大影响，相信第一次世界大战虽然带来了西方文明的衰落，但是当时尚未走到尽头，给了西方资产阶级前行的希望。涂尔干和韦伯创立的社会学，对资本主义社会进行了深刻的剖析。而弗洛伊德创立的精神分析学说，则对人的心理进行研究，深刻影响着西方的哲学、文学、教育等各个领域。

才华横溢的大师
伯特兰·罗素

他是一位多才多艺的大师，
他的知识成果在全世界开花。

伯特兰·罗素（Bertrand Russell，1872—1970年）是20世纪西方最著名、影响最大的学者，集数学家、哲学家、历史学家、诺贝尔文学奖获得者于一身，同时也是世界和平的倡导者。

获得诺贝尔文学奖的数学家

1872年5月18日，罗素生于英国辉格党贵族世家。其祖父约翰·罗素勋爵在维多利亚时代两度出任首相，并获封伯爵爵位。4岁时失去双亲，由祖母抚养长大。1890年，罗素考入剑桥大学三一学院，在此期间的学习为后来他在数学方面取得成就奠定了基础。罗素在1900年便认识到，数学是逻辑学的一部分。1910年，他和他的老师阿尔弗雷德·诺斯·怀特海一起发表了《数学原理》，罗素主要负责哲学方面的内容，怀特海主要负责数学方面的内容。该著作共分为三大卷，分别于1910年、1912年和1913年出版。这部著作是20世纪科学的重大成果，为罗素赢得了学术上的崇高地位和荣誉。

除了在数学方面的成就之外，罗素在文学方面也具有颇深的造诣。他在1929年出版的《婚姻与道德》一书中，倡导试婚和离婚从简，对婚外性行为和同性恋现象持一种宽容的态度。这很快招致宗教界人士的激烈反对，并于1940年受到法庭审判，被禁止入纽约市立学院任教。然而，颇具戏剧性的是，1950年，罗素因该书获得诺贝尔文学奖，成为一位获得诺尔贝文学奖的数学家。

逻辑实证主义的创始人

20世纪以来，西方哲学发生了许多引人瞩目的变化，其中之一便是科学哲学思潮。逻辑实证主义是科学哲学中影响最大的一个流派，而它的创始人就是英国哲学家罗素。逻辑实证主义认为经验科学都是用逻辑加工整理，从观察和实验中所获得的经验事实而形成的命题体系。因而哲学顺理成章的任务就是对科学中的陈述进行逻辑分析和语言分析，检验它们在整理经验时是否符合逻辑句法规则。逻辑实证主义对现代科学摆脱传统观念起到了一定的积极作用，其相对主义思考方式影响许多科学家不自觉地接近了辩证的自然观和科学的方法论。这正是逻辑实证主义在自然科学领域一直具有某种魅力

罗素，20世纪英国哲学家、数理逻辑学家、历史学家、和平主义社会活动家。罗素被认为是与弗雷格、维特根斯坦和怀特海一同创建了分析哲学。1950年，罗素获得诺贝尔文学奖，以表彰其"多样且重要的作品，持续不断的追求人道主义理想和思想自由"。

1950 年，罗素获得诺贝尔文学奖。表彰他"哲学作品对人类道德文化作出的贡献"以及他的作品中所表现的"人道主义理想和思想自由"。

并始终是西方最流行的科学哲学思潮的原因。

作为哲学家的历史学家

绝大多数哲学家缺乏历史感，忽视历史问题和历史研究，而罗素却对历史和历史理论终生嗜之不倦。他写过三部历史专著：《自由和组织》《1902—1914 年协约国政策》和《西方哲学史》。其中，《西方哲学史》是一部脍炙人口的哲学史著作，它在很大程度上力图从历史的角度来观察哲学思想和发展，其引人入胜的原因在于作者的历史眼光不亚于作者的哲学见解。该书出版后很快成为西方读书界的畅销书，确立了罗素作为一位历史学家在读者心目中的形象和地位。

世界和平的倡导者

随着一战的爆发，罗素对哲学的兴趣被他对欧洲文明面临的巨大威胁之恐惧所压倒，而作为反战人士投身到写作、演说和组织活动中去。1915 年初，他写了一本反战的小册子《战争恐惧之源》，颇有影响。自 1914

知识链接：《罗素-爱因斯坦宣言》

20 世纪中叶，世界和平受到核战争的威胁，罗素为此积极活动，并于 1955 年得到爱因斯坦的支持，发表了著名的《罗素-爱因斯坦宣言》："有鉴于在未来的世界大战中核武器肯定会被运用，而这类武器肯定会对人类的生存产生威胁，我们号召世界各国政府公开宣布它们的目的，我们号召，解决它们之间的任何争执都应该用和平手段。"

年英国参战到 1917 年底，他还一直为反战活动而奔波，组织了"拒服兵役委员会"，并因一张传单而被法院判为有罪，并被三一学院解职。1918 年，他因撰写一篇反战文章而被判刑入狱。罗素一直致力于世界和平事业，在他晚年建立了"罗素和平基金会"。直至他生命的最后时刻，还发表最后政治声明，谴责以色列袭击埃及和巴勒斯坦难民营。

1955 年 7 月 9 日，罗素在伦敦新闻发布会上宣读《罗素-爱因斯坦宣言》。尽管罗素的担心这可能是一个"哑炮"，但引起了全世界媒体的热烈关注。

精神分析学创始人
西格蒙德·弗洛伊德

他在心理学领域独辟蹊径，他的学说深刻影响了西方的哲学、文学和教育等领域。

西格蒙德·弗洛伊德（Sigmund Freud，1856—1939 年）是奥地利精神病医师、心理学家、精神分析学派创始人。他开创了潜意识研究的新领域，促进了动力心理学、人格心理学和变态心理学的发展，奠定了现代医学模式的新基础，为 20 世纪西方人文学科提供了重要的理论支柱。

知识链接：精神分析学派

围绕弗洛伊德形成了精神分析学派，但是由于学术见解的不同，矛盾日益加深，组织开始出现分裂，阿德勒和荣格分别创立了个体心理学派和心理分析学派，之后还出现了以霍尼、沙利文、弗洛姆为代表的新弗洛伊德主义。这些新兴学派虽各有自己的新观点，但在基本原则上都没有背离弗洛伊德的理论。

勇敢创新，开拓新领域

弗洛伊德于 1856 年 5 月 6 日出生于奥匈帝国的摩拉维亚省弗赖堡镇的一个犹太家庭，1873 年入维也纳大学医学院学习，1881 年获医学博士学位。1882 年 7 月进入维也纳综合医院工作，先任外科医生，后任内科实习医生。1883 年 5 月转到精神病治疗所任副医师。1885 年春天，弗洛伊德被任命为维也纳大学医学院神经病理学讲师。后来前往巴黎萨彼里埃医院跟随沙可学习，其间弗洛伊德被沙可的思想所鼓舞，在这一时期从一个神经学家转变为一名精神病理学家，从对躯体的研究转向对心理的研究。

1895 年，弗洛伊德在与约瑟夫·布洛伊尔共同出版的《歇斯底里症研究》一书中第一次使用了"精神分析学"这个概念。1897 年，在他父亲去世后的一年，弗洛伊德开始了他的自我分析。进行自我分析的主要方法是分析自己的梦，在进行了两年的自我分析后，把分析的结论写成了《梦的解析》一书并于 1899 年出版，标志着精神分析心理学的正式形成。1919 年，弗洛伊德成立国际精神分析学会，标志着精神分析学派最终形成。

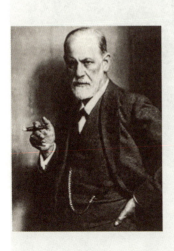

弗洛伊德，奥地利精神病医师、心理学家、精神分析学派创始人。1895 年正式提出精神分析的概念。1919 年成立国际精神分析学会，标志着精神分析学派最终形成。他开创了潜意识研究的新领域，促进了动力心理学、人格心理学和变态心理学的发展，奠定了现代医学模式的新基础。

三大系统学说

弗洛伊德的精神分析学包括三个系统学说：无

意识学说、性学理论和人格理论。无意识学说是弗洛伊德精神分析理论的核心内容。他认为人的精神活动或心理活动有三个层次，即意识、潜意识和无意识。无意识是最原始、最活泼、最不安分，也是最大量的精神活动，它与意识的自觉性、目的性、社会性等特点不同，是一种不自觉的、本能的、不必借助语言符号来表达的精神活动。无意识虽然总受到压制，但它是人的精神活动和心理过程的基础和实质。

弗洛伊德的性学理论是他的理论体系中最受非议的部分。这一理论又叫"力比多理论"。弗洛伊德认为，性的本能冲动是人的一切动机、愿望和行动的根源，是无意识活动的基础。人类的一切成就——文学、艺术、法律、宗教等都是"力比多"升华作用的产物。性欲的障碍和冲突是变态心理和精神疾病的主要原因。

自我与本我。弗洛伊德的女儿安娜在她的书中阐述了自我和防御机制。安娜·弗洛伊德说，所有的自我的防御都是出于本我的自动自发，我们不能观察行动的防御。当某些东西从意识中被压抑时，自我意识不到这些信息，当潜意识（本我）明显时，自我就会有行为表现。

第一次世界大战后，弗洛伊德面对大规模战争的残酷冲击，力图用精神分析理论来解释人类历史和文化发展的基础和进程，逐渐形成了新的心理结构理论，即人格理论。他提出人格由本我、自我、超我组成。"本我"实际上就是无意识的别名；"自我"处于"本我"和"超我"之间，它根据现实原则调节着"本我"与外部世界的冲突。"超我"表现为人的良心和理想等人的心理中代表社会力量的精神因素。每个正常的人，本我、自我、超我都处在一种平衡共存的状态，一旦这种平衡被打破，就会产生精神病。弗洛伊德的人格理论，强调了社会因素对人的精神生活的影响，突出了理性对人生活的主导作用，改变了他早期学说仅从人的生物特性来考察人的精神活动所带来的弊病。但是，弗洛伊德对社会文化或文明的作用，归根结底抱着一种悲观态度。他认为，人的自然本能总是同社会文明对立的，既然人的本能欲望永远存在，人与社会文明的冲突也就永远存在。

1909年，受美国克拉克大学校长霍尔（中）的邀请，弗洛伊德（左）及其弟子荣格（右）参加了该校20周年校庆，弗洛伊德本人也被授予名誉博士学位，并与美国心理学界名人威廉·詹姆斯、铁钦纳、卡特尔等人会晤，这标志着精神分析理论终于赢得国际上的承认。

西方历史的先知
奥斯瓦尔德·斯宾格勒

他是文化形态学的创立者，也是尼采以来德国最生动的思想家。

奥斯瓦尔德·斯宾格勒（Oswald Spengler，1880—1936年）是德国著名历史学家、历史哲学家、文化形态学的开创人。在近一个世纪的时间里，斯宾格勒与汉语世界结下了不解之缘，他的那部振聋发聩之作《西方的没落》，曾经让汉语世界的几代知识分子几度兴奋，又几度沮丧。

文化形态学的创立者

斯宾格勒出生于德国哈茨山巴的布兰肯堡，曾就读于哈勒大学、慕尼黑大学和柏林大学。青年时代除了研究历史和艺术之外，他还对数学和博物学有浓厚的兴趣，所有这些使他的作品具有一种奇特的风格。一战爆发时，他因健康原因未被征召入伍。战争期间，他隐居在慕尼黑的一所贫民窟里，在烛光下完成了《西方的没落》。在《西方的没落》一书中，斯宾格勒创立了文化形态学理论。所谓文化形态学，实际上是把文化视为一种具有高度自律性，同时具有生、长、盛、衰等发展阶段的有机体，并试图通过比较各种文化的兴衰过程揭示其不同的特点，以分析和解释人类历史的发展过程。斯宾格勒认为世界历史就是各种文化的"集体传记"，由此引发了他对西方传统的历史观念的深刻批评。长期以来，西方人传统的历史意识总是以西欧为中心，沿用"古代——中古——近代"这种"令人难以置信的空洞无物且又毫无意义的体系"来编纂世界历史。斯宾格勒决定打破这种体系，于是，展现在人们面前的是"一群伟大文化组成的戏剧，其中每一种文化都以原始的力量从它的土壤中勃兴起来"。在他看来，研究人类历史的发展进程，就是研究世界上各个地区各种文化的历史。对此，德国历史哲学家福利德尔评价说，"斯宾格勒给我们提供了治史的一种新观念，如同一个火把，在漫漫长夜之中，替我们闪出了一时的光明"。

《西方的没落》

1918年，《西方的没落》带着一战的创伤与反省出现在德国的书店里，犹如一块燧石，敲打着万千读者的心田，产生了不灭的思想火花。于是，人们不由地发问：西方文明的命运如何？人类社会发展的前景又如何？人们在他的书中找到了某种契合点，引起了共鸣，从而产生了一种巨大的社会

斯宾格勒，德国著名哲学家、历史学家、文学家，以古希腊哲学家赫拉克利特为博士论题于1904年4月6日在哈勒-维滕贝格大学获得了博士学位。毕业后先是在中学任教，后专事学术研究和私人写作。主要著作《西方的没落》《普鲁士的精神与社会主义》《人与技术》等。

古埃及文明。依据文化比较形态学的方法，斯宾格勒一共触及了八大文化形态。他认为文明是文化的凝固，也就是文化的衰亡形态，在他所处的那个时代，除西方近代文化以外，其余的七种都已凝固成"文明"，丧失了进一步自我完善、发展的活力。西方近代文化也正在变成一种文明。

反响。

《西方的没落》一书的主要目的不是复述已经过去的历史事件，而是要掌握事实的真相，以便更好地应付将来。斯宾格勒认为世界历史上存在八种自成一体的文化，这就是：埃及文化、巴比伦文化、印度文化、中国文化、古典文化、阿拉伯文化、墨西哥文化、西方文化。这八种文化不管其特点如何，都要遵循同样的规律，"有生就有死，有青春就有衰老"，它们都无法避免这一自然运动周期性的命运，西方文化也不例外。西方已经走过了文化的创造阶段，正通过反省物质享受而迈向无可挽回

 知识链接：《西方的没落》翻译波折

对于斯宾格勒的《西方的没落》，中国知识界首先表现出来的是拒绝的姿态，他们更多地从它可能给国人带来的负面作用考虑，建议以不译为好，这使得此书在国内长期没有一部完整的中译本。1963年商务印书馆只翻译出版了该书的第二卷，1986年台湾远流公司出版了它的缩译本，直到2006年上海三联书店才出版了全译本。

的没落。历史学家不仅要重建过去，更重要的是预言。正因为如此，《西方的没落》也被很多人称为一部未来之书，而斯宾格勒也被称为"西方历史的先知"。

《西方的没落》具有很大的魅力，这一方面来源于它思想的独特和深刻，另一方面则来源于其行文的丰富多彩。斯宾格勒的文笔栩栩如生，他善于取譬设喻，善于描绘历史人物的性格，并以此衬托出某个时代的突出特征。其叙事、议论，都收放自如，缓急适度，具有很高的文学性。读《西方的没落》，即使不同意斯宾格勒的思想，也不得不折服他的文笔。

一 话 一 说 一 世 一 界 一

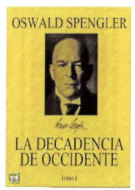

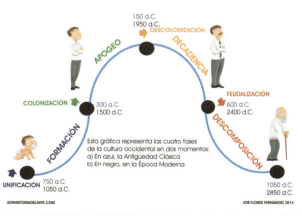

文明抛物线。斯宾格勒认为文化是一个有机体。文化经历着一个从诞生到成长到成熟到衰老到死亡的生命过程。斯宾格勒认为，这是所有文化的必然命运，也是文化危机产生的根本原因。

意大利的卓越学者
贝奈戴托·克罗齐

他是 20 世纪历史哲学派的代表人物，也是意大利民族文化的卓越代表。

贝奈戴托·克罗齐（Benedetto Croce，1866—1952 年）是意大利著名文艺批评家、历史学家、哲学家，有时也被认为是政治家。他在哲学、历史学、历史学方法论、美学领域著作颇丰。他还是一位杰出的自由主义者——尽管他反对自由放任主义和自由贸易。

克罗齐在一战期间公开反对意大利参战，二战前公开反对国家法西斯党。他最有成就的哲学观点写在四本书中：《美学原理》《逻辑学》《历史学的理论和实际》以及《实践活动的哲学》。

一切历史都是当代史

克罗齐的学术生涯是从研究历史开始的。对于历史研究，克罗齐提出了一个著名的论断："一切历史都是当代史。"他认为，人们研究历史和撰写历史总是从现实的兴趣出发，为当前的目的服务。他写道："当代史固然是直接从生活中涌现出来的，被称为非当代史的历史也是从生活中涌现出来的，因为，显而易见，只有现在生活中的兴趣能使人去研究过去的事实。因此，这种过去的事实只要和现在生活的一种兴趣打成一片，它就不是针对一种过去的兴趣而是针对一种现在的兴趣的。"也就是说，只有当现实生活的发展需要历史时，历史就会复活，过去的历史就会变成现在的。此外，克罗齐认为，史料本身并不会说话，使史料发挥作用的只能是历史学家的学识水平，历史学家的学识水平越高，越具有创造性，所揭示的历史意义就越深刻。历史学家不是被动接受、考订和阐释史料，而是要发挥自己的主动性和创造力。

伦理政治史观

克罗齐的历史观被学界称之为"伦理政治史观"。克罗齐认为历史是某个时代固有的理想、希望和道德价值的自我发展和日益充分的体现，上层建筑领域内的现象在历史过程中起着决定性的作用，所谓"世界精神"是历史的唯一主体。因此，他虽然主张历史是由人创造的，但认为只有统治阶级的知识上层，即政治贵族，才是历史的真正创造者。此外，他的"伦理政治史观"认为伦理政治史是高于一切的，其他一切的历史只是"生活史"。

历史即哲学

克罗齐作为一个杰出的哲学家和有成就的历史学家，他能够敏锐地感觉到，在从事哲学或历史学研究时一方给另一方所带来的好处。在他看来，历史即哲学。历史学家，假如要理解那些最终塑造时代命运的力量，就必须得研究他那个时代的哲学。如果他不跟随他正在研究其行为的那些人的思想，那么，他就不能进入自己时代的生活之中，最多只能从外部来观察历史，把它看作是一系列未能解释的事实，或仅靠物理原因来解释的事实，而不能写出有思想的历史著作来。一位哲学家必须要研究历史。要不然，他怎么能理解为什么某一时代某些难题的答案会嵌入哲学家的大脑之中？他如何能理解哲学家个人的气质，他对生活的看法，以及他用于自我表达的符号和语言？总之，哲学家如果想理解哲学史，他必须得研究人类的一般历史。一位忽视其历史的哲学家就等于把自己的劳动花费在重复发现那些早已死去的错误上。

知识链接：克罗齐与中国

克罗齐在《历史学的理论和实际》中有三处提及中国，在他看来，中国是个具有独特文明和悠久历史的国家。他反对历史和文明的西方中心论，肯定并承认中国和东方在世界精神发展中的作用、对世界文明所作出的不可抹杀的贡献。因此，克罗齐主张以世界的眼光、国际的角度，统一地内在地论述中国史、东方史和欧洲史。

克罗齐家族那不勒斯老宅所在地。克罗齐生于富贵望族，1883 年，他的家人都死于一场地震。他继承了家产，和德国哲学家叔本华很相像，他可以在接下来的日子里过上相对闲暇的生活。他得以在哲学上投入大量精力，像一个独立知识分子在那不勒斯的住宅中写作。

意大利议会大厦。克罗齐虽然是个自由主义者，但他的一生多次担任政府公职。担任过一年公共教育部部长，1910年，任终身职位的意大利参议院议员，1944 年，为新政府的部长。虽然不久他离开政府，但仍任自由党主席直至1947 年。

从外部看起来，没有哲学的历史就是一堆机械的、无变化的力量在物质世界上表演；没有历史的哲学，从外部看起来，就像死气沉沉的教条做着上下往返的运动。用哲学孕育的历史是人类的精神历史，它在世俗生活中努力营造拥有法则和机构的世界，使自己按意愿生活。而用历史浇灌的哲学，就是永无止境的知识难题的渐次提出和解决，它们的连续运动就构成了世俗奋斗生活的内在一面。由克罗齐构建起来的历史哲学理论，对现代西方史学产生了重大的影响。

社会学创始人之一
埃米尔·涂尔干

他是法国首位社会学教授，他与卡尔·马克思及马克斯·韦伯并列为社会学的三大奠基人。

埃米尔·涂尔干（Emile Durkheim, 1858—1917年），法国犹太裔社会学家、人类学家，法国首位社会学教授，《社会学年鉴》创刊人，与卡尔·马克思及马克斯·韦伯并列为社会学的三大奠基人。

社会学的奠基人

涂尔干1858年4月15日出生于法国孚日省埃皮纳尔一个小城镇上的犹太教教士家庭，幼年曾学习希伯来文、旧约和犹太教法典。青年时代放弃了宗教信仰，走上实证科学的道路。1879年，他就学于巴黎高等师范学校。1882—1887年，涂尔干在省立中学教书，其间赴德国一年学习教育学、哲学、伦理学，深受冯特实验心理学的影响。自1887年起，涂尔干开始在波尔多大学教书，并在那里创建了法国第一个教育学和社会学系。1891年，他被任命为法国第一位社会学教授。

涂尔干认为社会学的研究对象是社会事实，所谓社会事实，就是发生在社会集体层次上的现象，即"个人每时每刻都遵守的、存在于个人之外的集体行为和思维方式之现实"。涂尔干坚决反对把社会现象还原为个人行为的主张。他认为，社会虽然是由无数个人集合而成的，但好比一本书不同于一张张写上字的纸一样，社会本身是一种实体，它具有不能用个人的行为来说明的独特性质。涂尔干坚持孔德提出的实证主义原则，把社会事实看作同物理、化学、生物、心理等事实一样的存在，因此主张对社会事实应当用研究其他自然现象的方法来研究，而不应当像研究哲学那样从某些抽象的假定进行推演。总之，涂尔干的社会学就是用实证的方法来研究社会事实。

涂尔干又译为迪尔凯姆、杜尔凯姆、杜尔干等，法国犹太裔社会学家。创办了法国《社会学年鉴》。围绕这一刊物形成了一批年轻社会学家的团体——法国社会学年鉴派。主要著作是《自杀论》及《社会分工论》等。

《自杀论》

《自杀论》是涂尔干的代表作。在《自杀论》一书中，涂尔干试图从社会与个人的关系上解释自杀的原因。他把自杀划分为四种类型，即利己型自杀、利他型自杀、失范型自杀和宿命型自杀。涂尔

在波尔多大学教书期间是涂尔干学术生涯最重要的时期，他在那里创建了法国第一个教育学和社会学系。

知识链接：法国社会学年鉴派

1898 年，涂尔干创办了法国《社会学年鉴》，至 1913 年共出版 12 卷。最初每年 1 卷，以后每三年 1 卷，兼收论文与书评。围绕这一刊物，很快形成了以涂尔干为核心的年轻社会学家的流派，该刊发表的涉及各领域的文章有着共同的理论基础，即社会学实在论。鲜明的理论倾向和扎实的研究成果，使得这一学派在西方社会学史上产生了深远的影响。

干认为利己型自杀产生于极度的个人主义。西方近代个人主义的发展使个人与家庭、宗教与社会相脱离，从而使一些人感到生活空虚并失去目标。涂尔干指出，利己型自杀多发生在基督教教徒、自由职业者、未婚者、离婚者中间。

利他型自杀产生于过分地屈从于一种社会目标和意义，过密地结合在社会中，以致个人失去了自主。涂尔干以欧洲军队为例说明利他型自杀。在军队里，士兵被训练得不看重自己的价值，使他们感到被一种"社会价值"所扼杀，失去了自我，失去了生活的乐趣，因而军人的自杀率高于普通百姓。

失范型自杀是由社会混乱导致的，在混乱中社会成员的行为失去了规范，增添了痛苦。涂尔干认为欲望与满足欲望的手段之间的不平衡是一切生物痛苦的根源。社会形成了一套等级秩序，当社会成员认为这种等级原则合理，自己应处在某一特定阶层中，他就欣然地接受该阶层给予他的限定，欲望与手段也就有了平衡的可能。当社会发生动乱、变迁时，人们失去了种种秩序和规

范，欲望与手段不协调，行为混乱而无节制，遂造成种种痛苦，导致自杀率升高。涂尔干把工商业者在经济危机中的自杀现象视为此种类型的例证。

宿命型自杀是由于社会控制过度造成的，个人失去了任何希望。涂尔干认为这种类型的自杀在现代社会并不常见，他没有对此作详细的讨论。

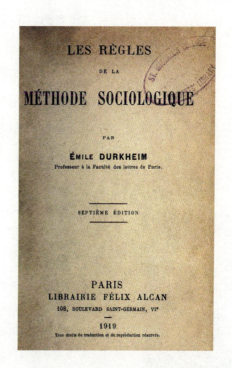

《社会学方法》的封面（1919 年）

百科全书式的学者 马克斯·韦伯

他是一个著述甚丰、思想庞杂的百科全书式的学者。

他是与涂尔干、马克思齐名的"社会学家的现世神明"。

马克斯·韦伯（Max Weber，1864—1920 年）是德国的政治经济学家、社会学家、哲学家。西方文明合理化是贯穿其一生的线索，对整个西方文明产生了极大影响，并在世界范围内影响深远。在其短暂的一生中，韦伯写了大量学术著作，从历史理论、农业经济到宗教战争与改革。他从不追逐名利，也不遵循旧的学科领域规范，正是这种性格，让其成为百科全书式的学者。

百科全书式的学者

马克斯·韦伯生于德国图林根的埃尔福特，他是家中的长子，父亲是一位知名的政治家和公务员。韦伯在少年时代就对历史学特别感兴趣，在 1876 年的圣诞节，年仅 12 岁的韦伯撰写了两篇历史论文送给父母，标题分别为《论德国历史的发展以及皇帝和教宗的角色》《论罗马帝国从君士坦丁至民族迁徙运动的历史》。在 14 岁时，韦伯写的信件便开始引用荷马、西塞罗、维吉尔、李维等人的著作，在他进入大学前也已经熟读了歌德、斯宾诺莎、康德、叔本华等人的著作。1882 年，韦伯进入海德堡大学法律系念书，选择以法律作为主要学习领域。在学习法律的同时，韦伯也学习经济学、中世纪历史和神学。19 世纪 80 年代后期，韦伯继续历史学研究，于 1889 年完成了博士论文《中世纪商业组织的历史》，获得了博士学位。在同一时期，韦伯加入了"社会政治联盟"，联盟的成员大多是隶属经济历史学派的德国经济学家，他们将经济视为解决社会问题的主要方法。1890 年，韦伯作为该联盟的成员负责研究当时日趋严重的东部移民问题，他所写的调查报告获得了良好的社会评价，使韦伯成为一名农业经济专家。1903 年，韦伯创办《社会科学与社会政策文库》期刊，开始在该期刊发表一系列名为《新教伦理与资本主义精神》的论文，这一系列论文后来成为他毕生最知名的著作。在书中，韦伯讨论了伴随欧洲宗教改革运动而出现的新教

"组织理论之父"。马克斯·韦伯是现代社会学和公共行政学最重要的创始人。美国社会学家科瑟对韦伯的学术渊源和成就赞誉说："他不是哲学家，但在大学读书时就熟悉大多数古典哲学体系。他不是神学家，但他的著作表明他广泛阅读过神学书籍。作为经济史学家，他几乎读遍了这个领域以及经济理论的一切著作。他具有第一流的法律头脑，对法律的历史和原理了如指掌。他对古代史、近代史以及东方社会的历史具有百科全书式的知识。韦伯是最后一批博学者中的一个。"

伦理及后者对现代资本主义的起源和整个西方理性化进程的影响。

一战期间的经历

在第一次世界大战里，韦伯在海德堡一家陆军医院担任了一段时间的院长。在 1915 年和 1916 年他出任一个政府委员会的官职，试图保持德国在战后于比利时和波兰的主权。韦伯个人对第一次世界大战，以及当时德国帝国扩张的看法随着战局的每况愈下而改变。韦伯在 1918 年成为海德堡的劳工和士兵委员会的成员之一。同年，韦伯成为德国休战委员会的一名成员，前往凡尔赛会议代表德国谈判，并且也参加了魏玛共和国宪法的起草委员会。当时韦伯支持在宪法中加入授权紧急戒严的第 48 号条款，这个条款后来由于被阿道夫·希特勒用于建立独裁统治而恶名昭彰。韦伯对于德国政治的影响，至今仍有争议。韦伯在这时开始重掌教职，首

知识链接：《中国的宗教：儒教与道教》

《中国的宗教：儒教与道教》是韦伯在宗教社会学上的第二本主要著作。韦伯专注于探索中国社会里那些和西欧不同的地方，尤其是与清教徒的对照，并且他提出了一个问题："为什么资本主义没有在中国发展呢？"韦伯专注于早期的中国历史，尤其是先秦时期的历史，在这个时期主要的中国思想学派（儒教与道教）开始突显而出。

慕尼黑大学。1919 年，韦伯应聘去慕尼黑大学任教，讲授普通经济学史；1920 年 6 月，韦伯在慕尼黑逝世。他的遗作相继出版：《政治论文集》（1921 年）、《学术理论论文集》（1922 年）、《社会史与经济史论文集》（1924 年）、《社会学和社会政策论文集》（1924 年）。

先是在维也纳大学，接着是 1919 年在慕尼黑大学。在慕尼黑大学，他建立了第一个德国大学的社会学学系，但最后从没有亲自担任社会学的教职。由于德国右派在 1919 年和 1920 年掀起的动荡，韦伯离开了政治界。当时许多慕尼黑大学的同僚和学生批评他在 1918 年和 1919 年的德国革命中的亲左派态度和演讲，一些右派的学生还在他的住所前抗议。韦伯在 1920 年 6 月 14 日因肺炎死于慕尼黑。

魏玛市政厅。魏玛共和国（1918—1933 年）是德国历史上第一次走向共和的尝试，但难以应付战后德国内外交困的处境。韦伯支持共和国，但并不热情，但他还是参与了魏玛宪法的起草工作。

一 话 一 说 一 世 一 界 一

259

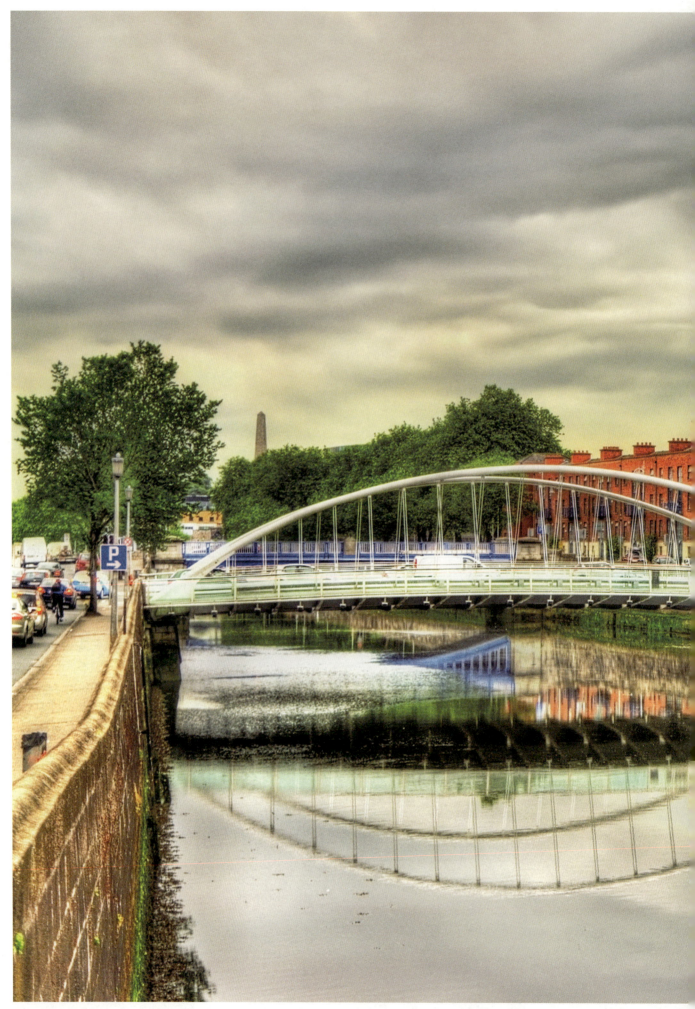

西方现代主义文学的兴起

　　现代主义文学是西方自 19 世纪末兴起的一种新的文学思潮，它主要盛行于 20 世纪西方各国，影响延续至今。它的主要特点是：反传统，它所反映的内容和所用艺术手法与传统西方文学有着极大的不同，它具有现代意识和现代复杂性，现代主义文学由多个流派组成。它是西方社会精神危机在文学上的反映。20 世纪以来，由于两次世界大战、经济萧条、核恐怖等一系列世界性的灾难，使越来越多的人对个人的命运和世界的前途抱悲观绝望的态度，心灵受到很大的创伤，从而促进了现代派文学的兴起和盛行。以第二次世界大战为界，分为前后两期，前期主要有象征主义、表现主义、意识流小说等；后期主要有存在主义、荒诞派戏剧、新小说派、黑色幽默小说、魔幻现实主义文学、"垮掉的一代"等。

　　现代派文学最早出现的派别是象征主义，它的先驱是法国的波德莱尔（1821—1867 年）。他的代表作是《恶之花》，堪称象征主义的奠基之作。19 世纪 80 年代，波德莱尔在法国正式打出了象征主义的旗号，并逐步形成了象征主义作家队伍。第一次世界大战前后，随着西方资本主义社会各种矛盾的激化，五花八门的现代派文学派别先后出现，到 20 世纪 20 年代形成高潮。主要流派有后期象征主义、未来主义、超现实主义、意识流小说等。这段时期出现了一批有世界影响的杰出作家。小说方面有奥地利的卡夫卡、爱尔兰的乔伊斯、法国的普鲁斯特；戏剧方面有美国的奥尼尔、比利时的梅特林克、德国的霍普特曼；诗歌方面有美国的庞德，英国的艾略特、叶芝等。

迷惘的斗士
海明威

他是美国精神的化身，
他本人及其笔下的人物影响了一代甚至
几代美国人。

欧内斯特·米勒尔·海明威（Ernest Miller Hemingway，1899—1961 年），美国作家和记者，被认为是 20 世纪最著名的小说家之一。出生于美国伊利诺伊州芝加哥市郊区的奥克帕克，晚年在爱达荷州凯彻姆的家中自杀身亡。海明威创造了一种独树一帜的海明威风格，在美国文学史乃至世界文学史上都占有重要地位。

银制勇敢勋章获得者

海明威高中毕业之后就到美国有影响的《堪城星报》当记者，正式开始了他的写作生涯。第一次世界大战爆发后，他不顾家人的反对，毅然辞掉记者工作，尝试加入美军以观察第一次世界大战的战斗情况。由于视力缺陷，海明威被调到红十字会救伤队，在那里担任救护车司机。在前往意大利前线的途中，他在德军炮火的轰炸下被迫在巴黎逗留。在巴黎期间，海明威并没有在安全的旅馆停留下来，反而尽量接近战场。海明威

海明威尊奉美国建筑师罗德维希的名言"越少，就越多"，将作品趋于精炼，缩短了作品与读者之间的距离，提出了"冰山原则"，只表现事物的八分之一，使作品充实、含蓄、耐人寻味。

在意大利前线目睹了战争的残酷，这令他极为震惊，后来海明威创作小说《永别了，武器》的灵感就是来源于此。1918 年 7 月 8 日，海明威在输送补给品时受伤，在受伤的情况下，他仍坚持救助意大利伤兵，并把伤兵拖到安全地带。为了表彰他在战争中的英勇行为，意大利政府授予他银质勇敢勋章。

海明威以文坛硬汉著称。《纽约时报》评论说："海明威本人及其笔下的人物影响了整整一代甚至几代美国人，人们争相仿效他和他作品中的人物，他就是美国精神的化身。"

战地记者

1937—1938 年，他以战地记者的身份穿梭于西班牙内战前线。在第二次世界大战期间，他作为战地记者随军行动，并参加了解放巴黎的战斗。在此期间，海明威创作了散文《告发》，该文附于1969 年出版的《第五纵队与西班牙内战的四个故

事》中。1940年，海明威发表了以西班牙内战为背景的反法西斯主义长篇小说《丧钟为谁而鸣》。1944年，海明威随同美军去欧洲采访，在一次飞机失事中，海明威身受重伤，但在他痊愈之后，仍坚持深入敌后采访。美国政府为了表彰海明威的勇敢精神，在第二次世界大战结束后，授予他一枚铜质奖章。二战后，海明威创作了以二战后的威尼斯为背景的《过河入林》，反映了作者对战争的厌恶以及对人类前途的关心。

 知识链接："迷惘的一代"

"迷惘的一代"是美国文学评论家格特鲁德·斯坦因提出的第一次世界大战到第二次世界大战期间美国出现的一类作家的总称，他们共同表现出的是对美国社会发展的一种失望和不满。海明威是美国"迷惘的一代"作家中的代表人物，他的作品中对人生、世界、社会都表现出了迷茫和彷徨。

诺贝尔文学奖获得者

《老人与海》是海明威于1951年在古巴写的一部中篇小说，于1952年出版，是海明威最著名的作品之一。《老人与海》故事的背景是在20世纪中叶的古巴。主人公是一位名叫圣地亚哥的老渔夫，配角是一个叫马诺林的小孩。风烛残年的老渔夫一连84天都没有钓到一条鱼，但他仍不肯认输，而是充满着奋斗的精神，终于在第85天钓到一条身长18英尺、体重1500磅的大马林鱼。大鱼拖着船往海里走，老人依然死拉着不放，即使没有水，没有食物，没有武器，没有助手，左手抽筋，他也丝毫不灰心。经过两天两夜之后，他终于杀死大鱼，把它拴在船边。但许多鲨鱼立刻前来抢夺他的战利品。他一一地杀死它们，到最后只剩下一支折断的舵柄作为武器。结果，大鱼仍难逃被吃光的命运。最终，老人筋疲力尽地拖回一副鱼骨头。他回到家躺在床上，只好从梦中去寻回那往日美好的岁月，以忘却残酷的现实。海明威本人认为《老人与海》是他这辈子写得最好的一部作品，奠定了他在世界文学中的突出地位，这篇小说相继获得了1953年美国普利策奖和1954年诺贝尔文学奖。

海明威在西班牙内战中的照片

融会传统与创新的诗人
托马斯·艾略特

他是英国文坛上最卓越的诗人及评论家，他是 1948 年诺贝尔文学奖的获得者。

托马斯·艾略特（Thomas Stearns Eliot，1888—1965 年），英国诗人、剧作家和文学批评家，诗歌现代派运动领袖。

创作生涯

艾略特出生于美国密苏里州的圣路易斯。艾略特的祖父是牧师，曾任大学校长。父亲经商，母亲是诗人，写过宗教诗歌。艾略特曾在哈佛大学学习哲学和比较文学，接触过梵文和东方文化，对黑格尔派的哲学家颇感兴趣，也曾受到法国象征主义文学的影响。1914 年，艾略特结识了美国诗人庞德。在庞德的帮助下，许多杂志刊登了艾略特的诗作，其中最著名的一首是于 1915 年发表的《普鲁弗洛克的情歌》。这首诗模仿了法国象征派诗人儒尔·拉夫格的风格，具有很浓的讽刺意味，刻画了当时社会背景下的人对于爱情、对于生活的复杂心理。他的第一本书《普鲁弗洛克及其他》的出版给了他很大的动力。这本书由《自我主义者》杂志印行，由庞德夫妇匿名出资。这本书为艾略特奠定了诗人的地位。第一次世界大战爆发后，艾略特来到英国，并定居伦敦，先后做过教师和银行职员等。1922 年发表的《荒原》为他赢得了国际声誉，被评论界看作是 20 世纪最有影响力的一部诗作，被认为是英美现代诗歌的里程碑。1927 年，艾略特加入英国国籍。1943 年结集出版的《四个四重奏》使他获得了 1948 年的诺贝尔文学奖，并确立了他"在世的最伟大英语诗人和作家"的地位。在他的晚年，主要致力于诗剧创作。

美国文学批评家哈罗德·布罗姆评价艾略特："你也许不喜欢艾略特保守的文学评论，但仍然终生迷恋他最好的诗作。《荒原》和《普鲁弗洛克的情歌》《一个哭泣的年轻姑娘》《空心人》《三圣人的旅程》，这五首诗是他诗歌创作最重要的成就。"

《荒原》

《荒原》是现代英美诗歌的里程碑，是象征主义文学中最有代表性的作品，是艾略特的成名作和影响最深远的作品。枯萎的荒原——庸俗丑恶、虽生犹死的人们——复活的希望作为一条主

艾略特与弗岚切。由于与第一任舞蹈演员妻子薇薇安的性格差异巨大，艾略特的第一次婚姻注定了失败结局，薇薇安因为精神上的原因住进了疗养院。1933 年，身心疲惫的艾略特与妻子正式分居。1956 年，艾略特娶了第二任妻子弗岚切，这场婚姻十分幸福。

线贯穿了全诗阴冷朦胧的画面，深刻地表现了人欲横渡、精神堕落、道德沦丧、生活卑劣猥琐、丑恶黑暗的西方社会的本来面貌，传达出第一次世界大战后西方人对世界、对现实的厌恶，普遍的失望情绪和幻灭感，表现了一代人的精神病态和精神危机。《荒原》思维上的跳跃很大，意象之间、场面之间的衔接常常很突兀，诗人的情绪深藏在那些奇特的意象和象征后面。这些意象和象征与诗人的感情相对应，加上众多的引语、典故、对话、场景，组成了一幅五光十色的图画，这幅图画具有不同的层次，可以充分调动读者的想象力。

知识链接：艾略特对中国文学的影响

翻开现当代中国诗歌史，众多著名诗人都曾表示深受艾略特的影响，例如徐志摩曾仿艾略特诗风写作《西窗》，卞之琳、夏济安、穆旦等人也都受其影响至深。从当年的徐志摩、孙大雨到今天的文学青年，几代人读艾略特的旷世长诗《荒原》和《普鲁弗洛克的情歌》，构成了中国文学的难忘记忆。

《四个四重奏》

《四个四重奏》是艾略特晚期诗歌中的代表作，风格与早期诗迥异，反映了他成熟了的哲学思想和世界观。诗人借用他的祖先和自己生活中值得纪念的四个地点为诗题。《燃毁的诺顿》指一座英国乡间住宅的玫瑰园遗址，《东库克》是艾略特在英国居住的村庄和村边小路，《干赛尔维其斯》指美国马萨诸塞州海边的一处礁石，《小吉丁》指 17 世纪英国内战时期国教徒聚居点的一个小教堂。《四个四重奏》是一部诗与乐完美结合的现代主义经典作品，艾略特的创作理念中早已预设了"四重奏"这一音乐学概念。艾略特这部作品的主题意义，是借助复调、对位、和声、变奏等音乐技法来建构的。只有先从音乐性主题结构和相关音乐技法切入，才能完整地理解这部作品的审美价值。

1956 年，艾略特在明尼苏达大学体育馆，发表了题为"批评前沿"的讲演，近 1.5 万名听众挤进篮球馆里聆听。因为演讲中对种族和妇女的偏见，招致批判。他对自己的评价是"文学上的古典主义者、政治上的保皇派、宗教上的英国国教高教会派"，印证了他的保守主义观点。

现实主义剧作家
萧伯纳

他是莎士比亚以后最重要的剧作家，他的戏剧在世界范围内广泛传播。

萧伯纳（George Bernard Shaw，1856—1950 年）是现代英国最伟大的戏剧家和批评家。在他的创作生涯中，除了 5 部长篇小说和大量评论文章外，还创作了 52 个剧本。1925 年，萧伯纳获得了诺贝尔文学奖。他的戏剧在世界范围内广泛传播，并且跨越了时间的长河，具有极强的生命力。

诺贝尔奖获得者

萧伯纳出生于爱尔兰都柏林的一个小职员家庭，并不优越的生活境遇促使他在 15 岁时不得不辍学。为了维持生计，他当过地产公司学徒、抄写员、会计等。1876 年，萧伯纳离开了贫困的故土爱尔兰，随母亲来到伦敦。年轻的萧伯纳没有工作，靠母亲微薄的薪水维持生活，因此他十分渴望找到一份称心的职业。他先在爱迪生电话公司外务部找到一份差事，可是不久这家公司倒闭了，别人给他介绍到《大黄蜂报》撰写音乐评论，但不久这份报刊也停刊了。万般无奈的萧伯纳想以写作谋生，但是他并不顺利，他写的五部长篇小说全部被出版社拒绝。

1892 年，萧伯纳正式开始创作剧本，他的第一个戏剧集《不愉快的戏剧集》，其中包括《鳏夫的财产》《华伦夫人的职业》《荡子》三部剧本；第二个戏剧集包含有《武器与人》等四部剧本；第三个戏剧集《为清教徒而写的戏剧集》包含《魔鬼的门徒》等三部剧本。他的戏剧果真改变了 19 世纪末英国舞台的阴霾状况，他本人也成为戏剧界的革

萧伯纳，爱尔兰剧作家。1925 年因作品具有理想主义和人道主义而获诺贝尔文学奖，他是英国现代杰出的现实主义戏剧作家，是世界著名的擅长幽默与讽刺的语言大师，同时他还是积极的社会活动家和费边社会主义的宣传者。

新家，掀开了英国戏剧史的新一页。萧伯纳婚后改变了一些生活习惯，唯一不变的是他对戏剧的热爱，写出了《英国佬的另一个岛》《巴巴拉少校》《皮革多利翁》《伤心之家》《圣女贞德》等大量优秀的作品。《圣女贞德》的成功，被认为是他获得诺贝尔文学奖的主因。颁奖词称赞他的作品为"理想主义和博爱的标记，其刺激的讽刺往往被注入了一个独特的诗意美"。这时，总理大臣戴维·劳埃

萧伯纳（右2）在费边社集会上。费边社是 20 世纪初英国的一个工人社会主义派别，其传统重在务实的社会建设，倡导建立互助互爱的社会服务。一战前后，费边社会主义逐渐成为工党的理论和政策基础。下院的工党议员以及许多工党领导人都是费边社成员。

 知识链接：萧伯纳与中国

1925 年上海"五卅惨案"发生后，萧伯纳拍案而起，联合各国著名人士发表宣言，严厉谴责英国的残暴行径。此后他一直密切关注中国的民族独立和抗日救亡运动。"九一八事变"以后，"国际反帝同盟"曾委托一批世界文化名人到中国访问，其中便有萧伯纳。萧伯纳于 1933 年访问中国，与宋庆龄、蔡元培、鲁迅等会面，并结下诚挚的友谊。

德·乔治考虑建议授予萧伯纳爵位，但遭到萧伯纳的拒绝。1925 年，萧伯纳获得了诺贝尔文学奖，他把这笔约合 8000 英镑的奖金捐作创立英国瑞典文学基金会之用。

费边主义者

萧伯纳是英国著名的社会主义活动家，是费边社的重要领导人之一。他于 1884 年参加了费边社，主张用渐进的改良来改变资本主义制度。萧伯纳在费边社当了 27 年的执行委员，1906—1907 年担任该社的社长。他是许多费边社小册子和早期历史性文件的执笔者，其中以《社会主义的经济基础》和《向社会主义过渡》等为代表作，收进了由他本人主编的《费边社会主义论文集》，他也因主编过这本经典性文献而闻名遐迩。此外，他还著有《关于费边社政策的报告》《费边主义》《无政府主义的不可能性》《百万富翁的社会主义》和《社会主义常识》等，这些论文都被看作是费边社的重要文件，渲染着费边社会主义的色彩。费边社的领

袖们帮助成立了英国工党，费边社也一直是英国工党的理论库。至今，费边主义者仍然活跃在英国的政治舞台上。

萧伯纳也是积极的反战人士。第一次世界大战爆发，他毫不妥协的反对，尽管招致公众以及很多朋友的愤怒。1917 年写出表现第一次世界大战前夕英国知识分子绝望情绪的剧本《伤心之家》。十月革命发生，萧伯纳是欧洲最早同情和拥护这一革命的进步知识分子代表人物之一。

一扇印花玻璃窗，上绘有费边社诸位创始人的形象，是萧伯纳 1910 年为纪念费边社的创立而特地定做的。

生活中不是缺少美，而是缺少发现美的眼睛
罗曼·罗兰

他是诺贝尔文学奖的获得者，他的一生为争取人类自由、民主与光明进行不屈的斗争。

罗曼·罗兰（Romain Rolland，1866—1944 年）是一个有广泛国际影响的作家，也是著名的社会活动家。罗曼·罗兰的艺术成就主要在于他用豪爽质朴的文笔刻画了在时代风浪中为追求正义、光明而奋勇前进的知识分子形象。他的小说特点，常常被人们归纳为"用音乐写小说"。

罗曼·罗兰，法国思想家、文学家、批判现实主义作家、音乐评论家、社会活动家。1915 年诺贝尔文学奖得主，是 20 世纪上半叶法国著名的人道主义作家。

诺贝尔文学奖获得者

罗曼·罗兰出生于法国中部高原上的小镇克拉姆西，15 岁时随父母迁居巴黎。1899 年，毕业于法国巴黎高等师范学校，通过会考取得了中学教师终身职位的资格。其后入罗马的法国考古学校当研究生。归国后在巴黎高等师范学校和巴黎大学讲授艺术史，并从事文艺创作。这时期他写了七部剧本，以历史上的英雄事件为题材，试图以"革命戏剧"对抗陈腐的戏剧艺术。

20 世纪初，他的创作进入一个崭新的阶段，罗兰为让世人"呼吸英雄的气息"，替具有巨大精神力量的英雄树碑立传，连续写了几部名人传记：《贝多芬传》（1903 年）、《米开朗基罗传》（1906 年）和《托尔斯泰传》（1911 年）（共称《名人传》），同时发表了长篇小说《约翰·克利斯朵夫》，被誉为 20 世纪最伟大的小说。这部巨著共 10 卷，以主人公约翰·克利斯朵夫的生平为主线，描述了这位音乐天才的成长、奋斗和终告失败，同时对德国、法国、瑞士、意大利等国家的社会现实，做了不同程度的真实写照，控诉了资本主义社会对艺术的摧残。全书犹如一部庞大的交响乐，每卷都是一个有着不同乐思、情绪和节奏的乐章。该小说于 1913 年获法兰西学院文学奖，由此罗曼·罗兰被

泽尔沃斯博物馆曾是罗兰的居所，建筑非常精致，里面展出了艺术评论家、画廊主人泽尔沃斯收集的众多现代艺术品，其中不乏贾科梅蒂、康定斯基、莱热、米罗、毕加索这样的艺术大师的作品。

罗曼·罗兰与泰戈尔作为两位人道主义文学家，在法西斯兴风作浪的年代，不免惺惺相惜。罗曼·罗兰对泰戈尔说，在意大利，思想自由牺牲于所谓的"国家进步"，而且意大利并不是孤例。

认为是法国当代最重要的作家。1915 年，为了表彰"他的文学作品中的高尚理想和他在描绘各种不同类型人物所具有的同情和对真理的热爱"，罗兰被授予诺贝尔文学奖。

人道主义作家

人道主义思想贯穿罗曼·罗兰的一生。罗曼·罗兰人道主义的思想基础是 18 世纪启蒙运动的乌托邦思潮，尤其是卢梭富于诗意的民主理想，再加上 1789 年公布的《人权与公民权宣言》。自从青年时期以来，他坚持自由平等博爱的方向，希望能把这个口号变为实际行动。他认为这是振奋人心、复兴法兰西民族的关键。1914 年 9 月 15 日，罗兰在《日内瓦报》上发表了《超乎混战之上》一文，这也是他人生第一篇政论。他呼吁尽快结束战争，宣称各民族、各国文化都有其固有的优点，应当互相尊重；还建议成立"最高道德法庭"来制止这场战争。20 世纪 30 年代，罗曼·罗兰积极投身进步的政治活动，他任国际反法西斯委员会主席，声援并出席巴黎保卫和平大会，对人类进步事业作出了一定的贡献。他旗帜鲜明地反对两次世界大战，反对纳粹德国迫害季米特洛夫、呼吁苏联停止对知识

知识链接：罗曼罗兰家纺

罗曼·罗兰在罗马上大学时，曾爱慕一对意大利姐妹，年少的他一时竟不知道到底喜欢她们两人中的哪一个。罗曼·罗兰的后人回忆说，父亲经常回忆起那段往事，为了怀念那段爱情，1918 年，他们引进了那对姐妹家的纺织技术，开始从事纺织品生产。后来拿破仑三世的妻子欧仁妮皇后把罗曼·罗兰的后人指定为御用床品商，并将床品的品牌命名为"罗曼罗兰（ROMROL）"。

分子的流放、反对国民党政府对左翼作家的镇压，在维护正义方面发挥了无可替代的作用。

尘封 50 年的访苏日记

1935 年 6 月 23 日，69 岁的罗曼·罗兰应高尔基之邀到苏联访问，苏联给予了他 27 天来访最高礼遇的接待。但奇怪的是，罗曼·罗兰回国后却未对访苏期间的观感发表任何言论，当年曾引起过种种揣测。直到多年后，他的访苏日记才被发现，他在日记中详细记下了见闻，但最后却写道："在自 1935 年 10 月 1 日起的 50 年期满之前，不能发表这个笔记——无论是全文，还是片段。"1989 年，这本约 15 万字的日记正式出版。罗兰在日记里肯定了苏联建设新社会的成就，也记录了许多他目睹的弊病。

苏联 1966 年邮票，纪念罗曼·罗兰诞辰一百周年。

美国现代小说先驱
西奥多·德莱塞

他是美国最伟大最独特的小说家，他的作品贴近广大人民的生活，诚实、大胆，充满了生活的激情。

西奥多·德莱塞（Theodore Dreiser，1871—1945 年），美国现代小说的先驱，现实主义作家之一，他还是一个自然主义者，他的作品贴近广大人民的生活，诚实、大胆，充满了生活的激情。

写作生涯

德莱塞出生在印第安纳州一个破产的小业主家庭，他的童年是在苦难中度过的，中学没毕业就去芝加哥独自谋生。1889 年，进入印第安纳大学学习，一年后再次辍学。1892 年，开始了记者生涯，先后在芝加哥《环球报》、圣路易斯《环球-民主报》和《共和报》任职。1895 年，德莱塞寓居纽约，正式从事写作，同时编辑杂志。1900 年，德莱塞发表了第一部长篇小说《嘉莉妹妹》。据说，他从未想到写小说，这是他的好友阿瑟·亨利促成的。这部小说因被指控"有破坏性"而长期被禁止发行，但一些

20 世纪二三十年代是美国小说的黄金时代，这 20 年间，群星灿烂，显现出空前繁荣的壮观。当时，西奥多·德莱塞异军突起，驰骋文坛，独领风骚。他既是 20 世纪美国文学中第一位杰出的作家，也是美国现代小说的先驱。在美国文学史上，他是不带偏见地率先如实描写了新的美国城市生活，厥功奇伟。

散发出去的赠阅本却引起了许多有影响的作家的注意。1911 年出版了《嘉莉妹妹》的姊妹篇《珍妮姑娘》，这篇小说是以他父母和兄弟姐姐的辛酸遭遇为蓝本写的，但因为主人公珍妮在诸多事情上违背了当时的道德伦理准则，如未婚生子、做人情妇等，所以仍然激起了很大的争议。1912 年和 1914 年分别发表的《欲望三部曲》的前两部《金融家》和《巨人》，对当时美国社会产生了巨大的影响，从此奠定了德莱塞在美国文坛的地位。1915 年出版了《天才》，这是德莱塞自己最满意的一部长篇小说。

1915 年，德莱塞到故乡特雷霍特旧地重游，追忆往事，搜集素材，为创作小说作准备。1919 年开始动笔，1925 年发表了以真实的犯罪案件为题材的长篇小说《美国的悲剧》，由波尼与莱弗赖特出版公司正式出版，立即轰动美国。这部作品标志着德莱塞的现实主义创作取得了新的成就，该作品使他享誉世界。1927 年，德莱塞访问了苏联，1941 年被选为美国作家协会主席，1944 年获美国文学艺术学会荣誉奖。1945 年 8 月，74 岁高龄的德莱塞加入了以福斯特为首的美国共产党，同年 12 月 28 日病逝。在他去世后的 1946 年和 1947 年，他的两部长篇小说《堡垒》和《斯多噶》分别出版。

《嘉莉妹妹》

《嘉莉妹妹》是德莱塞创作的第一部小说，也

1952 年，劳伦斯·奥利弗与珍妮弗·琼斯合作，出演威廉·惠勒执导的爱情影片《嘉莉妹妹》。影片根据美国作家西奥多·德莱塞的小说《嘉莉妹妹》改编，讲述了俊俏的农村姑娘嘉莉由于偶然的机会成了走红一时的演员的故事。

已。《嘉莉妹妹》是一部真正的现实主义小说，真实再现了当时的美国社会，至今依然具有巨大的现实意义。

是美国文学史上最著名的作品之一。20 世纪初的美国，自由资本主义蓬勃发展并进入兴盛时期，美国从一个以农业为主的社会变成了一个以城市为中心的社会。机械化的生产提高了效率。农村多余的劳动力也进入了城市。科学技术的发展使人类对自然的依赖性降低，人们有更多的自由选择自己想要的生活方式。都市无疑是现代生活的中心，也成了年轻人追求的场所。嘉莉妹妹就是其中的一员，她从社会底层登上百老汇红舞星的宝座。

《嘉莉妹妹》以真切的现实主义为鲜明的特征，比较真实地揭露了 20 世纪初人们狂热地追求美国梦的悲剧事实，揭示了驱使人们享乐却最终幻灭的本能主题。德莱塞对当时的美国社会洞察得很透彻，他通过嘉莉妹妹追逐美国梦的经历，揭露了美国社会的阴暗面，同时也攻击了美国社会的道德标准。展示出在这样一个金钱至上的社会里，美国梦只是一种幻想，穷人凭借诚实的劳动上升到社会上层不过是安慰自己的幻想而

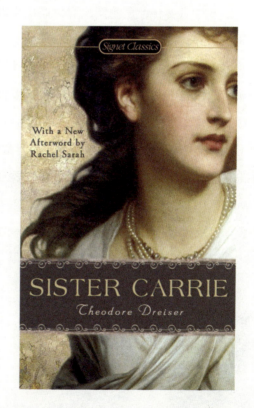

《嘉莉妹妹》很多情节都有现实的事例，如最重要的一个情节是赫斯渥偷了酒店的钱，将嘉莉骗上火车，开始了私奔的生活。这个情节的原型实际上是德莱塞妹妹埃玛的生活经历。当年一家酒店的出纳就曾经偷了店里的 3500 美元，带着埃玛私奔到蒙特利尔，然后又辗转去了纽约。

"小资"的最爱 詹姆斯·乔伊斯

他是 20 世纪最伟大的作家之一，
他的作品对世界文坛产生了巨大的影响。

詹姆斯·乔伊斯（James Joyce，1882—1941 年），爱尔兰作家、诗人，20 世纪最伟大的作家之一，后现代文学的奠基者之一，其作品对世界文坛影响巨大。

创作生涯

1882 年 2 月 2 日，詹姆斯·乔伊斯出生在爱尔兰的都柏林。他在基德尔县沙林斯市的天主教教会学校克朗戈伍斯森林公学时就表现出非凡的文学才能。1898 年进入都柏林大学专攻哲学和语言。1900 年 4 月 1 日，英国文学杂志《半月评论》发表了他的关于易卜生作品《当我们死而复醒时》的评论，获得易卜生的赞许，这使乔伊斯深受鼓舞。1901 年 10 月，乔伊斯写作《喧嚣的时代》一文，批评爱尔兰文艺剧院的狭隘的民族主义。1902 年 6 月，乔伊斯毕业于都柏林大学学院，获得了现

詹姆斯·乔伊斯博物馆处在都柏林沙湾区的一个圆形石造碉堡内，据说在 1904 年，乔伊斯在此度过了六个夜晚。他创作的意识流小说代表作——《尤利西斯》的开场便是设在离开此地之后发生的事变。对于众多乔伊斯迷来说，这里是一个圣地，尤其是在每年 6 月 16 日的"布鲁姆日"。

代语学士学位。乔伊斯的文学生涯始于他 1904 年开始创作的短篇小说集《都柏林人》。1908 年，乔伊斯开始创作长篇小说《一个青年艺术家的画像》。《一个青年艺术家的画像》有强烈的自传色彩，乔伊斯通过斯蒂芬·迪达勒斯的故事，实际上提出了艺术家与社会、与生活的关系问题。1922 年，乔伊斯创作长篇小说《尤利西斯》，借用古希腊史诗《奥德赛》的框架，使《尤利西斯》具有了现代史诗的概括性。1939 年，出版长篇小说《芬尼根守灵夜》，借用 18 世纪思想家维柯关于世界在四种不同社会形态中循环的观点，在此框架中展开庞杂的内容。除上述三部作品，乔伊斯还著有

詹姆斯·乔伊斯的作品及"意识流"思想对世界文坛影响巨大。但其一生颠沛流离，辗转于欧洲各地，靠教授英语和写作糊口，晚年饱受眼疾之痛，几近失明。

都柏林的詹姆斯·乔伊斯桥

诗集《室内乐》和剧本《流亡者》。

《都柏林人》

1914 年出版的《都柏林人》是詹姆斯·乔伊斯久负盛名的短篇小说集，称得上是 20 世纪整个西方最著名的短篇小说集。置景于 20 世纪二三十年代的都柏林，截取中下层人民生活的横断面，以写实和讽刺的表现手法描绘了 20 世纪初期都柏林中下阶层的生活。在乔伊斯眼中，处于大英帝国和天主教会双重压迫和钳制下的爱尔兰是一个不可救药的国家，而都柏林则是它"瘫痪的中心"，在这个城市里每时每刻都上演着麻木、苦闷、沦落的一幕幕活剧。《都柏林人》以现实主义和象征主义相结合的手法，成功地再现了 19 世纪末 20 世纪初英国殖民爱尔兰的社会现实。《都柏林人》也是乔伊斯决心告别传统、走上文学实验与革新道路的一个重要标志。《都柏林人》在世界文坛上占有重要的位置，其中的一些篇章更是属于英语短篇小说中的一流作品。时至今日，《都柏林人》的美学价值和艺术成就在文学界已获得普遍的认可。

《一个青年艺术家的画像》

《一个青年艺术家的画像》是乔伊斯的自传体小说，叙述了极其敏感、多思的主人公斯蒂芬·迪达勒斯成长的心路历程。《一个青年艺术家的画像》是乔伊斯早期"精神顿悟"手法与后期意识流技巧之间的一个必然过渡，是作者创作生涯中的一个重要转折，它的艺术价值和文学地位已得到众多批评家的肯定。尽管《一个青年艺术家的画像》不是一部纯意识流小说，但它既有现实主义的精髓，又有现代主义的新质，它的现代性体现在它的主体内容和表现手法上，而它的意义则更多地体现在它的现代性里。正是在这个基础上，乔伊斯才在后来创作出了真正意义的现代主义小说《尤利西斯》和《芬尼根守灵夜》，从而铸造了意识流小说的辉煌。

乔伊斯面临的最大指责是文字晦涩，甚至他的妻子斥责道："你就不能写一点别人看得懂的东西?"但乔伊斯的作品尤其是晦涩之最《尤利西斯》很是畅销，附庸风雅的人不少，连玛丽莲·梦露也在读。

西方现代主义文学先驱
弗兰兹·卡夫卡

他是现代派文学的鼻祖，是表现主义文学的先驱；

对社会的陌生感、孤独感与恐惧感是他创作的永恒主题。

弗兰兹·卡夫卡（Franz Kafka，1883—1924年）是奥匈帝国统治下的捷克的小说家，欧洲著名的表现主义作家。其作品大都用变形荒诞的形象和象征直觉的手法，表现被充满敌意的社会环境所包围的孤立的、绝望的个人。卡夫卡的文笔明净而想象奇诡，常采用寓言体，令20世纪各个写作流派纷纷追认其为先驱。

卡夫卡的父母。卡夫卡的父亲对儿子的写作事业并不理解，更谈不上支持，加上他对子女的家长制管教方法，使卡夫卡在心理上从小就承受着威权的压力。这成为卡夫卡创作中"代沟"和"慑强"主题的生活原型。

写作生涯

卡夫卡出生于犹太商人家庭，他自幼喜爱文学，中学时代就开始阅读易卜生、斯宾诺莎、尼采、达尔文等人的著作，18岁进入布拉格大学学习文学和法律，开始文学创作。他生活和创作的主要时期是在一战前后，当时，经济萧条，社会腐败，人民穷困，这一切使卡夫卡终生生活在痛苦与孤独之中。于是，对社会的陌生感、孤独感与恐惧感成了他创作的永恒主题。他在短暂的一生中写下

了许多中短篇小说和三部未完成的长篇小说《失踪者》《诉讼》和《城堡》，还有大量书信、日记、随笔、箴言等，但他对自己的作品要求十分严格，对大多数作品不甚满意，生前只发表了极少的一部分。他在遗嘱中要求挚友马克斯·布洛德销毁他所有未发表过的手稿并永不再版已发表的作品，但布洛德并没有这样做，而是花了很大的精力将卡夫卡的所有作品整理出版。可惜很多作品在此以前已被卡夫卡的女友按照他的愿望烧毁了。

卡夫卡被认为是现代派文学的鼻祖，是表现主义文学的先驱，其作品主题曲折晦涩，情节支离破碎，思路不连贯，跳跃性很大，语言的象征意义很强，这给阅读和理解他的作品带来了一定的困难。

漫画表现了敏感紧张的卡夫卡形象。卡夫卡笔下描写的都是生活在下层的小人物，他们在这充满矛盾、扭曲变形的世界里惶恐、不安、孤独、迷惘，遭受压迫而不敢反抗，也无力反抗，向往明天又看不到出路。

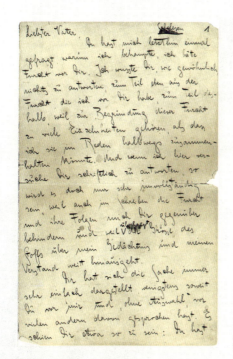

卡夫卡写给
父亲的信

 知识链接：卡夫卡热

卡夫卡是一位用德语写作的业余作家，国籍属奥匈帝国，他与法国作家马塞尔·普鲁斯特、爱尔兰作家詹姆斯·乔伊斯并称为西方现代主义文学的先驱和大师。卡夫卡生前默默无闻，孤独地奋斗，随着时间的流逝，他的价值才逐渐为人们所认识，作品引起了世界的震动，并在世界范围内形成一股卡夫卡热，经久不衰。

卡夫卡的作品难读，连母语是德语的读者也觉得读懂这些作品不是件容易的事，但他那独到的认识，深刻的批判，入木三分的描写，都深深地吸引着人们。虽然卡夫卡一生的作品并不多，但对后世文学的影响却是极为深远的。英国诗人奥登认为："卡夫卡对我们至关重要，因为他的困境就是现代人的困境。"卡夫卡的小说揭示了一种荒诞的、充满非理性色彩的景象，个人式的、忧郁的、孤独的情绪，运用的是象征式的手法。20 世纪三四十年代的超现实主义余党视之为同仁，四五十年代的荒诞派以之为先驱，六十年代的美国"黑色幽默"奉之为典范。

《变形记》

《变形记》是卡夫卡的短篇小说，完成于 1912 年，1915 年首次发表在月刊《白色书刊》10 月号上。《变形记》中主人公格里高尔·萨姆沙在一家公司任旅行推销员，长年奔波在外，辛苦支撑着整个家庭的花销。当萨姆沙还能以微薄的薪金供养他那薄情寡义的家人时，他是家中受到尊敬的长子，父母

夸奖他，妹妹爱戴他。当有一天他变成了甲虫，丧失了劳动能力，对这个家再也没有物质贡献时，家人一反之前对他的尊敬态度，逐渐显现出冷漠、嫌弃、憎恶的面孔。父亲恶狠狠地用苹果打他，母亲吓得晕倒，妹妹厌弃他。渐渐地，萨姆沙远离了社会，最后孤独痛苦地在饥饿中默默地死去。

《变形记》中萨姆沙的遭遇是在那个物质极其丰裕、人情却淡薄如纸的时代里处于底层的小人物命运的象征，反映了世人唯利是图、对金钱顶礼膜拜、对真情人性不屑一顾，最终被社会挤压变形的现实，反映了当时真实的社会生活。卡夫卡以自己独特的艺术笔调，用象征、细节描写等手法对"人变成甲虫事件"进行艺术再造，使作品呈现出荒诞、不可思议的基调。

寓言小说《变形记》，它不求社会生活画面的丰富多彩，但求深刻的哲理和寓意包蕴其中。揭示出人与人之间关系的冷漠和冷酷，人的处境的可怜、可悲与可怖。

暴风雨中的海燕
高尔基

他是社会主义现实主义文学的奠基人，也是无产阶级艺术最伟大的代表者。

高尔基（Maksim Gorky，1868—1936 年）是俄国著名作家、诗人、评论家、政论家、学者，他的一生创作了多部作品，是社会主义现实主义文学的奠基人，也是无产阶级革命文学的导师，苏联文学的创始人之一。

写作之路

玛克西姆·高尔基原名阿列克塞·马克西莫维奇·彼什科夫，1868 年出生于下诺夫哥罗德的一个木工家庭。高尔基 3 岁时父亲去世，11 岁即为生计在社会上奔波，曾当过学徒、搬运工和面包工人等，贫民窟和码头成了他的"社会"大学的课堂。他与劳动人民同呼吸共命运，亲身经历了资本主义残酷的剥削与压迫，对他的思想和创作发展产生了重要影响。

1892 年，高尔基发表处女作《马卡尔·楚德拉》，在文坛崭露头角。他的早期作品夹杂着现实

文学界对高尔基的评价两极分化，肯定的认为他是无产阶级革命文学导师，否定的认为高尔基的作品中没有艺术。苏联作家尤·特里丰诺夫的话可能较为中肯："高尔基是一座完范的森林。在这座森林里，既有益鸟，也有野兽。既有营养丰富的蘑菇，也有致人死命的毒菇。采集者进入这个森林，只需要把对人们有好处的蘑菇摘走。其他的任留在林中就是。"

高尔基和托尔斯泰。1900 年 1 月，高尔基以一个有前途的新晋作家身份，拜访了他仰慕已久的托尔斯泰。这次见面，双方总体上还是满意的。托尔斯泰在日记中写道："高尔基来访，我们谈得很投机。我很喜欢他。他是一个平民出身的真正的人。"高尔基很兴奋，他在给契诃夫的信中说："当他开始谈话的时候，我倾听着，大吃一惊。他所说的一切都是非常朴素和深刻的"。

主义与浪漫主义两种风格，浪漫主义作品如《马卡尔·楚德拉》《伊则吉尔老婆子》和《鹰之歌》等，赞美了热爱自由、向往光明与英雄业绩的坚强个性，表现了渴望战斗的激情；现实主义作品如《契尔卡什》《沦落的人们》《柯诺瓦洛夫》等，描写了人民的苦难生活及他们的崇高品德，表达了他们的激愤与抗争。

1901 年，高尔基创作了著名的散文诗《海燕》，塑造了象征革命者搏风击浪的勇敢的海燕形象，预告革命风暴即将到来，鼓舞人们去迎接伟大的战斗，这是一篇无产阶级革命战斗的檄文与颂歌，受到列宁的热情称赞。1901—1905 年，高尔基的创作转向了戏剧，他先后创作了《小市民》《底层》《避暑客》《太阳的孩子们》和《野蛮人》等剧本。特

别是《小市民》和《底层》展现了现实生活中工人的新形象与新的精神面貌，表现了他们为自己的权利而斗争的决心与乐观情绪。这些戏剧的上演，在当时俄国的剧坛上引起了轰动。

投身革命

1905 年俄国革命期间，高尔基积极投身于无产阶级革命斗争，加入了俄国社会民主工党，并同列宁会晤。1906 年初，高尔基秘密离开俄罗斯前往美国，在那里宣传革命。这一时期高尔基创作了两部最重要的作品《母亲》和《敌人》，使他的创作达到了新的高峰。《母亲》取材于 1902 年索尔莫沃工人五一游行事件，塑造了为社会主义事业奋斗的巴维尔及其在现实的教育下由逆来顺受转变为坚定的革命战士的母亲尼洛夫娜的形象，渗透着对历史进步的坚定信念。列宁称赞这部小说是"一本非常及时的书"，对俄国工人"有很大的益处"。《敌人》第一次描写了向资产阶级正面进攻的工人阶级战斗集体，塑造了共产党人辛佐夫的典型形象。这两部作品成为俄国无产阶级文学的奠基作。

1905 年俄国革命失败后，高尔基写了一系列政论文章，抨击西方资本主义制度，谴责充斥于思想、文学界的形形色色的反动思潮。高尔基对新的无产阶级文学创作方法从理论上进行了许多探索，提出现实主义与浪漫主义相结合的观点。他在两次革命之间的创作成果颇丰，如《奥古洛夫镇》《夏天》《马特维·柯热米亚金的一生》《意大利童话》以及《俄罗斯童话》。1921 年夏天，高尔基因病复发出国就医，他一边治病休养，一边努力创作，发表回忆录《列夫·托尔斯泰》和特写《列宁》，完成自传三部曲《童年》《在人间》和《我的大学》，描写了作家从生活底层走向革命道路的历程。

 知识链接：高尔基热

在高尔基辞世近半个世纪以后，欧美各国掀起了"高尔基热"。高尔基的剧本不断被搬上各国舞台，被拍成电视和电影。20 世纪六七十年代，《底层》和《敌人》在美国上演，被剧评家评为"已播出节目中最好的剧目"。在联邦德国，上演了高尔基的《瓦萨·日列兹诺娃》。在法国、英国和西班牙等地，也都上演了高尔基的剧本。

斯大林拜访高尔基（图右）。在十月革命时，高尔基未把布尔什维克视为同道，反而持批评态度。托洛茨基说，这时的高尔基与"反革命"没有两样。1919 年列宁曾说："高尔基与共产党的分歧日益加深。"斯大林与高尔基更是貌合神离，高尔基人生最后三年实际上处于被软禁的状态。

一话一说一世一界一

杰出的社会主义现实主义作家

米哈依尔·肖洛霍夫

他是 20 世纪苏联文学的杰出代表，也是苏联文学史上唯一既获斯大林文学奖，又获诺贝尔文学奖的作家。

米哈依尔·肖洛霍夫（M.A.Sholokhov，1905—1984 年）是 20 世纪苏联文学的杰出代表，曾获得列宁勋章和"社会主义劳动英雄"称号，当选苏共中央委员、苏联最高苏维埃代表、科学院院士、苏联作家协会理事。

诺贝尔奖获得者

1905 年 5 月 24 日，肖洛霍夫生于维申斯克省的顿斯科伊军屯的克鲁日林村的农民家庭，母亲出嫁前一直给地主家当女仆，父亲是哥萨克下级军官。1914 年肖洛霍夫先是被送往莫斯科，后来又回到哥萨克村里上学。13 岁时，正值第一次世界大战，德军对乌克兰的入侵中断了他的学业。1922 年，他来到莫斯科，开始从事文学活动，并参加了文学团体"青年近卫军"。1924 年加入俄罗斯无产阶级作家联合会（拉普），成为职业作家。

肖洛霍夫最著名的作品是小说《静静的顿河》，它是俄罗斯文坛上一部不朽的巨著，小说构思于 1926 年，四部分别于 1928 年、1929 年、1933 年和 1940 年出版，前后历时 14 年。《静静的顿河》是一部描写具有重大历史意义时代的人民生活史诗，展示了 1912—1922 年俄国社会的独特群体——顿河地区哥萨克人在第一次世界大战、二月革命和十月革命以及国内战争中的苦难历程。主人公葛利高里是生长在顿河岸边的哥萨克人，他动摇于妻子娜塔莉亚与情人阿克西妮亚之间，徘徊于革命与反革命之间，他既是英雄又是受难者，他有着哥萨克人的一切美好品质——勇敢、正直、不畏强暴，而同时葛利高里身上又带有哥萨克人的种种偏见和局限。在历史剧变的关头，葛利高里一会儿投入红军，一会儿倒向白军，双手沾满了两方面的鲜血，他的矛盾和痛苦显然与他所属的特定的群体无法切割。1965 年，肖洛霍夫因《静静的顿河》获得诺贝尔文学奖，原因是"由于他在描绘顿河的史诗式的作品中，以艺术家的力量和正直，表现了俄国人民生活中的具有历史意义的面貌"。

肖洛霍夫为意识形态对立的东西方两个世界共同认可。肖洛霍夫的小说对顿河流域的史诗般的描写，揉进了东西方文化的特质、对人性的张扬与文学艺术的创新。但他作为一个历史人物，评价不一，特别是在苏联解体后，分歧更大，有人指责他曾经为许多错误政策张目。

顿河。肖洛霍夫从孩提时代就十分熟悉顿河哥萨克人的生活，并在自己的作品中真实记述了哥萨克人在苏联政权发生急剧性转变初期的生活状态。

现实主义作家

肖洛霍夫是严格的现实主义作家，他从生活出发，尊重生活真实，反对违背生活真实。他的作品所表现的历史事件以及围绕这些事件展开的地理环境和历史氛围都有严格的依据。创作《静静的顿河》时，他曾奔走于顿河各村镇，收集民歌和传说，到各大图书馆查阅资料，他曾实地考察过当年的战场。他尊重历史的真实，勇敢地揭示历史事件的真相。他从艺术的角度，解释了1919年顿河暴动的起因，指出是由于苏维埃政权的"左"倾过头行为和红军某些人违法乱纪导致的。

小说第三部的发表因此受阻，某些"拉普"的领袖们指责其为暴动辩护，甚至说他是反革命分子。但他并没有屈服，而是坚持自己的立场，这显示了他尊重历史真实的严肃态度。肖洛霍夫所追求的，是生活真实与艺术真实的完美统一，这也体现在人物塑造上。例如，葛利高里返回故土，就是作家遵循现实主义原则的神来之笔，这已是大家公认的事实了。再如丽亚的自杀，并不意味着这个人物性格发展的中断，恰恰相反是性

知识链接：肖洛霍夫与中国

20世纪20年代末，鲁迅首先注意到肖洛霍夫的作品。1931年，《静静的顿河》中译本作为鲁迅编辑的"现代文艺丛书"之一由上海神州国光社出版，从此，肖洛霍夫的作品几乎每发表一部，都很快被介绍到中国来，尤其是《一个人的遭遇》在《真理报》上刚一刊出，当月就译成了中文，而且有两个不同的译本，这在中国翻译史上是难寻之事。

格发展的顶点。她的忏悔是人性的复苏，在她的忏悔里我们看到了这个放荡不羁、毒如蛇蝎的女人身上的人情味，沉河前的忏悔也显示了这个人物的复杂性。

顿河旁的鞑靼村，《静静的顿河》卷一第一章插画。

"诗圣" 泰戈尔

他的诗已经超越了国界，
他也是一位民族主义者。

拉宾德拉纳特·泰戈尔（Rabindranath Tagore，1861—1941年），印度著名诗人、文学家、社会活动家、哲学家和印度民族主义者。1913年，他以《吉檀迦利》成为第一位获得诺贝尔文学奖的亚洲人。泰戈尔是具有巨大世界影响的作家。他共写了50多部诗集，被称为"诗圣"。

诗圣和民族主义者

泰戈尔出生于加尔各答市的一个富有哲学和文学艺术修养的家庭，少年时代即开始文学创作，在半个多世纪的创作生涯中，他涉足诗歌、小说、戏剧等领域，且均取得杰出成就。其中，最能体现他的风格特征的是他的诗。在印度，在世界许多国家，泰戈尔都被尊为"诗圣"。他的诗中含有深刻的宗教和哲学的见解，代表作有《吉檀迦利》《飞鸟集》《眼中沙》《四个人》《家庭与世界》《园丁集》《新月集》《最后的诗篇》《戈拉》《文明的危机》等。对于泰戈尔，他的好友吉尔伯特·默里教授称

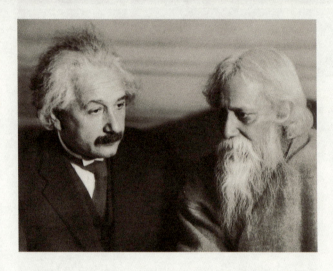

东方与西方对话。1930年，泰戈尔和爱因斯坦在德国首次会面。一个人是"具有思想家头脑的诗人"，一个人是"具有诗人头脑的思想家"。两个人的对话"就像两个来自不同星球的人在交谈"。很多方面，这两位伟大人物是不同的：国籍、文化背景、职业以及专注点，但他们仍然因为对方的贡献、对真理的追求以及对音乐的热爱而联系在一起。

赞道："泰戈尔是个真正的诗人，而且是个新型的诗人，他能使东方和西方的想象互相理解。"

1905年以后，民族运动进入高潮时期，孟加拉人民和全印度人民都起来反对孟加拉分裂，形成了轰轰烈烈的反帝爱国运动，泰戈尔毅然投身于这个运动，写出了大量的爱国主义诗篇。但是，没过多久，泰戈尔就同运动的其他领袖们发生了意见分歧。他不赞成群众焚烧英国货物，辱骂英国人的所谓"直接行动"。他主张多做"建设性"的工作，比如到农村去发展工业，消灭贫困与愚昧等等。但部分群众不接受他的意见，由于失望，他便退出运动。从此以后，在一段相当长的时期内，他过着远

泰戈尔在诗歌、体裁、语言及表现方法上能够大胆创新，别具一格。诗中含有深刻的宗教和哲学的见解，泰戈尔的诗在印度享有史诗的地位。

泰戈尔访华时与徐志摩和林徽因合影

知识链接：泰戈尔与中国

泰戈尔对中国怀有特殊的深厚感情，十分关心中国人民的命运。1881 年，年仅 20 岁的泰戈尔发表文章，严厉谴责英国向中国倾销鸦片毒害中国人民的罪行。1916 年，泰戈尔在访日期间严厉谴责日本侵略中国山东的罪恶行径。1937 年日本发动侵华战争以后，他多次以书信、电报、谈话、诗篇等形式谴责日本的野蛮暴行，同情并支持中国人民的正义斗争。

离现实斗争的隐居生活，埋头于文学创作。1915 年，他结识了甘地。实际上，他同印度国大党早就有联系，还出席过国大党的代表大会。但是，他同国大党的关系始终是若即若离的。他同甘地也有很真挚的私人友谊，不过，他对甘地的一些做法并不赞同。这两个非凡的人物并不试图掩盖他们之间的意见分歧。同时从道义上和在社会活动中，他们总是互相尊重，互相支持。

第一位获得诺贝尔文学奖的亚洲人

泰戈尔在 1913 年获得诺贝尔文学奖的作品就是他在英国出版的诗集《吉檀迦利》。《吉檀迦利》是泰戈尔中期诗歌创作的高峰，也是最能代表他思想观念和艺术风格的作品。这部宗教抒情诗集，是一份"奉献给神的祭品"。风格清新自然，带着泥土的芬芳。泰戈尔向神敬献的歌是"生命之歌"，他以轻快、欢畅的笔调歌唱生命的枯荣、现实生活的欢乐和悲哀，表达了作者对祖国前途的关怀。诗歌发表之后，引起了全世界的轰动。该作品获奖的理由是："由于他那至为敏锐、清新与优美的

诗，这诗出自高超的技巧，并由于他自己用英文表达出来，使他那充满诗意的思想业已成为西方文学的一部分。"当时的评委瑞典学院诺贝尔委员会主席哈拉德·雅恩在"颁奖词"中曾这样鞭辟入里地评价这部作品是"特点为思想的极大深度"，是呈现"灵魂对永恒的渴望"而又"充满诗意的思想"的清新、优美的诗歌。

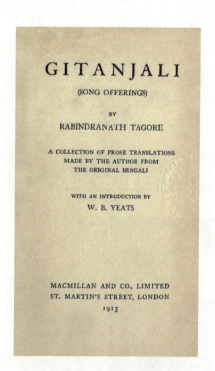

1913 年版《吉檀迦利》扉页。这部宗教抒情诗集，是泰戈尔向神敬献的"生命之歌"。

无声的控诉
雷马克与
《西线无战事》

一战把雷马克打造成一个伟大的作家，他的《西线无战事》被称为是被毁灭的德国青年一代的控诉书。

埃里希·马里亚·雷马克（Erich Maria Remarque，1898—1970年），德国小说家，因著有《西线无战事》一书而知名。

雷马克的创作经历

雷马克出生于德国一个虔诚的天主教家庭，他年少时家境贫寒，一直在天主教会学校念书。自1912年起，雷马克开始在天主教会办的师范预备班学习，1915年正式成为初等师范学校的一员。随着第一次世界大战的爆发，雷马克应征入伍。在战争中他五次负伤，特别是最后一次在佛兰德战役中，他从火线救出一位受伤的战友时，在英军的突然袭击下，自己被手榴弹炸伤，伤势相当严重，经过较长时间的治疗虽然最终康复，但右腕关节上留下了无法消退的疤痕。

一战结束后，雷马克回到原来的学校继续学业，毕业之后，他在靠近荷兰边境的一个村子里

雷马克因《西线无战事》一书而知名，该书出版后立即在国际上获得声誉。1932年雷马克离开德国，前往瑞士。1933年他的书被纳粹党查禁。1939年他流亡美国，1947年入美国籍。

当了一年小学教师。但是他对这个工作感到失望，因此辞去了教职。20世纪20年代对战后德国的年轻人来说是一个十分艰难的时期，通货膨胀，经济萧条，日子很不好过。在那段时间里，雷马克当过贩夫走卒，做过石匠，在精神病院当过风琴手。后来，他开始为报社撰写广告稿和评论文章。1922年秋，雷马克去汉诺威大陆公司正式担任广告部主任兼《大陆回声报》主编，为这个刊物写了许多作为轮胎、摩托车、汽车广告的短小而幽默的文字。1927年下半年，雷马克开始写作他大战结束以来一直酝酿、构思的小说《西线无战事》。他仅仅花了6个星期就把小说写成了，先在《福斯报》上连载，随后做了一些修改，印成单行本出版。连载的时候，那份报纸的销量一下子增加了3倍。1929年1月全书出版以后，更引起了德国以及世界其他许多国家的轰动。这意外的成功，使雷马克一跃成为世界闻名的作家。

《西线无战事》

《西线无战事》是描写第一次世界大战最著名和最有代表性的作品。"西线"是站在德国立场上而言，法国在德国西边，与法国交战的战线即是西线。《西线无战事》通过描述士兵在战壕中刻板的日常生活，反映了一名普通士兵真实的战争经历。故

ll in October 1918, on a day that was so quiet and still on the whole front,
he army report confined itself to the single sentence:
let on the Western Front.

fallen forward and lay on the earth as though sleeping.
g him over one saw that he could not have suffered long;
e had an expression of calm, as though almost glad the end had come."

《西线无战事》插图。上面写道："他于 1918 年 10 月阵亡，整个前线是如此平静和沉寂，所以军队指挥部的战报上仅仅写着这样一句话：西线无战事。"

事主人公保罗·博伊默尔和他班上的同学在长期接受老师们灌输的所谓"英雄气概""神圣责任"和"祖国"这些爱国主义口号后，自愿报名入伍。他们在接受短期训练后开赴西线战场。在第一次雨点般的炮火中，那些陈词滥调的口号即被炸飞了。青年人的理想主义抵抗不住连天的炮火和壕沟里野蛮的搏杀，他们的幻想破灭了。到 1918 年秋天，博伊默尔在前线的 7 个同学，只剩下他一个。他孤独，没有希望。同年 10 月他阵亡。

雷马克阐明了此书的目的既不代表内心的自白，也非对于某个国家战争行为的控诉，而是给读者呈现了那一代没能逃脱弹片袭击的人们的悲惨命运。正如他在该书的前言中所写的："这本书既不是一种谴责，也不是一份表白。它只是试图叙述那样一代人，他们尽管躲过了炮弹，但还是被战争毁掉了。"雷马克运用自然主义的叙述手法再现了战争的血腥和残暴，也表现了青年士兵由于价值体系崩塌而导致的失望、迷惘与极度厌战情绪，因而《西线无战事》成为"迷惘的一代"文学在欧洲当之无愧的代表作。1930 年，根据该书拍成的美国电影也同样获得成功。

知识链接：电影《西线无战事》

　　《西线无战事》是 1930 年刘易斯·迈尔斯通执导的反战题材剧情片，由刘·艾尔斯、路易斯·沃海姆主演，1930 年 4 月 21 日在美国上映。电影改编自德国作家雷马克的同名小说，讲述的是马恩河战役前后，一群德国少年兵对战争态度由兴奋、憧憬到反感的过程。该影片获得第三届奥斯卡金像奖最佳影片、最佳导演两个奖项。

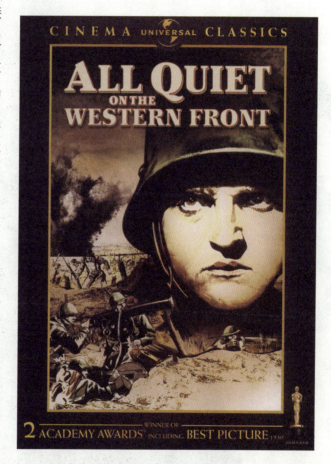

电影《西线无战事》宣传照。在影片中，导演以卓越的摄影技巧、写实的风格把战火、阵地、冲锋、肉搏，以及残酷恐怖、野蛮凶杀的场面拍得十分逼真，有声有色，惊心动魄。同时，影片极高的艺术成就和丰富的内涵又使它成为一部"优秀的博士论文"（苏联电影艺术家谢尔盖·爱森斯坦评）。

话　说　世　界

现代化生活的时代

　　20世纪初，资本主义进入帝国主义阶段。以电力的使用为主要内容的第二次科技革命向纵深发展，推动了世界经济的迅速增长，同时科技的成果广泛应用于人们的日常生活，对人们的生活水平、生活方式、文化教育、文体娱乐等方面产生了极为深刻的影响。

　　从日常的衣食住行中，处处可以感受到科学技术给人民生活带来的变化。各种合成纤维大大丰富了人们的衣着面料；农业的增产提供了丰富的食品，改善了人们的食品结构；医学的进步提高了人们的健康水平，延长了平均寿命；电灯、电话、家用电器的普及大大方便了人们的生活；电影技术的发展，让电影成为人们休闲娱乐的一项重要活动，例子不胜枚举。以汽车为例，美国福特汽车公司通过技术创新和推行新的科学装配线，大大降低了汽车的制造成本，使汽车由少数富人的奢侈品变成普通平民百姓的生活必需品，迅速得到普及。它带给人们的不仅是交通的方便、快捷，更深刻地影响了美国城市社会生活的重构。

　　现代社会的又一个文明进步就是女权运动。19世纪末是妇女解放运动的第一次浪潮，争论的焦点是要求两性的平等，公民权、政治权利，反对贵族特权、一夫多妻，强调男女在智力上和能力上是没有区别的。最重要的目标是要争取家庭劳动与社会劳动等价、政治权利同值。第一次世界大战前后，主要的资本主义国家给予了妇女选举权。

风靡全球的即兴音乐
爵士乐

它是一种从前居住在美国南部的奴隶以及他们的后代们的民间音乐。
它赢得了广大听众的喜爱，风靡全球。

爵士乐于19世纪末20世纪初源于美国，诞生于新奥尔良，音乐根基来自布鲁斯和拉格泰姆。爵士乐讲究即兴，以具有摇摆特点的Shuffle（随机）节奏为基础，是非洲黑人文化和欧洲白人文化的结合。20世纪前十几年爵士乐主要集中在新奥尔良发展，1917年后转向芝加哥，30年代又转移至纽约，直至今天，爵士乐风靡全球。

发源地

爵士乐于19世纪末20世纪初诞生于美国的南部城市新奥尔良。19世纪初，法国人统治着新奥尔良。由于管理非常松散，许多非洲黑人从美国南方的奴隶主手下逃到新奥尔良享受"自由黑人"的身份。再因通婚自由，非洲黑人与法国人的结合出现了大量的混血黑人，即克里奥尔人。到了19世纪末，新奥尔良的居民中除了白人、黑人外，剩下的就是克里奥尔混血黑人。南北战争前，克里奥尔人享有与白人同样的地位，接受良好的教育，包括古典音乐

教育。南北战争后，由于实施新的种族隔离法，迫使他们与黑人为伍。黑人的非洲音乐传统与克里奥尔人的古典音乐训练相结合，对爵士乐的产生起到了良好的促进作用。新奥尔良对黑人一直采取比较宽容的态度。当其他城市歧视黑人、压制黑人音乐发展时，新奥尔良仍然允许黑人在大街上以弹唱谋生，许多妓院、赌场、娱乐场所给黑人提供了大量的谋生机会。此外，新奥尔良曾是美国的管乐器制作中心，管乐器很便宜，几乎任何黑人都很容易得到一个二手货，因而小型管乐队随处可见。由于这些原因，爵士乐在新奥尔良这片土地上得到了充分的酝酿，迅速地发展起来。

风格

爵士乐以其极具动感的切分节奏、个性十足的爵士音阶和不失章法的即兴演奏赢得了广大听众的喜爱，同时也得到了音乐领域各界人士的认可。它以布鲁斯和拉格泰姆为源头，经过整整一个世纪的发展，如今已是异彩纷呈、百花齐放。自从1917年第一张爵士唱片诞生以来，它便显示出了巨大的发展潜力。20世纪初的新奥尔良爵士乐、30年代大乐队演奏的摇摆乐、40年

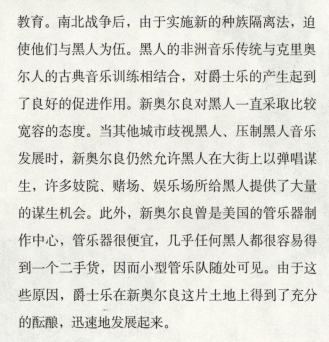

新奥尔良街头爵士音乐家。爵士乐发源于美国新奥尔良，它曾是路易斯安那州的首府。爵士乐队，第一次世界大战开始前创始于美国，大战结束后很快在西欧流行。

路易斯·阿姆斯特朗在社会最底层长大，还曾经进过少年感化院，18岁的阿姆斯特朗，已经是新奥尔良知名的演奏者了，逐渐建立起他作为一位伟大独奏者的地位。他在乐器上翱翔，他的想象力、创造力成为之后爵士小号手的典范，至今仍受到尊崇。

代的比博普爵士、40年代末的冷爵士、50年代的硬波普、60年代的自由爵士、70年代以后的摇滚爵士，而后拉丁爵士、融合爵士、爵士放克……一张张不同风格的爵士唱片汇成了一部爵士乐发展史。

分类

尽管现代的唱片界有时将爵士乐划分为传统爵士乐和现代爵士乐两类，其中传统爵士乐是指采用了4/4拍的行进性的管乐队演出的爵士乐，而现代爵士乐是指采用了贝斯演奏跳舞音乐的。其实，用传统和现代这两个概念划分爵士乐的种类并不确切，这造成了一些既具现代风格又包含了传统风格的优秀作品无法分类的问题，因为爵士乐将近一百年的发展历程是连续不断的。各种风格流派也有其相互的联系，大体来说可以划分为以下19种风格：拉格泰姆爵士乐、新奥尔良爵士乐、主流爵士乐、古典爵士乐、迪克西兰爵士乐、冷爵士或西海岸爵士乐、大型乐队爵士乐、摇摆爵士乐、波普爵士乐、拉丁爵士乐、巴西爵士乐、前卫爵士乐、后波

知识链接：爵士乐的起源

爵士乐的真正起源是贫穷。美国内战结束，黑人奴隶获得了自由，但是生活依然困苦。他们多是文盲，唯有靠故土培植出的音乐娱乐。劳动的号子和农田歌曲是在采摘棉花时候唱的，赞美诗歌和圣歌是在种族隔离的教堂里聚会时唱的，而即兴之作则是独唱歌手在一只班卓琴伴奏下吟唱的。在教堂中，牧师借用英国领唱方式来解决文盲问题。

普爵士乐或现代主流爵士乐、第三流派爵士乐、硬波普爵士乐、自由爵士乐、融合爵士乐、交叉风格爵士乐、人声爵士乐。

新奥尔良爵士乐公园。爵士乐在新奥尔良像空气一样弥漫。不仅有街头爵士乐手的雕塑，还有放爵士乐的超市，有在国家爵士乐公园中兴建的爵士乐中心。演奏大厅里会设有820个座位，呈曲线状起伏的墙壁带有一种隐喻的气氛，暗示听众和参观者所处的空间在城市建筑群中漂移不定。

第288—289页：好莱坞

这里云集了大批世界各地顶级的导演、编剧、明星、特技人员。好莱坞电影场面的大气、火爆，特技的逼真、绚丽，被公认为是电影人的天堂，是商业运作最为成功的电影帝国。

话说世界

女人半边天
妇女地位的提高

她们不再是男人的附属品，
她们是新时代的新女性。

　　第一次世界大战期间，妇女的地位有惊人的改变，最明显的特点就是妇女受教育机会增多、公众对妇女的注意力增加以及妇女参与争取参政权运动。

受教育机会的增多

　　1880 年，法国连一所女子公立中学都没有，然而，到了 1913 年，法国开设了 138 所女子公立中学，在这些公立中学就读的女孩，其人数已达到中学男生的 1/3。英国在 1902 年以前尚未建立国立中学，1904—1914 年，男子中学由 292 所上升到 397 所，女子中学由 99 所增加到 349 所。在约克郡，1907—1908 年，在中学就读的女生人数大致与在中学就读的男生相等。更有意思的是，1913—

英国政府鼓励妇女加入"爱国服务"行动，英国陆军妇女辅助队始建于 1917 年，1918 年总人数达到 5.7 万人。

1914 年，16 岁以上仍继续就读国立中学的女生人数要比男生多得多。在大学领域，俄国女大学生的人数从 1905 年的 2000 人，增加到 1911 年的 9300 人。美国 1910 年的女大学生人数多达 5.6 万人，是其他国家望尘莫及的数字。在当时，女子受教育机会增多，各国在女子教育方面都取得了巨大进步。

公众对妇女的关注

　　公众对妇女的注意力增加，妇女被视为具有特殊利益的团体和拥有特殊希望的个人。商业最先涉足妇女市场，例如，《大众日报》有为下层中产阶级妇女开设的专属版面，另外还有一些为新近具有读写能力的妇女所出版的杂志。当时把有成就的妇女视为有成就者在宣传上极具价值。例

1915 年，两个女学生穿着时髦的衣服结伴走去学校上学。

如，1908 年英法国际博览会展出了逝于 20 世纪最初 10 年以前的皇室、贵族和平民出身的杰出妇女的遗物，如维多利亚女王年轻时的素描、《简·爱》一书的手稿、南丁格尔的克里米亚马车等，同时也陈列了妇女的针线活儿、工艺、书籍插画、摄影等。此外，当时也出现了一些在竞争场合脱颖而出的妇女。温布尔登在男子网球单打开始举办的 6 年之后举办女子网球单打。又时隔 6 年，法国和美国的网球锦标赛也开始举办女子网球单打，在当时，这是无法想象的革命性创举。这是因为，在 20 年前妇女若没有男人的陪同在这种公共场合抛头露面还是不可思议的。

妇女参政运动

争取参政权的运动，使妇女运动成为一种推动历史前进的社会运动。在英国，1889 年，女权运动领袖埃米琳·潘克赫斯特（Emmeline Pankhurst，1858—1928 年）建立了"女权同盟"。1903 年，她又同自己的两个女儿组织起"妇女社会与政治同盟"，成为女权运动激进的核心力量。1909 年 12 月，以福西特夫人领导的"妇女参政权同盟"组织了大规模的争取妇女参政权的请愿运动，签名者达 28 万多人。直到第一次世界大战后，英国妇女的参政权才被逐步地承认。在美国，19 世纪末争取妇女选举权已成为美国妇女运动的主要宗旨。1890 年，美国妇女成立了"全美妇女参政协会"，使各自为战的妇女参政运动团结起来，使争取选举权的斗争进入了一个新阶段。1918 年，美国众议院批准了妇女的选举权；1920 年正式生效，美国成年妇女与男子一样有了选举权。由于挪威剧作家亨利克·约翰·易卜生（Henrik Ibsen，1828—1906 年）的常常引起争论的"社会剧"，特别是《玩偶之家》与《海达·高布乐》，在世界范

知识链接：为和平奔走的女性

当第一次世界大战在欧洲爆发的时候，许多美国人公开反对美国卷入这场欧洲战争并开始积极宣扬和平思想，简·亚当斯就是当时最著名的一位和平主义倡导者。她组织妇女们在纽约市的街头列队游行反对这场战争，又先后到 12 所大专院校进行反战演讲。一战结束后，亚当斯被人们称颂为"为和平奔走的女英雄"，并在 1931 年荣获诺贝尔和平奖。

围内影响极大，提高了人们对于妇女地位的认识，因此，北欧诸国给予妇女选举权要早于西方其他大部分国家。芬兰于 1906 年、挪威于 1913 年、丹麦和冰岛于 1915 年、瑞典则于 1919—1921 年实行了妇女选举权。

英国女权运动领袖埃米琳·潘克赫斯特在向乔治五世递交请愿书时在白金汉宫外被捕，图为其被捕情景。

特写

上帝对人类的惩罚
1918 年大流感

在第一次世界大战进入尾声的 1918 年，人们尚未从战争的苦海中挣脱出来，又面临了一个更大的灾难，一场流感在短短的几个月内横扫全球，据科学家估计，它导致了全球 2000 万—5000 万人死亡。这场大流感对第一次世界大战的进程产生了重要的影响，它直接促使第一次世界大战提早结束。

关于这场流感的起因，有很多的观点和争议，但目前最令人信服的说法是流感起源于美国，经美国的军营传遍全国，进而通过美军进入欧洲并蔓延到全世界。1918 年 3 月 11 日午餐前，美国堪萨斯州军营的一位士兵突然觉得四肢乏力、头疼，紧接着开始发烧。接下来的情况出人意料，中午刚过，100 多名士兵相继出现类似症状。几天后，这个军营里已有 500 名以上的感冒病人。由于军队不断在调度流动，流感很快在军营中蔓延开来。但是，当时欧洲战事吃紧，美国政府决定严密封锁消息，同时继续

向欧洲派兵。1918 年 3 月，8.4 万名美国大兵开赴欧洲前线，次月，又有 11.8 万名美国大兵渡洋参战。战争期间，美国派遣到欧洲参战的人数达到 150 万人。很多美军士兵并没有活着登上欧洲大陆，他们在海上就已经发病并且死亡。

这次的流感，先后对人类发起了三波攻击。第一波攻击在 1918 年 4—7 月，病毒由布雷斯特向全欧洲快速蔓延，这波攻击的特点是发病率高而死亡率低；第二波攻击是同年 7—11 月，病毒席卷了欧、美、亚、非各大洲，其特点是发病率和死亡率都高；第三个高峰是在 1919 年 1—5 月，这期间流感的致病和死亡率有所下降。

欧洲第一波流感突发于 1918 年 4 月初的法国布雷斯特，该地是美军的登陆地点。疫情从布雷斯特迅速向周边地区扩散并在 4 月底袭击巴黎，几乎在同一时间，疫情波及意大利。4 月中旬，

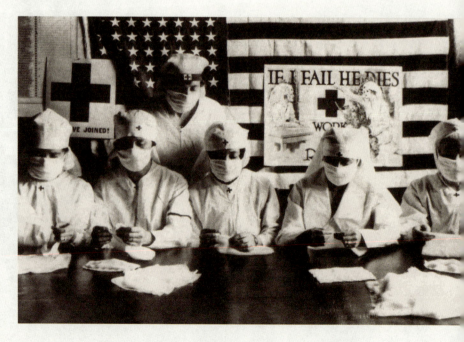

1918 年，美国医务工作者在做救治流感病人的准备。

英国军队中出现第一个病例，至 5 月仅英国陆军就有 3 万人入院，症状稍轻的病人有数万名。在欧洲，流感获得了一个浪漫的名字——"西班牙女郎"。事实上，5 月之前，西班牙病例并不多，但作为一战的中立国，西班牙政府并不审查新闻，其报纸上充斥着疾病的报道。当时西班牙约有 800 万人感染了此病，就连国王阿方索十三世也患上严重流感，因此，这种疾病以"西班牙流感"为世人所知。

1918 年的美国堪萨斯州莱利堡"西班牙流感"病房。

1918 年大流感和过去的流行性感冒不同，它的传染性极强，许多人早上还正常，中午染病，晚上便死亡。在 20—35 岁的青壮年族群中死亡率特别高，其症状除了高烧、头痛之外，还有脸色发青和咳血等。流感往往引发并发症而导致死亡，以肺炎最多。1918 年 10 月是美国历史上最黑暗的一个月，20 万美国人在这个月死去，1918 年美国的平均寿命因此比平常减少了 12 年。许多城市限制市民前往公共场所，电影院、舞厅、运动场所等都被关闭超过一年。在美国费城，整个医院似乎都成了太平间；在加拿大渥太华，电车没了往日的繁忙，学校没了往日的灯火，各种娱乐场所都空无一人。流感所到之处，没有任何特效药可以施治，协约国许多士兵都已把枪当成了拐杖，流感的折磨使大家都支撑不住了。美军的传奇将领麦克阿瑟当时也被流感折磨得奄奄一息，不得不躺在担架上指挥战斗。

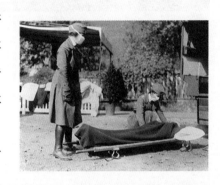

1918 年大流感时期，美国红十字会急救站医务人员在华盛顿特区做流感救护的示范。

这场大流感对第一次世界大战的进程产生了重要影响，它使各国都已没有额外的兵力作战。同时，这场大流感是第一次世界大战提早结束的原因之一，这在战争史上是公认的。不含北爱尔兰，英国因流感死亡 21.5 万人。仅 1918 年 4 月，英军就有 3.1 万人染病。到 5 月，英国皇家海军有 10% 的部队感染了流感，整整 3 周时间无法作战。流感暴发期间，英格兰平均每周死亡人数达 4482 人，连国王乔治五世也被感染。法国因流感死亡人数是 16.6 万人，在巴黎，平均每周有 1200 人丧生。6 月上旬，在德军发动猛攻的当口，近 2000 名法军因感染流感不得不撤出战场。德国因流感死亡人数是 22.5 万人。为了在美军大部队到达前结束战争，德军 1918 年 3 月起发动了一系列进攻。勇敢的德军士兵冲进对方的战壕，也接收了对方留下的流感病毒。4 月下旬，正策划发起新一轮进攻的德国统帅鲁登道夫得到消息：德军队伍暴发流感。3—8 月，流感加上战争伤亡，

德军减员 80 万人，整个德军部队三成士兵因流感减员。德军士气低落，逃兵四起。

1919 年春天，随着最后一批病人死去，神秘的病毒也消失得无影无踪，留给世人无尽的哀伤。在短短的 10 个月里，"西班牙女郎"成为人类历史上最凶狠的瘟疫。据统计，西班牙流感的全球平均致死率约为 2.5%—5%（一般流感约 0.1%），当时全世界约 10 亿人感染，2000 万—5000 万人死亡，比第一次世界大战导致的死亡人数还多。

交通工具的又一次革命
汽车时代的到来

汽车的出现是继火车和轮船之后又一次重要的交通运输革命，
汽车的普及彻底改变了人们的生活方式。

20 世纪初，美国汽车实际产量从 1919 年到 1929 年增长了 255%，汽车数量从 1921 年的 1050 万辆增至 1929 年的 2600 多万辆，随着汽车的出现和普及，人们步入了一个汽车时代。汽车时代的到来彻底改变了人们的生活方式，对社会发展产生了巨大的影响。

奔驰汽车

卡尔·本茨（Karl Friedrich Benz，1844—1929 年）从小喜爱自然科学，靠修理手表得到一些零用钱，曾在机械厂当学徒，在制秤厂里成为"绘画者和设计者"，在桥梁建筑公司担任工长。并先后就读于卡尔斯鲁厄文理学院和卡尔斯鲁厄综合科技大学。其间，他较为系统地学习了机械构造、机械原理、发动机制造、机械制造经济核算等课程，为日后的发展打下了良好基础。1886 年 1 月 29 日本茨研制成功了单缸汽油发动机，发明了第一辆不用马拉的三轮车。奔驰汽车公司获得汽车制造专利权，正是这一日子，被确认为汽车的生日。此后，他的事业开始蓬勃发展，奔驰拥有了德国最大的汽车制造厂，开始生产名扬四海的奔驰汽车。本茨经过五年的努力，研制成功了性能非常先进的"维克托得亚"牌汽车，为奔驰带来了极高的荣誉，这也显示了奔驰今后要走的高端产品路线。但由于价格昂贵，"维克托得亚"无人问津。本茨开始在 1894 年生产便宜的"自行车"。这种世界上第一种批量生产的机动车，给奔驰带来了很高的利润。1906 年本茨和他的两个儿子在拉登堡成立了本茨父子公司（在中文中该品牌注册为"奔驰"），本茨成为世界著名品牌。1926 年，本茨的汽车公司与戴

卡尔·本茨，德国著名的戴姆勒-奔驰汽车公司的创始人之一，现代汽车工业的先驱者之一，人称"汽车之父""汽车鼻祖"。

虽然生活清平，但没有改变本茨投身发动机研究的决心。经过多年努力，1886年1月29日，本茨发明了第一辆不用马拉的三轮车，现保存在慕尼黑的汽车博物馆。

姆勒汽车公司合并，成为戴姆勒-奔驰汽车公司。

福特汽车

亨利·福特（Henry Ford，1863—1947年）出生于密歇根州格林费尔德城。父亲是爱尔兰移民，在兄弟六人中亨利排行老大。亨利自学成为一名蒸汽机技师。1887年进底特律爱迪生电灯公司当技术员，后升为总工程师。他潜心设计汽车，1896年试制成功一辆二汽缸气冷式四马力汽车。1898年辞职。1899年成立了底特律汽车公司，但只生产了25辆汽车后便于1901年1月破产。1903年6月16日福特再次成立汽车公司，并一直担任总经理。同年，公司生产出第一辆福特牌汽车。1908年福特又制成T型福特汽车。这种大众化汽车深受欢迎，畅销欧洲。1911年在密苏里州堪萨斯城建成第一家汽车装配工厂。1913年，福特创立了全世界第一条汽车流水装配线。这种流水作业法后来被称为"福特制"，并在全世界广泛推广。这种

制度是在实行标准化的基础上组织大批量生产，并使一切作业机械化和自动化，成为劳动生产率很高的一种生产组织形式。他的生产方式使汽车成为一种大众产品，它不但革命了工业生产方式，而且对现代社会和文化产生了巨大的影响。到1916年，年产量达73.5万辆，接近世界产量的1/2。1919年亨利买下了公司其他股东的股份，独占了该公司。他还利用花旗银行的资金扩大再生产，使公司成为20世纪世界最大的汽车公司。福特本人也被称为"汽车大王"。

这种T型福特绰号是"便宜"小汽车，它的最高时速可以达到64公里。

一战期间的天使
国际红十字会

他们就像和平的天使，披着红色的十字，给处于灾难的人们带去希望。

红十字国际委员会，1863 年创立于日内瓦，是一个独立、中立的组织，总部设在瑞士日内瓦，在全球 80 多个国家共有大约 1.3 万名员工；资金主要来自各国政府以及国家红十字会和红新月会的自愿捐赠。宗旨是为战争和武装暴力的受害者提供人道保护和援助。国际红十字会在第一次世界大战期间得到充分发展，并在人道主义援助及保护战俘方面作出了巨大贡献。

初创时期

19 世纪中叶，在意大利统一战争期间，法国军队与奥地利军队在意大利北部小镇索尔费里诺交战。在战役发生当晚，瑞士日内瓦公民亨利·杜南（Jean Henri Dunant，1828—1910 年）路过了有 9000 多名伤者避难的卡斯蒂廖内村。伤者躺在基耶萨-马焦雷主教堂里，无人照料，杜南和当地妇女奋斗了几天几夜，为他们提供水并负责清洗和包扎伤口，还分发食物。

亨利·杜南在索尔费里诺战役期间目睹了战争带来的可怕后果，回国后撰写《索尔费里诺回忆录》，并主张大力发展国际公约，从而为在战场上受伤的人以及救护人员和战地医院提供保护并保证他们的中立性。亨利·杜南的呼吁得到了广泛的响应和支持。1863 年 2 月，亨利·杜南与四位日内瓦知名人物创建了伤兵救护国际委员会。10 月，委员会在日内瓦召集国际会议讨论如何制定改善战地医疗服务条件的可行措施，共有 16 个国家参加。1864 年 8 月，大会通过了《改善战地武装部队伤者病者境遇之日内瓦公约》，也就是《日内瓦公约》，此公约得到了欧洲各国的赞同。公约包含 10 项条款，成为具有国际法律效力的条约规则。由于杜南先生为瑞士人，为了表彰其为国际人道主义作出的杰出贡献，决定用其祖国瑞士国旗相同图案相反颜色的旗帜作为这个组织的会旗，这就是红十字旗。到一战前，世界主要国家都成立了它的分支机构，成为一个为全世界所公认的组织机构。1901 年，当第一届诺贝尔和平奖颁发时，挪威诺贝尔奖委员会选择将这一奖项授予了亨利·杜南。

一战期间杰出贡献

第一次世界大战使国际红十字会在相当大程

亨利·杜南，瑞士商人和人道主义者，第一届诺贝尔和平奖得主，红十字会创办人，后人尊称他为"红十字会之父"。他开辟了一项誉满全球、造福全人类的伟大事业。1948 年，红十字会与红新月会决定将杜南生日（5 月 8 日）定为国际红十字日。

1864 年《日内瓦公约》的建立是亨利·杜南努力的结果，他呼吁对于战时救护伤病员问题的注意，并提倡各国创立救护团体。1864 年 8 月 22 日，瑞士、法国、比利时、荷兰、葡萄牙等 12 国在日内瓦签订《改善战地武装部队伤者病者境遇之日内瓦公约》。公约规定了军队医院和医务人员的中立地位和伤病军人不论国籍应受到接待和照顾等。

 知识链接：中国红十字会

中国红十字会最早是清政府于 1904 年在上海创立的"万国红十字会上海支会"。1912 年，改名为中国红十字会，并被国际红十字会正式承认为成员之一。1952 年 7 月，第 18 届国际红十字大会承认中国红十字会是中国唯一合法的全国性红十字会，中国红十字会成为新中国在国际组织中第一个恢复合法席位的团体。

度上扩展了活动范围。国际红十字会于 1914 年 8 月 15 日在通函中号召各国红十字会支持其援助上百万冲突受害者的新任务。随着第一次世界大战的进展，国际红十字会发现它面临着巨大的挑战，而只有与各国红十字会密切合作才能应对这些挑战，因此来自世界各地包括美国和日本的红十字会加入参战的欧洲各国武装部队的医疗服务工作中。国际红十字会不仅为战场伤员服务，还成立国际战俘中心，得益于该组织的调解，约有 20 万名被关押者得以在交战各国间交换，获释并返回祖国。

在第一次世界大战中，毒气在战场上的使用越来越多，并造成了可怕的伤害，为了不让这种大规模杀伤性武器被广泛使用，国际红十字会于 1918 年 2 月公开呼吁禁止毒气的使用。尽管在战争的过程中这个呼吁没有实现，但是在战后，该组织的呼吁直接促成了 1925 年的《日内瓦议定书》，毒气被列为在战争中禁止使用的武器，该议定书迄今依然有效。

第一次世界大战结束后，国际红十字会将工作重点放在了维护和平上，它开始组织起来向这个方向努力。第一次世界大战愈合不佳的伤口、经济灾难和民族主义的抬头导致了一些冲突的发生，而国际红十字会发现自己既要在欧洲开展工作，也要在遥远的地方——亚洲、非洲和拉丁美洲开展工作。至今，国际红十字会仍然在维护世界和平，为受到天灾人祸的受害者提供人道主义援助。

英国护士艾迪丝·卡维尔在比利时从事护理工作，1915 年德国人以救护协约国逃兵为由将其杀害。

责任编辑：王新明　柏裕江

助理编辑：薛　晨

图文编辑：胡令婕

责任校对：周　昕

封面设计：林芝玉

版式设计：汪　莹

图书在版编目（CIP）数据

一战时代 / 吉喆 著 . —北京：人民出版社，2024.11

（话说世界 / 颜玉强主编）

ISBN 978－7－01－020910－4

I. ①一… 　II. ①吉… 　III. ①第一次世界大战－历史－通俗读物 　IV. ① K143-49

中国版本图书馆 CIP 数据核字（2019）第 107858 号

一战时代

YIZHAN SHIDAI

吉 喆 著

人 民 出 版 社 出版发行

（100706　北京市东城区隆福寺街 99 号）

北京华联印刷有限公司印刷　新华书店经销

2024 年 11 月第 1 版　2024 年 11 月北京第 1 次印刷

开本：889 毫米 × 1194 毫米 1/16　印张：18.75

ISBN 978－7－01－020910－4　定价：90.00 元

邮购地址 100706　北京市东城区隆福寺街 99 号

人民东方图书销售中心　电话（010）65250042　65289539